MINAS
TERRESTRES
EN EL CAMINO DEL CREYENTE

MINAS
TERRESTRES
EN EL CAMINO DEL CREYENTE

CHARLES F. STANLEY

GRUPO NELSON
Una división de Thomas Nelson Publishers
Desde 1798

NASHVILLE   DALLAS   MÉXICO DF.   RÍO DE JANEIRO   BEIJING

*Este libro está dedicado a los miembros de
la Junta Directiva de Ministerios En Contacto:*

*Dean Hancock, Ben Reed, Maurice Templeton
y Steve Youngerberg,*

*por su apoyo fiel y leal en ayudarnos a alcanzar
el mundo con el mensaje glorioso de Cristo.*

No os ha sobrevenido ninguna tentación
que no sea humana;
pero fiel es Dios,
que no os dejará ser tentados
más de lo que podéis resistir,
sino que dará también
juntamente con la tentación la salida,
para que podáis soportar.

—1 Corintios 10.13

Contenido

INTRODUCCIÓN

A lo largo de los años han muerto hombres y mujeres para que podamos disfrutar de la libertad de que gozamos hoy en día. La mayoría de nosotros conoce a alguien que ha servido a su país en las fuerzas armadas. A menudo he escuchado a los hombres hablar de sus experiencias y me he preguntado qué habrán sentido al enfrentar una seria amenaza del enemigo.

No toma mucho tiempo darse cuenta de que cuando usted está en el fragor de la batalla el enemigo hará cualquier cosa por derribarlo y derrotarlo. Esto es cierto en particular para los campos de batalla físicos, pero también en las líneas del frente espiritual donde Satanás se agazapa, para tratar de destruirnos y que no sirvamos a Dios ni hagamos su voluntad.

Si ha aceptado a Jesucristo como su Salvador, necesita saber que el enemigo no se detendrá ante nada para impedirle que conozca a Dios y viva para Jesucristo. Esto lo logra orquestando un conflicto grande en el terreno de su vida. Aunque parezca una exageración, Satanás está convencido de que, si puede lograr sus designios perversos, usted se desalentará y se llenará de temor y deseará darse por vencido. Un creyente desarmado, desanimado y temeroso, que ha mordido el polvo de la derrota, asfixiado por la culpa y la vergüenza, no representa una amenaza para él. Tenga cuidado: él no vacilará en emplear tácticas extremas en la lucha, tácticas destinadas en específico a separarle de Dios y sus bendiciones, así como del amor y respeto de su familia y amigos.

LA VERDAD SOBRE LAS MINAS

Mucha gente piensa de manera errónea que Satanás usa medios obvios para sacarnos de rumbo. Sin embargo, sus armas más devastadoras son apenas visibles. Yacen ocultas bajo la superficie de nuestro terreno espiritual. Pero cuando nos movemos en dirección a ellas, estallan bajo nuestros pies y nos infligen una profunda angustia, pena y quebrantamiento. A veces la herida parece que no tiene cura, pero nunca es así si Dios está en el asunto.

En los últimos años hemos conocido la poderosa fuerza bruta de una de las armas más devastadoras de la guerra: la mina terrestre. Hasta hace poco tiempo, muchos de nosotros no hubiéramos pensado en incluir este artefacto en una lista de los más destructivos del campo de batalla, pero lo es. Cuando un veterano habla de ir a la guerra, nuestra mente se llena al instante de imágenes de veloces aviones volando a alta velocidad, soldados equipados con la última tecnología para el combate, y tanques. No del tipo que en otra época rodaba con mucho ruido por los campos de otros países, sino fortalezas de movimiento rápido, concebidas para penetrar las líneas enemigas y derrotar el avance adversario.

Es difícil imaginar una simple pieza de metal, que puede que no exceda de 2 × 2 pies, y que tenga la capacidad de destruir un poderío militar así, pero eso es exactamente lo que hace una mina terrestre. Aniquila lo que esté en sus cercanías, y la más ligera presión puede detonarla.

Para cuando se ha descubierto una mina terrestre, por lo general es demasiado tarde para apartarse. Cuando pienso en eso, me doy cuenta de por qué esta arma de guerra es tan efectiva. Su carácter oculto es siniestro y mortífero. Igual que hay minas terrestres físicas sembradas a lo largo de senderos, de caminos y de campos abiertos, Satanás de forma estratégica coloca minas en el camino de cada creyente. No existe ningún sendero despejado y recto que no tenga minas. Cada día nos enfrentamos a la amenaza de pisar una mina espiritual y sufrir la pena y devastación que ella produce.

Cuando pisamos una mina del enemigo, la explosión subsiguiente por lo general tiene un efecto adverso en nuestra relación con Dios y con los demás, así como a nuestro testimonio personal. También altera la forma en que operamos en la vida. Perdemos el gozo de experimentar las más ricas bendiciones de Dios.

Tenemos que hacer una clara distinción entre las minas de un campo real de batalla y las que Satanás pone a lo largo de nuestro camino. Estas estallan bajo nosotros como resultado del mundo caído en el que vivimos. Otras son minas que el enemigo sitúa de forma estratégica con el deseo específico de ocasionarnos daño como creyentes. Si no somos sensibles a la advertencia del Señor, podemos desviarnos del rumbo y enfrentarnos a la destrucción.

USTED NO TIENE QUE SER UNA BAJA

He observado a las personas lidiar con las minas de la vida y sus experiencias concluyen de una de estas dos maneras: o bien hay una victoria espiritual y la persona se acerca al Señor, o es derribada por el engaño de Satanás y comienza una espiral descendente que la lleva a sentimientos de lamentación, pena, ira, frustración y, si se deja sin resolver, a la depresión. Pero usted no tiene que caer víctima de las maquinaciones de Satanás. Aunque las minas físicas puedan ser difíciles de detectar, Dios le dará la capacidad de descubrir y desactivar las minas espirituales que el enemigo haya colocado en su camino. Usted puede sentir que está en un campo minado y no sabe en qué dirección dirigirse. Quiero asegurarle que Dios lo sabe. Él tiene un plan para rescatarle. No importa lo fuerte que sea la tentación, usted puede recuperar cualquier terreno espiritual que le haya cedido al enemigo y reclamar su posición como un hijo de Dios que le pertenece.

Pedro nos exhorta: «Sed sobrios y velad; porque vuestro adversario el diablo, como león rugiente, anda alrededor buscando a quién devorar» (1 Pedro 5.8). El apóstol Pablo nos recuerda: «Cristo nos libertó para que vivamos en libertad. Por lo tanto, manténganse firmes y no se sometan nuevamente al yugo de esclavitud» (Gálatas 5.1, NVI). Con esto quiere decir no estar atados por nada que nos impida ser todo lo que Dios ha planeado que seamos. Y continúa diciendo: «Porque vosotros, hermanos, a libertad fuisteis llamados; solamente que no uséis la libertad como ocasión para la carne, sino servíos por amor los unos a los otros» (v. 13).

¿Cómo detecta usted las minas mortíferas que Satanás coloca a lo largo de sus caminos, en los campos abiertos por donde le gusta pasear y en sitios ocultos a los que puede ser que rara vez usted piense ir? Mi oración es que a medida que usted lea este libro, Dios le muestre cómo descubrir y cómo protegerse de las armas destructivas del enemigo, incluyendo el orgullo, los celos, los sentimientos de inseguridad, el pecado sexual, el desengaño, el rencor, la transigencia y muchas más. A través de este estudio recibirá también los principios clave que pueden ayudarle a descubrir cómo vivir una vida cristiana victoriosa sin comprometer lo que Dios le ha mandado a hacer.

Jesús les dijo a sus discípulos: «Si vosotros permaneciéreis en mi palabra, seréis verdaderamente mis discípulos; y conoceréis la verdad, y la verdad os hará libres» (Juan 8.31, 32). Lo único que descubre, desentierra y desactiva cualquier mina dejada en la senda de un creyente es la verdad, la verdad de Dios. Cuando practicamos los principios escritos en su Palabra experimentamos una liberación verdadera del pecado, la vergüenza y la culpa. Esta es mi oración por usted y por todos los que lean este libro: que aprendan a vivir libres de la trampa del pecado y que alcancen su mayor potencial como hijos de Dios.

UNO

CÓMO ENFRENTAR LA AMENAZA OCULTA

El rey Saúl miró desde el otro extremo de su tienda, a los ojos de David. Era la primera vez que se había detenido de verdad a mirar al joven, y desde su perspectiva eso era exactamente lo que David era: un muchacho, un jovencito, uno de complexión rubicunda, quizás lleno de celo exagerado y que buscaba su primera oportunidad real de demostrar que era un guerrero de primera. Había llegado al lugar apropiado: al campo de batalla, un lugar de lucha estratégica.

David fue sincero en la presencia del rey. Su historial incluía victorias contra un león y un oso en defensa del rebaño de ovejas de su padre. Sin embargo, Saúl sabía que necesitaría algo más si planeaba salir victorioso de esta batalla. El espíritu valiente de David y su deseo incontenible de vengar al pueblo de Dios llamaron la atención de Saúl (1 Samuel 17).

El rey cedió. David luchó contra Goliat. El resto es historia. Sin embargo, la decisión de Saúl de permitirle a David luchar contra el gigante filisteo sería una que él llegaría a lamentar. Esa victoria fue un momento decisivo en la historia de la nación de Israel, porque anunció con sutileza el advenimiento del sucesor de Saúl y el final de su reinado.

David fue recibido en las calles de la ciudad con celebración: «Saúl hirió a sus miles, y David a sus diez miles» (1 Samuel 18.7). La Biblia nos dice que, a partir de ese momento, «Saúl no miró con buenos ojos a David» (v. 9). Los celos, el orgullo y la ira llenaron el corazón del rey, y David se convirtió en el blanco de la furia personal de Saúl.

CARA A CARA A NUESTRO ENEMIGO

Los que han peleado la buena batalla de la fe le dirán que, cuando se halla en el fragor de una batalla espiritual, tarda poco tiempo en darse cuenta de que Satanás hará cualquier cosa para impedirle ser la persona que Dios tiene planeado que usted sea. El enemigo es una fuerza astuta a la que usted deberá enfrentarse. Su plan estratégico está concebido para atraerle al pecado y alejarle de la devoción a Dios. ¿Cómo lo hace? Satanás usa muchas de las cosas que creemos que son pecados inofensivos o inevitables: chismes, sentimientos de falta de perdón, orgullo y cinismo, para mencionar unos pocos. También observa cómo reaccionamos ante una situación. Si tiene alguna oportunidad de introducir sus maldades en nuestros pensamientos, la aprovechará. Esta táctica es primordial para su tarea de sembrar minas en nuestro camino. Esto se aplica en especial a las líneas del frente en las batallas espirituales, donde el enemigo oculta minas con la intención de usarlas para nuestra destrucción.

Las minas de su arsenal incluyen pecados tales como el orgullo, los celos y la envidia, la desilusión, el rencor, la transigencia, la tentación sexual, el temor y la indolencia, que Dios también llama holgazanería. Cada uno está diseñado por Satanás para desanimarle y evitar que alcance su mayor potencial. Eso sucedió en la vida de Saúl. Nunca llegó a ser la persona que Dios lo creó para ser porque permitió que el orgullo entrara en su corazón. Si no discernimos y somos sabios, lo mismo ocurrirá con nosotros.

Pero puede que no sea el orgullo lo que produzca caos en nuestro corazón. Puede ser un espíritu de rencor o celo que nos provoca a abandonar la verdad de Dios para obedecer nuestros deseos egoístas. Una vez que ha estallado, cualquiera de esas minas tiene la capacidad de paralizarnos y detenernos a fin de que no vivamos la vida que Dios nos ha dado para vivir. Nos roba la misma fe, esperanza, amor y gozo que Él está buscando crear en nuestra vida.

Saúl tuvo todas las oportunidades de tener éxito como rey. Dios le había ungido y le había investido de poder para gobernar la nación de Israel. En vez de gobernar al pueblo con una visión piadosa, permitió que su corazón fuera gobernado por un espíritu de orgullo. Y eso mismo causó su caída.

El enemigo es astuto. Sabe con exactitud cómo tentarnos a desobedecer a Dios. Puede usar la seducción del orgullo para desarmarle, o puede cambiar de rumbo y montar un ataque con el temor, los celos, el pecado sexual o el desaliento. Solo hay una forma de combatir sus esfuerzos malvados y es mediante Jesucristo. Ninguna otra cosa funcionará.

Para derrotar al pecado tiene que admitir que necesita al Salvador. Satanás tratará de usar el temor, el desaliento, los pensamientos de rencor, orgullo y transigencia para conquistar su corazón y sus emociones. Pero Dios le ha prometido victoria sobre las mismas cosas que el enemigo usaría para derrotarle (Romanos 8.37). Tiene esperanza y paz mental porque está sostenido por el poder de Dios.

Usted debe asimilar dos cosas. Primero, Dios es más grande que cualquier arma que Satanás pueda usar contra usted. A pesar de lo horrendo que pueda parecer el ataque de Satanás, Dios es omnipotente. Segundo, para vencer esos pecados, debe reconocer que Dios los ha prohibido todos y cada uno. Son minas que han sido colocadas en su senda, pero no tienen por qué llevarle a la destrucción.

Usted puede sentirse inclinado a pensar: *Bueno, un poquito de orgullo no le hace daño a nadie*, pero eso fue una explosión mortífera en la vida del rey Saúl y lo es en la suya también. Mucha gente asume de manera equivocada que el enemigo usa medios obvios para sacarnos de rumbo. Sin embargo, él rara vez toma una ruta predecible.

Si no fuera por la gracia misericordiosa de Dios y su infinito amor, cualquiera de nosotros podría terminar como el rey Saúl. La maravillosa verdad con que contamos para toda la eternidad es que no estamos solos. Dios no nos ha dejado sin una salida de los valles de la vida. Tenemos un Salvador que está listo para venir a nuestra defensa en el momento en que reconozcamos que tenemos necesidad de su poder y su perdón.

Cuando usted y yo caemos víctimas de las maquinaciones del enemigo, la explosión subsiguiente afecta nuestra relación con Dios, los amigos, familiares, compañeros de trabajo y otros. Daña nuestro testimonio personal. Y si continuamos ignorando las advertencias de Dios, nos saldremos de nuestro rumbo, perderemos sus bendiciones y experimentaremos un gran remordimiento.

A través de los años, la gente me ha preguntado cómo pueden aprender a discernir las maquinaciones perversas de Satanás. Hay una forma, pero muchos la rechazan porque sus corazones no están vueltos hacia Dios. Quieren evitar las dificultades y el sufrimiento, pero no están dispuestos a consagrar sus vidas por completo a Jesucristo.

Para ellos es más fácil sufrir una explosión de vez en cuando que obedecer a Dios. Sus vidas carecen de significado y de un verdadero contentamiento. Están más interesados en lo que el mundo considera «correcto», de moda e importante.

Evitar un pecado serio no es difícil, en especial si usted sigue la ruta que Dios le ha trazado para su viaje. Él conoce la salida de todos los campos minados. Puede que usted esté rompiéndose la cabeza y preguntándose cómo rayos podrá tener alguna vez la esperanza de mantenerse en sintonía con la voluntad de Dios, en especial cuando la tentación está lista para sacarle de su rumbo a cada vuelta del camino.

La verdad es que cada uno de nosotros en algún momento se ha preguntado cómo puede decirle que no a algo que parece tan inocente, pero que contiene un potencial letal.

Oswald Chambers escribe:

Si el Espíritu de Dios detecta algo que está mal en usted, Él no le pide que lo corrija [ni que explique lo que ha hecho]; le pide que acepte la luz [de Dios] acerca de su situación, y Él lo corregirá. Un hijo de Dios confiesa al instante y se desenmascara delante del Señor. Un hijo de las tinieblas dirá: «Oh, puedo explicar eso».

Cuando aparezca la luz y llegue la convicción de maldad, sea un hijo de la luz y confiese, y Dios se encargará de lo que está mal; si usted se justifica a sí mismo, demostrará que es un hijo de las tinieblas (*En pos de lo supremo*).

La victoria llegará cuando aprendamos a ser sensibles al Espíritu de Dios, al Espíritu Santo, y a vivir conforme a su voluntad y no solo a nuestros deseos. Después de la Caída, cuando Adán oyó que el Señor se paseaba por el huerto, sintió temor. Nunca antes había sentido esa emoción. Entonces escuchó la voz de Dios que le preguntaba: «¿Dónde estás tú?» (Génesis 3.9). Adán solo pudo encontrar una excusa: «Oí tu voz en el huerto, y tuve miedo, porque estaba desnudo; y me escondí» (v. 10). El Señor le preguntó: «¿Quién te enseñó que estabas desnudo? ¿Has comido del árbol que yo te mandé que no comieses?» (v. 11). Por primera vez el temor tocó el corazón de Adán y respondió de la manera que lo ha hecho la mayoría de nosotros cuando violamos los principios de Dios: Adán se escondió del Señor.

EVITE LOS ERRORES TÁCTICOS

Satanás cree que si puede arrinconarle y presionarle con sus sugestiones viles y pecaminosas, existirá la posibilidad de que usted se sienta tan desalentado y temeroso que quiera abandonar la lucha. Todo el tiempo en que está tratando de alcanzar este objetivo, él usa tácticas extremas de lucha para separarle de Dios, de las bendiciones de vivir en la luz de Su amor y del amor de los amigos y la familia.

Usted no tiene que ser víctima de las maquinaciones de Satanás. Puede aprender a descubrir y neutralizar las armas de guerra del enemigo. Cuando su vida esté dirigida en una sola dirección, hacia Dios, Él le guiará con seguridad a través del campo de batalla. También le mostrará cómo desactivar cualquier amenaza potencial.

Por tanto, cuando sienta que su resolución está a punto de flaquear, recuerde las palabras de Pablo a los corintios: «No os ha sobrevenido ninguna tentación que no sea humana; pero fiel es Dios, que no os dejará ser tentados más de lo que podéis resistir, sino que dará también juntamente con la tentación la salida, para que podáis soportar» (1 Corintios 10.13).

Dios le ha dado todos los recursos que necesita para tener éxito (Josué 1.7). Todo comienza con una fe sencilla y amor por un Dios santo que dio su vida por usted en la cruz del Calvario. Antes de su muerte, Jesús les dijo a sus seguidores: «Si vosotros permaneciéreis en mi palabra, seréis verdaderamente mis discípulos; y conoceréis la verdad, y la verdad os hará libres» (Juan 8.31, 32).

¿Cómo usted descubre y desactiva las minas que han sido sembradas en su camino?

Entienda que está en una guerra espiritual. Mucha gente se levanta y sale a la calle sin pensar dos veces en las minas terrestres de Satanás. Aunque Dios nunca quiere que temamos las amenazas del enemigo, es cierto que necesitamos estar al tanto de su deseo perenne de despojarnos de las bendiciones del Señor. Después de todo, Él conoce el potencial de nuestras vidas, porque somos hijos de Dios, y hará todo lo posible por impedirnos disfrutar de nuestro caminar con el Señor. Un paso clave hacia nuestra victoria espiritual se produce cuando nos damos cuenta de que tenemos un enemigo que representa una amenaza real. También necesitamos recordar que servimos a un Dios omnisciente y omnipotente que nos ama con un amor eterno y que está dedicado a protegernos y a proveer para nosotros. Su amor nos sostiene en tiempos de grandes pruebas y tentaciones.

Podemos combatir al enemigo, pero a menos que nos demos cuenta del poder que nos ha sido dado por medio de Jesucristo, sufriremos derrotas. Pablo escribió: «Las armas de nuestra milicia no son carnales, sino poderosas en Dios para la destrucción de fortalezas» (2 Corintios 10.4). Usted debe comprender el poder infinito que tiene disponible por medio de Jesucristo. Cuando lo logre, obtendrá un sentido de poderío que le ayudará a detectar las minas del enemigo.

Una vez que se dé cuenta de que es aceptado, amado sin condiciones y perdonado, querrá evitar las mismas cosas que le pueden ocasionar un desastre. Las personas que nunca han aprendido de los caminos de Dios y de su amor personal terminan cometiendo errores horrendos. Se involucran en relaciones que conducen al pecado, a la aflicción, las penas y a una desilusión extrema, pues están buscando aquello mismo que Dios les está ofreciendo con cada aliento que toman.

Muchas veces las personas ceden a la tentación porque están buscando a alguien que pueda satisfacer todas sus necesidades. He dado consejería a jóvenes que me han dicho: «Creo que ella puede hacerme feliz». Esto es una expresión común y un error común. A menudo la gente busca el marido perfecto o la esposa perfecta, creyendo que, si pudieran encontrar a esa persona, todos sus problemas quedarían resueltos, pero eso no llega a suceder. Los problemas son una parte natural de la vida, y la única persona que puede sastisfacer de manera perfecta nuestras necesidades es Jesucristo.

A medida que usted lea el material de este libro, pídale a Él que abra su corazón; primero, al amor que Él tiene para usted; y segundo, a esas minas que el enemigo ha colocado de manera estratégica frente a usted. Cuando usted se dé cuenta de la magnitud de su engaño, necesitará apartarse del pecado y correr a los protectores y amorosos brazos de Cristo, su Señor y Salvador.

Confíe en Dios y Él le ayudará. El apóstol Pedro escribió: «Sed sobrios y velad; porque vuestro adversario el diablo, como león rugiente, anda alrededor buscando a quién devorar; al cual resistid firmes en la fe, sabiendo que los mismos padecimientos se van cumpliendo en vuestros hermanos en todo el mundo» (1 Pedro 5.8, 9).

Hay un conocimiento que adquirir en cada vuelta con el Señor. Aprendemos a estar atentos al engaño ingenioso del enemigo. Y, por medio de la presencia del Espíritu Santo, aprendemos también cómo mantenernos firmes en nuestra fe y a no sucumbir a las provocaciones del enemigo. Adán y Eva quedaron ciegos ante este plan siniestro porque apartaron sus ojos de Dios. En vez de valorar la tremenda relación que se les había dado, ¡creyeron en realidad que podían obtener más! Lo cierto es que lo perdieron todo... menos el amor de Dios. Su amor por ellos permaneció inconmovible. Por amor a ellos, creó las vestiduras que usaron al salir del huerto e irse al terreno árido de un mundo quebrantado.

Dios nunca nos abandona. Él no abandonó a Adán ni a Eva, y nunca apartará su amor de usted ni de mí. El profeta Jeremías escribió:

> Nunca decayeron sus misericordias.
> Nuevas son cada mañana;
> grande es tu fidelidad (Lamentaciones 3.22, 23).

Quizás usted siente que ha pisado una mina horrorosa. Ha sido herido gravemente, mutilado hasta el punto en que ahora se pregunta si alguna vez estará bien de nuevo desde el punto de vista emocional, espiritual y físico. En épocas en que se siente como si hubiera fallado por completo, el maravilloso amor de Dios siempre llega brillando a través de la tiniebla de su situación. Cuando le pida que revele las minas del enemigo que están sembradas delante de usted, Él lo hará. También le enseñará cómo desarmar las que están colocadas y listas para estallar, de modo que pueda andar en la luz de Su victoria y esperanza cada día.

En la Epístola a los Efesios, el apóstol Pablo nos dijo: «Fortaleceos en el Señor y en el poder de su fuerza. Vestíos de toda la armadura de

Dios para que podáis estar firmes contra las asechanzas del diablo. Porque no tenemos lucha contra sangre y carne, sino contra principados, contra potestades, contra los gobernadores de las tinieblas de este siglo, contra huestes espirituales de maldad en las regiones celestes. Por tanto, tomad toda la armadura de Dios, para que podáis resistir en el día malo, y habiendo acabado todo, estar firmes» (Efesios 6.10-13).

También nos exhortó a orar sin cesar, porque sabía que la victoria que Dios tenía para nosotros solo se podía ganar sobre nuestras rodillas (v. 18). Si está luchando, separe un tiempo para orar. Pero aun más: si quiere tener la paz que sobrepasa todo entendimiento humano, pídale al Señor que le acerque a Él en oración. Usted puede hacer todas las cosas en Cristo, que le da la fuerza que usted necesita para cada problema y situación (Filipenses 4.13).

Recuerde que no está solo. Los discípulos olvidaron esta sencilla verdad e hicieron estallar una mina de temor. Cuando navegaban por el Mar de Galilea y se reunieron nubes de tormenta, ellos se volvieron temerosos. Sus ojos estaban fijos en el entorno físico. En vez de recordar las promesas de Dios, gritaron, porque creían que sus vidas estaban a punto de terminar. De igual manera, nosotros muchas veces pensamos de inmediato: *¡Ay, no! ¿Qué pasará si eso ocurre? ¿Qué haré?* Cedemos ante el miedo, pero nada tocará nuestra vida si antes no ha pasado por las poderosas manos de Dios, las manos poderosas del Dios omnipotente, que solo tiene en mente nuestros mejores intereses. Es verdad que el Espíritu Santo no había llegado aun y quizás por eso los discípulos se debatían. Pero Jesús les había dicho que pasaran a la otra ribera del lago. Él tenía un plan, y este incluía el paso seguro de ellos por el Mar de Galilea.

Ellos habían visto a Jesús detenerse y orar muchas veces, pero no siguieron su ejemplo en el momento de apuro. Dios quiere que recordemos que Él está con nosotros y nos dará la sabiduría que necesitamos para cada ocasión si nos detenemos y oramos. Dios tiene una respuesta para cada una de nuestras necesidades. Pero con demasiada frecuencia nos quedamos paralizados ante las circunstancias, porque no clamamos a la persona que vive en nosotros.

Los incrédulos tienen motivos para temer. Sus nombres no están escritos en el Libro de la Vida del Cordero. Se acumulan las presiones, llegan los problemas y no tienen la sabiduría que Dios ha dado a los que le han entregado su corazón y su vida a Él.

Vendrán las tormentas. Los vientos que soplan en su vida podrán parecer amenazantes. Sin embargo, nunca llegará el momento en que usted quede fuera de Su amoroso cuidado. Puede que usted se vuelva al pecado e incluso rehúse seguir Su camino, pero Él nunca dejará de amarle. Puede que permita a las olas arremolinarse e inundar su bote, pero cuando usted clame a Él, Él le salvará.

Recuerde el poder, la misericordia y la bondad de Dios. Habrá momentos en que usted enfrentará duras tentaciones. Podrá ser algo tan sencillo como las ganas de mentir, chismear o robar algo que usted cree que es relativamente insignificante.

El pecado, no importa cuán grande se vea ni cuán pequeño parezca, siempre es importante para Dios, porque tiene el poder de construir una muralla entre usted y el Salvador. ¿Cree que Adán y Eva hubieran aceptado la propuesta de Satanás si hubieran entendido por completo las consecuencias? Pero nosotros satisfacemos nuestros deseos de pecar, aunque sabemos las consecuencias.

Cuando llegue la tentación, lo primero que necesita hacer es recordar quién es usted en Cristo. Como hijo de Dios, puede decir que no a los señuelos del enemigo. Jesús murió en la cruz por sus pecados. Su resurrección rompió el poder del pecado en la vida de usted. Por tanto, en lugar de estar controlado y dominado por la tentación, usted puede vivir libre de la vergüenza y la culpa. No podemos esperar a que la mina explote para decir que no al pecado. Dios nos ha dado al Espíritu Santo como guía. Nos otorga la sabiduría que necesitamos para andar por esta vida y evitar hacer estallar una mina.

Incluso en el caso de que usted ceda al pecado, tiene un Abogado delante del Padre, que intercede por usted y proclama su inocencia. Juan declaró: «Estas cosas os escribo para que no pequéis; y si alguno hubiere pecado, abogado tenemos para con el Padre, a Jesucristo el justo. Y él es la propiciación por nuestros pecados; y no solamente por los nuestros, sino también por los de todo el mundo» (1 Juan 2.1, 2).

La palabra *abogado* procede de una raíz griega que significa «Consolador» que es el término usado para el Espíritu Santo. Dios está con nosotros en cada acontecer. Nunca estamos solos, ni sin la fuerza y la guía para salir victoriosos de cada situación (Salmo 18.32). El Consolador, el Espíritu de Dios, mora dentro de nosotros y ha prometido venir en ayuda nuestra, estar a nuestro lado en los momentos de pruebas y dificultades y ser nuestro Consejero eterno.

ALGUIEN PARA GUIARLE POR EL CAMPO MINADO

Salí de Ministerios En Contacto una tarde poco antes de las dos y estaba seguro de que disponía de tiempo más que suficiente para llegar a una cita que tenía a las tres. Pero cuando me detuve en una luz roja cerca de la autopista, me pregunté en qué dirección debería doblar. El tráfico en Atlanta es uno de los peores del país. Y no quería llegar tarde. En ese instante sentí al Espíritu de Dios decir: «No vayas por ahí. No tomes la autopista».

No estaba seguro de que lo oía correctamente. ¿Estaba Dios en realidad interesado en una cosa tan intrascendente como el tráfico en la autopista interestatal 85 en Atlanta? La respuesta es ¡Sí! Dios está interesado en el más mínimo detalle de nuestra vida y quiere que sepamos que Él está involucrado de manera activa en todo lo que hacemos. Una de las formas en que evitamos las minas es prestando atención a su guía y dirección. Ese día, sin embargo, en vez de prestar atención a su advertencia, ¡me lancé directo a la interestatal y al tráfico! Antes que llegara al final de la rampa de acceso, me di cuenta de que había cometido un grave error. El tráfico estaba detenido hasta donde me alcanzaba la vista.

Uno que lea esto podrá preguntar: «¿En realidad Dios nos habla de esa manera?». Sí. Él nos habla a través de Su Palabra, a traves del Espíritu Santo que habita en nosotros y a través del consejo piadoso. Cuando su corazón esté vuelto hacia Él, sentirá Su voz que le dirige y le guía en cada situación. Eso no significa que usted vaya a librarse de todos los embotellamientos del tránsito, las aflicciones y los desengaños de la vida, pero sí significa que Él va a estar con usted en cada paso del camino, le guiará, le dirigirá y responderá sus oraciones.

Una vez que comience a estar al tanto de los caminos de Dios, Él le otorgará la visión espiritual y la sabiduría necesarias para evitar las minas de Satanás. El soldado que está en el campo de batalla sabe que hay minas delante, detrás y por los costados, pero no puede quedarse paralizado de miedo. Tampoco puede marchar adelante sin considerar las tácticas del adversario. Ha sido entrenado para una tarea que requiere habilidades, determinación y previsión. Con previsión quiero decir la capacidad para discernir los movimientos del enemigo y también la ubicación de la amenaza mayor.

Las guerras no se ganan precipitándose a la batalla sin un plan o mapa de la zona de operaciones. De la misma manera, Dios no pretende que vayamos por la vida a ciegas, sin tener en cuenta las consecuencias de nuestras acciones ni la responsabilidad que hemos recibido como creyentes. Pablo nos advierte: «Mirad, pues, con diligencia cómo andéis, no como necios sino como sabios, aprovechando bien el tiempo, porque los días son malos. Por tanto, no seáis insensatos, sino entendidos de cuál sea la voluntad del Señor» (Efesios 5.15-17).

Cuando usted y yo pisamos una mina ocurre una explosión. Puede que no nos demos cuenta enseguida del alcance del daño, pero podemos predecir que afectará nuestra vida de incontables maneras. Esa es la razón por la que necesitamos saber cómo detectar, identificar y protegernos de la destrucción que se produce como resultado de las tácticas de minas del enemigo. Dios nos ha prometido ser nuestra fortaleza en tiempos de dificultad, penas y aflicción. Mientras más aprendamos de Él, sabremos cómo enfrentar mejor a nuestro enemigo y evitar ceder ante sus gritos de batalla.

DOS

LA MINA DEL ORGULLO

Hace años, durante un viaje de negocios, estaba en un avión y me hallé conversando con el dirigente de una organización cristiana grande. Departimos un breve tiempo y de repente me dijo: «Charles, estamos en lo más intenso del juego. Nadie ha hecho lo que estamos haciendo. Somos los líderes y no creo que nadie nos pueda alcanzar». De inmediato mi corazón dio un vuelco. No porque yo quisiera ser el número uno, sino porque podía sentir a Dios decir: «No dejes ni que esa idea pase por tu mente».

En ese momento sentí como si el Señor hubiera enviado una flecha directo a mi corazón. Sabía con exactitud lo que Él me estaba diciendo. El orgullo acarrea destrucción y está fuera de lugar en la vida del creyente. Al menos, la clase de orgullo que lo enaltece a uno y deja de glorificar y honrar a Dios. Quizás aquel hombre no se daba cuenta de lo que había dicho, o quizás Dios quería hacerme llegar una palabra de advertencia. Sea como sea, el orgullo puede hacer estallar el plan de Dios para nuestra vida, y lo hace.

Muchas veces comenzamos bien nuestro caminar cristiano. Nuestra mirada está en Dios y nuestro corazón está dedicado por completo a Él. Entonces, sin previo aviso, el orgullo comienza a levantarse y nos impide llegar a ser todo lo que Dios quiere que seamos, pues nos ciega a Sus caminos. Nos tienta a creer que sabemos más que Él. Si no se le pone freno, el orgullo alterará nuestra actitud hacia Dios y hacia la ruta que Él ha escogido para nosotros. Como creyentes, debemos estar al tanto del objetivo de Satanás, que es herir en lo profundo y destruir las vidas de los hijos de Dios. Nunca descansa en la búsqueda de alcanzar esa meta e infligirá cuanto daño sea posible a la vida del creyente.

De todas las luchas que se analizan en este libro, el orgullo es la que tiene los resultados más devastadores. Muchos de nuestros problemas se deben al efecto del orgullo en nuestra vida, pero demasiadas personas no logran entender eso. Se sienten orgullosas de las cosas buenas que Dios les ha dado: trabajos, familia, hijos, iglesias, pastores, instrucción, barrios y muchas más.

Dios es bien claro. Él odia el orgullo. De hecho, está en el número uno de la lista de pecados que aborrece: «La soberbia y la arrogancia, el mal camino, y la boca perversa, aborrezco» (Proverbios 8.13). La Nueva Versión Internacional lo traduce de esta manera: «Yo aborrezco el orgullo y la arrogancia, la mala conducta y el lenguaje perverso».

Cada mañana el enemigo siembra sus minas en nuestra vida. Si no somos discernidores, caeremos víctimas de sus tácticas. La mina del orgullo puede producir una gran brecha en la vida de la persona que cede ante su locura. Es uno de los principales modus operandi de Satanás y una de sus armas favoritas, porque nos tienta a apartar los ojos de Dios y a ponerlos en nosotros mismos.

En su libro *Power Through Prayer* [Poder a través de la oración], E. M. Bounds escribe: «[Hoy] de alguna manera, es el ego, y no Dios, el que rige en el Lugar Santísimo.... La autosuficiencia, de alguna forma malvada, ha infamado y violado el templo que debería mantenerse sagrado para Dios». No importa cuánto nos esforcemos por encubrirlo, excusarlo o justificarlo, el orgullo produce siempre el mismo resultado: arrogancia y rebelión contra Dios.

Usted podría preguntar: «¿Acaso no es bueno estar orgulloso de mi capacidad? Después de todo, tengo talentos y soy listo. ¿Qué podría haber de malo en sentir un poco de orgullo por los talentos que Dios me ha dado?». No hay nada malo en tener una sensación de orgullo al hacer las cosas bien. Dios nos da talentos y capacidades para usarlas para Su gloria, y quiere que lo hagamos de la mejor manera posible. Cuando lo hacemos, lo honramos a Él y a Su vida que está dentro de nosotros. Sin embargo, mucha gente no honra al Señor con sus actitudes. Creen las mentiras de Satanás, que les dicen que pueden lograr lo que quieran sin tener en cuenta la voluntad de Dios. Este razonamiento siempre nos lleva a apartarnos de Dios. Y Satanás gana la batalla.

DESCUBRIR LA MINA DEL ORGULLO

Dios llamó a un joven al campo misionero. Desde el inicio, una prueba tras otra lo asedió. Y siempre, según él, el problema tenía que ver con líderes de su organización. De manera sorprendente se negaba a reconocer que él era parte del problema; siempre era la culpa de otra persona. El joven empezó a decirles a los demás que los que tenían autoridad por encima de él no podían hacer el trabajo tan bien como él podría hacerlo. Pronto se vio obsesionado con que le reconocieran su trabajo, pero nadie parecía estar dispuesto a reconocer lo que él había hecho. Era demasiado orgulloso, y aunque sus colaboradores se daban cuenta de eso, él no. Poco tiempo después quedó desalentado, resentido y desilusionado.

El orgullo nos tienta a creer que somos mejores que otra persona. De repente este joven se sintió como que no podía seguir trabajando con esa organización. Sin él saberlo, estaba en juego su obediencia a Dios. Cegado por su orgullo y convencido de que su única opción era abandonar el trabajo que Dios le había llamado a hacer, pasaba por alto un detalle: Dios nunca rescinde su llamado. Puede que cambie las circunstancias, pero nunca pedirá que abandonemos su voluntad.

El primer paso que este joven dio hacia la derrota fue cuando no se sometió a la autoridad puesta sobre él. De manera equivocada creyó que sabía más que la autoridad que Dios había puesto sobre su vida. Esa fue la caída de Satanás. Debido a que Dios lo había creado con gran belleza y capacidades, Satanás creyó que podía reinar sobre Dios y Su creación. Una vez que este hombre decidió seguir las palabras engañosas de su corazón, el orgullo tuvo un terreno fértil en el cual desarrollarse.

El segundo paso fue cuando se le confrontó acerca de sus acciones y se mantuvo firme, creyendo que tenía la razón y que todos los demás estaban equivocados. El orgullo nunca admite sus errores. En vez de eso, la persona orgullosa continúa hacia adelante, buscando a ciegas la autogratificación.

Después de los primeros dos pasos, la senda del orgullo se convierte con rapidez en una pendiente resbalosa. Ya después que se convenció de que estaba haciendo lo mejor, el joven persistió hasta que se le pidió que renunciara a su puesto.

Nunca tuvo en cuenta que Dios usa nuestras circunstancias para moldearnos y formarnos, de modo que seamos un reflejo de su amor para los demás. Él tiene un trabajo para que lo hagamos, y nadie puede ocupar nuestro puesto. Para lograr su propósito, puede situarnos en un lugar de responsabilidad que incluya algún tipo de dificultades. En ningún momento somos más importantes que aquellos que nos rodean. Podemos sentir que sabemos más, que tenemos más y podemos hacer más que algún otro, pero al fin y al cabo Dios usa a cada uno de nosotros para su gloria. Necesitamos tener la perspectiva correcta cuando nos alistamos para servirle, y esa perspectiva incluye siempre un corazón contrito y humilde.

Aquel joven decidió no regresar al campo misionero, aunque prometió seguir el trabajo misionero en otros lugares. Satanás se regocija en extremo cuando abandonamos el lugar específico en que Dios nos ha puesto. Eso no se limita a una oficina. Podemos apartarnos de las relaciones, las responsabilidades, la iglesia y el servicio comunitario debido a lo que creemos de manera equivocada acerca de nosotros mismos.

El orgullo siempre hace un énfasis exagerado en el ego. Nuestro corazón necesita estar concentrado en Dios y no en nosotros mismos. Lo que creemos, sentimos, poseemos, queremos y deseamos no es lo importante. Si usted se está planteando metas sin la inspiración de Dios, entonces está en la senda del orgullo y va a meterse en problemas.

EL ORGULLO DESDE LA PERSPECTIVA DE DIOS

Muchas veces las personas son incapaces de lidiar con la riqueza, la posición, la bendición, la habilidad o el talento que Dios les ha dado. Uzías es un ejemplo perfecto. Cuando tenía 16 años llegó a ser rey de Judá. La Biblia nos dice que reinó cincuenta y dos años en Jerusalén. Durante ese tiempo «Hizo lo recto ante los ojos de Jehová.... Y persistió en buscar a Dios en los días de Zacarías, entendido en visiones de Dios; y en estos días en que buscó a Jehová, él le prosperó» (2 Crónicas 26.4, 5). Pero un peligroso «sin embargo» (NVI) estuvo en su vida. Fue una mina que permaneció oculta por años. Cuando el rey se acercó, estalló.

Regrese a esta porción del versículo 5: «y en estos días en que buscó a Jehová, él le prosperó». Dios ayudó a este joven a obtener muchas victorias. Le dio sabiduría para que el ejército de Judá pudiera ganar la guerra contra los filisteos, que eran conocidos por su espíritu feroz y tenaz. Los ejércitos de los amonitas y los árabes no eran adversarios comparables con Uzías y sus hombres, porque él seguía al Señor. Por tanto, el Señor le dio la victoria una y otra vez en el campo de batalla.

Edificó torres en el desierto, fortificó la ciudad de Jerusalén y excavó muchos pozos para abrevar su ganado e irrigar sus viñedos. Poseía una extensión vasta de tierra. La Biblia también nos dice: «Todo el número de jefes de familia, valientes y esforzados, era dos mil seiscientos» (2 Crónicas 26.12). Su ejército de élite contaba con 307.500 hombres «guerreros poderosos y fuertes, para ayudar al rey contra los enemigos.... Y su fama se extendió lejos, porque fue ayudado maravillosamente, hasta hacerse poderoso» (vv. 13, 15).

Creer todas las cosas buenas que la gente dice de usted le llevará a volverse orgulloso. El orgullo siempre precede a la caída, mientras que la humildad recorre un largo camino hasta el éxito. A medida que Uzías ganaba popularidad y poder empezó a creer que no necesitaba a Dios. Esa desviación de su devoción al Señor fue sutil, casi indetectable, hasta que un día estalló en una rebelión abierta. El autor de Proverbios nos recuerda: «Cuando viene la soberbia, viene también la deshonra; mas con los humildes está la sabiduría» (Proverbios 11.2). Si no somos cuidadosos y tenemos discernimiento, la misma actitud que prevaleció en la vida de Uzías prevalecerá también en la nuestra.

Cuando el rey se dio cuenta de la fuerza y la capacidad que Dios le había dado, se volvió orgulloso y dejó de depender de la sabiduría del Señor para que le guiara: «su corazón se enalteció para su ruina; porque se rebeló contra Jehová su Dios, entrando en el templo de Jehová para quemar incienso en el altar del incienso» (2 Crónicas 26.16). Ofrecer un sacrificio a Dios era una de las peores cosas que Uzías podía haber hecho. Fue lo mismo que llevó a la caída al rey Saúl (1 Samuel 13.8–14). En ambos casos, estos hombres hicieron algo para lo que Dios había ungido a los sacerdotes y a nadie más. En su orgullo asumieron que ninguna acción estaba fuera de sus atribuciones.

De acuerdo con las costumbres religiosas judías, el rey era un siervo de Dios y no estaba para interceder ante el trono del Señor de esta manera. Todos hemos sido culpables de adelantarnos a Dios y hacer algo que no nos correspondía hacer. En este caso, los sacerdotes eran los únicos que podían quemar incienso en el altar. Cegado por su orgullo, Uzías se salió de la voluntad de Dios e hizo algo que no se suponía que hiciera, con resultados desastrosos. Supuso que porque era el rey, estaba por encima de la ley y de los principios de Dios.

Quizás no rechacemos abiertamente hacer lo que Dios nos ha mandado a hacer, pero esto es lo que está ocurriendo en lo profundo de nuestro interior cuando decidimos tomar un rumbo diferente o un atajo alrededor de Su mandamiento. Podemos obedecer o rechazar los principios básicos de Su Palabra. Un espíritu de orgullo siempre nos alentará a apartarnos del camino de Dios y seguir nuestra propia línea de pensamientos.

CAER VÍCTIMAS DEL ORGULLO

En Proverbios 29.23, Salomón escribió: «La soberbia del hombre le abate; pero al humilde de espíritu sustenta la honra». Hay un resultado final para el orgullo, un resultado que por lo común deseamos ignorar:

> Antes del quebrantamiento es la soberbia,
> y antes de la caída la altivez de espíritu.
> Mejor es humillar el espíritu con los humildes
> que repartir despojos con los soberbios (Proverbios 16.18, 19).

En lugar de orar y pedirle a Dios que nos dé Su sabiduría para nuestras circunstancias, seguimos adelante, creyendo que sabemos lo que más nos conviene. Podemos creer que no necesitamos que nadie nos ayude. Quizás, como el rey Uzías, ni siquiera nos detenemos a pensar. Reaccionamos con atrevimiento mundano y vamos adelante, sin pensar nunca en qué consecuencias nos podrían acaecer. Pero no nos damos cuenta que hemos pisado una mina de Satanás y que estamos a punto de experimentar serios problemas.

Cuando Uzías era joven admitió de forma abierta que necesitaba ayuda; en especial, la ayuda de Dios. Escuchaba a los sacerdotes y prestaba atención al consejo divino. Sin embargo, cuando fue mayor, empezó a creer que tenía sabiduría y que no necesitaba a nadie más que a sí mismo.

Una persona es víctima del orgullo por varias razones:

- egocentrismo

- un sentido de inferioridad

- inmadurez e incapacidad de desempeñar las responsabilidades

- incapacidad de manejar la riqueza, la posición y los dones que Dios le ha dado

El orgullo es un lazo maligno y oscuro. No muestra misericordia y rara vez, si acaso, anuncia su llegada. Es siniestro y se desliza en nuestra vida al murmurar pensamientos de arrogancia, engreimiento y autoimportancia. Satanás lo usó en el Edén y lo usa hoy. Entonces era un asunto de seducir a Adán y a Eva a creer que podían ser como Dios (Génesis 3.5).

Cuando leemos los versículos de Génesis que recuentan la caída de la humanidad, quisiéramos gritarle a Adán y a Eva: «¡No lo hagan! ¡No caigan en la trampa del enemigo!». Pero lo hicieron y enseguida vemos las consecuencias de su fallo y del surgimiento del orgullo en su vida cuando cedieron a la tentación de Satanás. Adán y Eva tuvieron que dejar su hogar, el lugar donde estaban seguros y bendecidos, porque creyeron la mentira que les dijo el enemigo, que podían llegar a ser como Dios. En vez de correr hacia el Señor en busca de ayuda y comprensión, hicieron lo que haría el rey Uzías años más tarde: permitieron que la devoción de su corazón fuera desplazada por pensamientos de tentación orgullosa.

El sacerdote Azarías entró al templo, vio lo que Uzías estaba a punto de hacer y se le opuso, al decir: «No te corresponde a ti, oh Uzías, el quemar incienso a Jehová, sino a los sacerdotes hijos de Aarón, que son consagrados para quemarlo. Sal del santuario, porque has prevaricado, y no te será para gloria delante de Jehová Dios» (2 Crónicas 26.18).

La pena y la tristeza son las únicas recompensas del orgullo. Incluso después de oír esa reprensión, el rey Uzías permaneció sin arrepentirse y obstinado. «Uzías, teniendo en la mano un incensario para ofrecer incienso, se llenó de ira; y en su ira contra los sacerdotes, la lepra le brotó en la frente, delante de los sacerdotes en la casa de Jehová, junto al altar del incienso» (v. 19).

Los sacerdotes salieron de inmediato de la presencia de Uzías, y una vez que este se hubo dado cuenta de lo que había hecho, abandonó la casa del Señor, lo mismo que habían hecho Adán y Eva después de pecar contra Dios. Sin embargo, en su caso el Señor tenía un plan más importante en reserva. Usó el fracaso de ellos como una oportunidad para proclamar la venida del Mesías, el que derrocaría a Satanás y a su maligna trampa de pecado y muerte.

Por lo que sabemos, Uzías nunca regresó al Señor con humildad. Se pasó el resto de su vida como leproso, viviendo en una casa apartada, separado de la presencia del Señor y de Su bondad (2 Crónicas 26.21). Qué destino más triste para uno que había tenido un comienzo tan prometedor, un hombre que había pasado la mayor parte de su vida en devoción a Dios. En la flor de su vida, la fama se convirtió en una piedra de tropiezo para él. Su orgullo le había hecho apartarse de Dios.

Este relato de la vida del rey Uzías debe ser una gran advertencia para nosotros. Siempre que empecemos a creer que somos tan importantes que no tendremos que dar cuenta por lo que hacemos o decimos, es seguro que vamos hacia una caída. O cuando rehusamos obedecer a Dios en un área específica, podemos esperar experimentar su disciplina en nuestra vida.

La razón es sencilla: El orgullo nos aísla de Dios. Impide que seamos personas con el corazón dedicado solo a Él. Esa es la razón por la que Él lo aborrece tanto: porque sabe que es una piedra de tropiezo y, si no se le pone freno, traerá la destrucción a nuestra vida. Pero más que eso, el orgullo exalta al ego y no a Dios. En vez de recibir Dios la gloria por nuestras vidas, buscamos alabanza y gloria para nosotros mismos.

VENCER AL ORGULLO CON LA CONFIANZA

Nuestra única meta debería ser lograr ser los mejores en el lugar donde Dios nos ha colocado. Podemos orar y pedirle que nos bendiga con nuevos retos, pero necesitamos concentrarnos en su plan y en su tiempo para nuestra vida. El apóstol Pedro captó este pensamiento muy bien cuando escribió: «Humillaos, pues, bajo la poderosa mano de Dios, para que él os exalte cuando fuere tiempo» (1 Pedro 5.6).

Hay momentos en que cada uno de nosotros puede sentir que Dios se acerca, que nos advierte que no continuemos en determinado sendero. Por una razón u otra, continuamos andando en una direccion que no es la mejor según Dios. Más tarde o más temprano Él aumenta la presión para llamar nuestra atención. La vida se vuelve difícil y, mientras más luchemos contra su disciplina, más sufriremos desde el punto de vista emocional, mental y físico. Adán y Eva tenían todo lo que podían desear, pero querían más. Lo que obtuvieron de manos del enemigo fue pena, separación de Aquel que les amaba de forma incondicinal y desencanto.

Hay señales específicas de que estamos contendiendo con el orgullo. Aunque la lista es larga, lo cierto es que incluye las siguientes:

- arrogancia
- autopromoción
- no dar a Dios ni a los demás
- actitud egoísta
- rechazo a escuchar los consejos de los demás
- falta de sometimiento a los que están en autoridad
- espíritu de rebelión
- jactancia
- falta de humildad hacia Dios y los demás
- incapacidad de recibir un halago o regalo

El orgullo tiene muchos rostros. Por tal razón Dios nos advierte que seamos vigilantes en nuestra lucha contra él. Si le abrimos una puerta, aunque sea pequeña, el enemigo se aprovechará de la abertura y se precipitará dentro de nuestro corazón con pensamientos para engañarnos y ponernos a pensar de nosotros mucho mejor que lo que Dios desea. Él quiere que usted tenga una autoestima saludable, pero también desea que aprenda a tratar con el orgullo para que no se pierda ninguna de las bendiciones que Él tiene para usted. Aquí está el truco de Satanás: nos dice que debemos alcanzar ciertos niveles en la vida para tener un sentimiento de valía. También quiere que creamos que no tenemos necesidad de nadie. En otras palabras, empezamos a enfrentar la vida de la misma forma en que él lo hizo. A la persona que nunca ha aceptado a Cristo como su Salvador, el enemigo le susurra: «No necesitas un Salvador. No te arrodilles delante de nadie. Después de todo, tú eres el dueño de tu vida».

Los creyentes no están exentos de este tipo de tentación, solo que procede de otro ángulo: «No pidas ayuda. Te las puedes arreglar sin Dios. ¿Para qué decirles a tus amigos que estás luchando? Después de todo, se van a burlar de ti y van a creer que eres débil».

Lo cierto es que cada uno de nosotros necesita al Salvador. Necesitamos la sabiduría de Dios y, sobre todo, su cuidado amoroso. Necesitamos saber que somos amados solo porque Dios es un Dios de amor y cuida de nosotros, sin importar el estatus que tengamos. El orgullo con frecuencia se hace patente porque la persona se siente inferior y cree que necesita ser más de lo que es.

No sea víctima de las tácticas de Satanás. Puede que usted crea que tiene que abrirse paso en la vida, pero no es así. En Jesucristo usted es todo lo que podría esperar llegar a ser. Pídale a Dios que le enseñe a descansar en su cuidado infinito. Cuando aprenda a hacer esto no solo tendrá un sentimiento de esperanza, sino que también llegará a descubrir cuán valioso es usted en Cristo.

TRES

CÓMO DESENMASCARAR AL CORAZÓN ORGULLOSO

De todos los pecados enumerados en la Palabra de Dios, el orgullo es el más destructivo. Otros pecados pueden reflejar una necesidad no satisfecha de nuestra vida, pero el orgullo es la raíz de muchos de nuestros pensamientos y acciones pecaminosas. Satanás cree erróneamente que si puede establecer una atadura de orgullo en nuestra vida, tendrá acceso a nuestra mente, voluntad y emociones. Cuando eso sucede, todo cambia. La vida empieza a girar alrededor de nuestras motivaciones, talentos, dones y deseos.

Lo cierto es que cuando uno está envuelto en el orgullo, rara vez tiene en cuenta a Dios. Más bien, el corazón del orgulloso está determinado a realizar sus metas y deseos. El orgullo grita: «No necesito a nadie ni nada, en especial a Dios, porque puedo arreglármelas solo». Nadie es autosuficiente. Nos necesitamos los unos a los otros. Necesitamos primero a Dios, y entonces nos necesitamos los unos a los otros. Dios nos creó de esa manera porque no quiere que trabajemos y vivamos independientes, separados de la comunión con Él y de la comunión piadosa con otros creyentes.

Nuestro mundo, en especial el ambiente de la mayoría de los negocios corporativos, apoya, estimula y promueve el sentimiento de orgullo. No es necesariamente orgullo por lo que hacemos bien, sino orgullo por lo que somos y por el puesto que ocupamos. Usted puede estar orgulloso de hacer un buen trabajo, pero la conclusión es esta: toda la gloria pertenece al Señor. Por tanto, sería mejor pedirle a Dios que le diera una actitud piadosa hacia su trabajo, su familia y cualquier otra área en la cual usted sobresalga. Pero mucha gente no hace eso. Empiezan bien, creen que si logran determinadas metas o reciben suficientes recompensas tendrán un sentido de su propia importancia.

En algunos casos el orgullo puede enmascarar las inseguridades de la persona. Una de las personas más inseguras que he conocido era un anciano que al parecer solo quería servir a los demás. Después de hablar unas cuantas veces con él, me di cuenta de que tenía un gran problema con el orgullo y nada más quería ser notado por sus acciones. Podía ir a un restaurante y notar que el camarero no le estaba dando el servicio que creía que debían brindarle. Sus inseguridades le decían que no se merecía un buen servicio, pero la parte de él que contendía con el orgullo le murmuraba: «¿Cómo se atreve a tratarte de esa manera? ¿No sabe que tú eres merecedor de toda su atención?». Un ciclo como ese es un círculo vicioso. Por un lado la persona se siente derrotada, pero por el otro siente que merece algo más. La única forma de terminar con el orgullo es admitir que hay un problema y que hay que hallarle solución.

No le lleva mucho tiempo al enemigo percibir nuestras áreas de debilidad, como dijimos antes. Estudia nuestras acciones y nuestras reacciones a las circunstancias de la vida. Aunque no es omnipotente y nunca podrá conocernos de la manera en que Cristo nos conoce, busca una entrada a nuestro corazón y emociones. El orgullo es su mina favorita, porque por lo general no estamos muy interesados en detectar su presencia. Antes que pase mucho tiempo nos sentiremos tentados a pensar: *Mira lo que he hecho. He logrado mucho en la vida.* Cuando nuestros pensamientos siguen ese esquema, cedemos ante ese antiguo engaño: el orgullo.

Aunque Dios nunca deja de amarnos, no pasa por alto nuestra pecaminosidad. Aquel día en el avión aprendí una tremenda lección sobre el peligro del orgullo. Después de todo, ¿qué significa ser el número uno? ¿Ser el número uno quiere decir que uno es más grande o mejor que algún otro? No siempre. Usted puede pensar: *Bueno, estoy en el mundo de los negocios, y mi meta es ser el número uno.* Desde la perspectiva del mundo, esto puede parecer razonable.

El orgullo basado en los valores del mundo siempre engendra la competencia, que lleva a la división y la contienda. En vez de pensar: *Debo colocarme por delante [de él o ella]* pídale a Dios que le ayude a ser lo mejor posible en el trabajo, en el hogar y en la comunidad. Dios quiere que aprendamos a trabajar juntos para lograr todo lo que nos ha mandado. Puede que en realidad usted termine siendo el número uno en alguna categoría, ¡y eso es fantástico! Pero si ha hecho lo mejor que podía y termina de segundo, tercero, o incluso de último, se sentirá satisfecho delante de Dios.

Buscar hacer lo mejor posible de acuerdo con los caminos y principios de Dios le dará un objetivo a su vida. Antes que se dé cuenta, su corazón comenzará a reflejar la bondad y la humildad de Dios a los que le rodean y sabrá lo que significa de verdad el éxito piadoso. Cuando usted le honre a Él con su vida, siempre será un ganador y no tendrá que empujar ni apartar a nadie del camino para lograrlo.

También necesitamos considerar la actitud de Dios hacia el orgullo. Él lo aborrece y lo deja bien claro en Su Palabra. Una vez que comencemos a entender Sus caminos sabremos por qué Él se siente así. Uno de los mayores resultados del orgullo es que nos enajena de Dios. Nada puede impedir que Él nos ame, pero el orgullo de seguro que nos impide disfrutar de sus bendiciones y bondad. Eso se debe a que el orgullo siempre se exalta a sí mismo sobre los demás y sobre Dios, algo que Él no tolerará.

DESCUBRIR LA VERDAD SOBRE EL ORGULLO

Incluso en los momentos en que fallamos, el plan de Dios para nosotros está obrando. Debido a que Él nos conoce de manera absoluta, está al tanto de lo que va a requerir para cambiar nuestros corazones orgullosos. Por lo general tiene que humillarnos antes de poder usarnos o bendecirnos. El apóstol Pedro nos instruye: «Humillaos, pues, bajo la poderosa mano de Dios, para que él os exalte cuando fuere tiempo» (1 Pedro 5.6). El tiempo es en extremo importante para Dios. Sabe cuándo hemos superado el orgullo y estamos listos para recibir la bondad que tiene para nosotros. Con demasiada frecuencia queremos correr delante de Él. Nos es fácil olvidar que, antes de poder ser usados, debemos ser quebrantados. Tenemos que aprender a seguir si queremos guiar.

Él siempre está trabajando en nuestra vida para moldearnos, darnos forma y eliminar la escoria o cualquier cosa que pueda impedirnos cumplir nuestro propósito dado por Dios.

En lo que se refiere a orgullo, el rey Nabucodonosor, como el rey Uzías, es un ejemplo sobresaliente. Desechó por completo las palabras de advertencia de Dios (Daniel 4). El Señor le había hablado a través de un sueño y le había predicho su inminente caída. El profeta Daniel le interpretó el sueño y le advirtió que, si no «redimía» sus pecados y «hacía misericordias», experimentaría una seria humillación (v. 27). Sin embargo, igual que mucha gente hoy en día, Nabucodonosor se aferró a su egoísmo y a su amor propio.

Un día, caminando por la terraza de su palacio, miró a la ciudad de Babilonia y exclamó: «¿No es ésta la gran Babilonia que yo edifiqué para casa real con la fuerza de mi poder, y para gloria de mi majestad?» (v. 30).

El rey había escuchado las palabras de advertencia de Dios a través del profeta Daniel, pero las había ignorado. El Señor le había dicho que si no se enderezaba sería como una bestia del campo, que come pasto. Pasaron dos semanas y no sucedió nada. Pasó un mes. Luego pasaron seis meses y todavía Dios no había tocado la vida del rey. Lo más probable es que pensara que se había salido con la suya con esa actitud y estilo de vida orgullosos. Sin embargo, al cabo de un año, Dios comenzó a trabajar.

Muchas veces cedemos al pecado y pensamos: *Oh, bueno, eso no tuvo importancia.* Una vez que la persona siente que ha pecado sin consecuencias rara vez, o nunca, piensa: *No voy a hacer eso más, porque sé que desagrada a Dios.* En lugar de eso, cuando viene la tentación, la persona orgullosa repite la misma acción, solo que en un grado mayor.

LAS CONSECUENCIAS DEL ORGULLO EN LA VIDA DEL CREYENTE

Consecuente con su naturaleza, Dios le dio al rey Nabucodonosor la oportunidad de arrepentirse y apartarse del orgullo. En ese tiempo, el rey no estaba interesado en agradar al Señor, porque su vida la tenía dedicada por completo a agradarse a sí mismo. Cuando usted mira hoy al mundo, ¿le parece eso familiar? Las personas pecan y luego claman con ira a Dios y preguntan por qué permitió que cayeran en esas circuntancias trágicas.

Pero no todas las tristezas y adversidades vienen como resultado de la desobediencia. Algunas proceden de vivir en un mundo caído. Muchas vienen porque hemos desatendido a Dios. Como el joven que mencionamos antes, que dejó el campo misionero, abandonamos el puesto sin que se nos haya dado la orden de hacerlo. O, al creer que sabemos lo que hace falta, desobedecemos las órdenes de Dios. Esto es orgullo y es algo que Dios no permitirá que exista en nuestra vida.

El rey Nabucodonosor se volvió más orgulloso cada día, hasta que su corazón se enfrió para las cosas de Dios. Al cabo de un año, Dios hizo exactamente lo que había dicho que haría: permitió que el rey sufriera una gran bancarrota emocional, mental y física, y terminara comiendo hierba como las bestias salvajes del campo.

El orgullo impide nuestra comunión con Dios. Dios nos dice en su Palabra que no podemos servir a dos señores. No podemos serle leales a Él y ser egocentristas y siervos de nosotros mismos. Solo hay una Persona que merece toda nuestra alabanza y esa es Jesucristo. Si usted está más interesado en vivir la vida a su manera que en agradar a Dios, entonces está enredado en el orgullo y Dios tendrá que quitarlo.

El orgullo conduce a la ruptura en las relaciones con los demás. Nos impide amar y ocuparnos de los que están a nuestro alrededor. En vez de pensar en lo que pueden hacer para ayudar y servir a los demás, los individuos orgullosos solo piensan en cómo pueden beneficiarse de una relación. Es difícil estar cerca de alguien que siempre busca ser el centro de atención. Si usted quiere de veras eliminar el orgullo de su vida, pida a Dios que le muestre cómo puede servir a otra persona. Quite el pensamiento de alabanza de usted mismo y póngalo en el Señor o incluso en alguien que le haya dado apoyo y aliento.

Desde la perspectiva de Dios, lo cierto es que nadie es más grande que nadie. Todos estamos en el mismo nivel. Nadie va a sobresalir en el cielo. Dios nos ama a cada uno por igual y quiere que nos amemos unos a otros con la misma clase de amor. Él nos salvó del pecado y es la fuente de nuestra dignidad. Si lo sacamos de nuestra vida, no tendremos nada que ofrecer que tenga valor eterno. Si cree que ha hecho algo para hacerse de un nombre o una posición para usted mismo, quizás quiera reconsiderar su evaluación, porque Dios es la única razón por la que tenemos vida. La oportunidad de vivirla en abundancia es un don de gracia de parte de Él.

El orgullo bloquea las bendiciones de Dios y a menudo nos hace perder nuestra recompensa. ¡Imagínese toda la bondad que Dios tiene reservada para usted! Es más de lo que puede entender. La mayoría de las personas solo toman una pequeña parte de la riqueza espiritual que es suya, porque están muy ocupadas trabajando, afanándose, luchando y anhelando algo más material. Dios nos dice: «Mas buscad primeramente el reino de Dios y su justicia, y todas estas cosas os serán añadidas» (Mateo 6.33).

Si usted escoge seguir su propio camino con sus propias fuerzas, se perderá las bendiciones que Dios tiene para su disfrute. Usted puede pensar: *Pero debo lograr ese objetivo. Necesito ser el presidente o vicepresidente. Si no, soy un fracasado.* La verdad es que si se conecta con la voluntad de Dios para su vida, todos los éxitos que este mundo le puede ofrecer ni siquiera se acercarán al éxito que Dios tiene para usted.

Las bendiciones de Dios dan una sensación de realización y paz que nunca podrá alcanzar por su cuenta. Su llamamiento es para que usted sea fiel en lo que se le ha encomendado. Creo que habrá mucha gente que estarán descorazonadas en el cielo, porque mirarán lo que han logrado y verán el verdadero valor de lo que les costó toda una vida alcanzar. Será madera, paja y heno comparado con las bendiciones que Dios tenía para ellos.

El orgullo disminuye la plenitud de las relaciones con Él. El orgullo oscurece nuestros corazones a la luz de la verdad de Dios y nos impide experimentar el gozo y la esperanza que proceden de una vida libre por completo en Él. El orgullo ata nuestro corazón a ambiciones y deseos mundanos, pero en realidad resultamos atados a las mentiras de Satanás y a sus limitaciones terrenales, en especial si nos creemos que debemos tener más de todo para ser felices.

Sin embargo, cuando entregamos con gozo nuestros derechos a vivir la vida según nuestros deseos con tal de conocer a Cristo y hacer que otras personas le conozcan, la tendencia a ser orgulloso disminuye. Este es el resumen de lo que hace falta para experimentar un verdadero contentamiento y realización. Mientras estemos preocupados por quién está delante y quién tiene más o igual que nosotros, nunca estaremos en posición de poder descansar de verdad en el cuidado de Dios. El Señor nos podrá dar muchas bendiciones, pero a menos que estemos rendidos por entero a Él, la oficina más importante, la casa, el auto nuevo o la pareja perfecta, no podrán satisfacernos. Como Adán y Eva, siempre querremos más y siempre recibiremos menos.

El orgullo reduce nuestra efectividad como líderes. Ya sea usted el líder de unas pocas personas, un líder de su iglesia, de la escuela dominical, o de una organización grande, el orgullo le impedirá ser un líder efectivo. La gente quiere seguir a alguien en quien confíen, alguien que tenga sus mejores intereses en mente. Pero los líderes orgullosos están concentrados en lo que pueden obtener. Tienen lo que yo llamo «estática» en su mente y corazón. No son capaces de ver los objetivos con claridad porque están absortos en sus sueños, objetivos y deseos. He visto eso en el mundo de los negocios y también lo he visto pasar en los ministerios. Un líder es contratado, empieza con un espíritu humilde y entonces los demás le dan una cantidad considerable de reconocimiento. En vez de agradecer a Dios por el éxito, el líder se echa atrás y piensa: *Tienen razón. Mira lo que he hecho. Soy importante.*

Dios detesta el orgullo porque traslada la gloria de Él a nosotros, y no somos los que necesitan ser honrados. ¿Está bien que digamos «Gracias» por los premios y halagos que recibamos? ¡Por supuesto! Dios nos creó para que fuéramos exitosos y nos está entrenando para que reinemos un día con Él. Ahora bien, si la mirada de nuestro corazón está puesta en nuestros sueños, metas, logros y deseos, no estaremos interesados en obedecer su voluntad ni su plan para nuestra vida. Querremos vivir la vida a nuestra manera, y entonces lo que recibiremos será bien decepcionante. Por tanto, pídale que le conceda un corazón humilde y agradecido. Busque oportunidades para alabarle y honrarle por las bondades y misericordias que le ha otorgado.

El legendario corredor olímpico Eric Liddell hizo eso mismo. Corría con un total abandono, sin vacilar nunca en darle la gloria a Dios. «El Señor me guía», le dijo a un reportero. Al correrse la voz de su fe cristiana por Inglaterra, muchos se preguntaban si demostraría el mismo celo en la pista. Liddell calló a los escépticos durante el Campeonato de la AAA en Londres, en julio de 1923, al ganar la carrera de velocidad de las 220 yardas y la de las 100 yardas. Al año siguiente, en las Olimpiadas de 1924 en París, ganó la medalla de oro en la carrera de los 400 metros. «Cuando corro», dijo sin ninguna vergüenza, «siento que Dios está complacido».

¿Está usted corriendo la carrera de la vida según sus reglas y los deseos del mundo? Si es así, sentirá el enorme peso de las expectativas y exigencias de los demás. Si está corriendo de acuerdo con el plan de juego de Dios, sentirá que Su complacencia lo eleva y le da la fortaleza para ganar la carrera.

El orgullo nos lleva a favorecer a la gente que nos alimenta el ego. Todos quieren sentirse aceptados y amados. La mejor manera de eliminar el orgullo de su vida es rodearse de personas que lo aprecien por las razones correctas y no para alimentar su ego. El orgullo es una piedra de tropiezo para muchos líderes debido a que hay una tendencia a rodearse de aquellos que dicen lo que creen que el líder desea escuchar. Si ve que eso se aplica también a usted, necesita entonces pedir a sus amigos que le sean honestos.

El procedimiento de análisis circular puede haberse originado en los puestos de trabajo, como un método para que los empleadores aprendan más sobre las capacidades y hábitos de los empleados, pero el concepto está ganando terreno en el hogar, donde los miembros de la familia se analizan unos a otros y dan respuestas honestas que favorecen la rendición de cuentas. A una escala menor, podemos hacer esto unos por otros, y animar a nuestros amigos y familiares a que den una información saludable sobre nuestro carácter y el papel que jugamos en sus vidas. ¿Somos la clase de amigo a la que pueden acudir en momentos de dificultades o dirán que nos ocupamos más de nosotros mismos que de ayudar en momentos de crisis y problemas? ¿Somos dadores o solo receptores? ¿Tenemos una perspectiva eterna, o nos gusta pensar más en cómo nuestros problemas nos afectan? Si les oímos usar palabras tales como *orgullo* y *egoísmo*, sabremos que en nuestra vida hemos activado una mina que podrá impedir que disfrutemos de la amistad de los demás. Lo más importante: nunca podremos experimentar la totalidad del amor y la aceptación de Dios hasta que abandonemos nuestra necesidad de ser los primeros y de ser reconocidos por encima de los demás. Jesús fue un siervo, y seguir sus pasos debe ser nuestro mayor deseo.

Cuando usted pise una mina, estallará, y por lo común hará un daño horrendo. El orgullo es una mina que no se puede pasar por alto, porque está vinculada con una serie de minas que incluyen los celos, la envidia, la indolencia, el temor, la transigencia, y el rencor, entre otras.

El orgullo prepara las condiciones para cometer errores tontos. El enemigo está a la espera de la oportunidad adecuada para tentarnos a que nos aventuremos lejos de los principios de Dios con palabras de orgullo y confianza en uno mismo. La persona orgullosa cesará de buscar la sabiduría y el consejo divinos. Creerá que es demasiado lista para necesitar la ayuda y la visión de otra persona; que puede habérselas con cualquier cosa a solas; que necesita ser él quien hace el proyecto, termina las tareas o alcanza los objetivos porque nadie más podría hacerlo tan bien. Recuerde: el orgullo aísla. Satanás quiere que ande por su cuenta, y que haga lo que cree que solo usted puede hacer. Él sabe que, cuando usted cometa un error y su mundo empiece a derrumbarse en torno suyo, no tendrá un sistema divino de apoyo para sostenerle. Estará a solas con su orgullo, y sentirá el dolor que produce la soledad

El orgullo rescinde la obra del Espíritu Santo en nuestra vida. Cuando nos volvemos orgullosos, el discernimiento de Dios en nuestra vida se apaga. Comenzamos a tomar decisiones horrendas porque ya no tenemos disponible Su sabiduría. Es como si fuéramos chiquillos malcriados que exigieran hacer su voluntad, hasta que al fin nuestra madre o padre nos dice: «Bien. Haz lo que quieras». Cuando lo hacemos, por lo general terminamos tomando decisiones tontas y cosechando las consecuencias.

Las personas con discernimiento conocen la diferencia entre el bien y el mal. Pueden sentir a Dios decir: «¡Detente!», «¡Espera!» o «¡Más despacio!». Pero la persona orgullosa nunca presta oído a la instrucción de Dios y se lanza de cabeza a los problemas. Si así es su vida, puede cambiar de dirección ahora mismo orando y pidiendo a Dios que le perdone y le ayude a vencer el orgullo que le impide ser un hombre o una mujer conforme al diseño de Dios. Ni por un minuto crea que el rey Nabucodonosor, después de comer unos pocos bocados de hierba, dejaría de advertirle. Gritaría: «¡No vale la pena pasar un día fuera de la bondad y la presencia de Dios, por todo el orgullo y la posición que este mundo tiene para ofrecer !».

El orgullo engendra la falta de oración. La persona orgullosa no quiere ponerse en comunicación con Dios a través de la adoración ni la oración. Puede que asista a la iglesia para guardar las apariencias, pero le faltará una verdadera devoción. La oración nos mantiene a tono con la voluntad de Dios. En su presencia hay plenitud de gozo. Es también el único lugar donde podemos sentir su amor incondicional hacia nosotros. Es el único canal para que usted y yo nos comuniquemos con Él. Es además el canal por el cual nos confirma Sus caminos. Si no entendemos Sus caminos, nos perdemos mucho. Conocer a Dios y permitirle vivir a través de nosotros nos abre para recibir Sus bendiciones en formas que no podemos imaginar. Es solo mediante la oración que crecemos para conocerle y amarle más cada día.

El orgullo nos hace poner énfasis en el ego más que en Dios. Comenzamos a vernos como importantes. Escuchamos comentarios como este: «¡Usted es fantástico!» y empezamos a creer que lo somos. Un poco de popularidad, unos pocos elogios y nos olvidamos de quién nos ha dado la capacidad de alcanzar nuestros objetivos, de ser exitosos, de ver convertirse en realidad nuestros sueños. A menudo, cuando eso sucede, Dios entra en nuestras vidas y, de ser necesario, nos mandará al «banco» durante una temporada. Él no va a honrar nuestra obra cuando el orgullo esté de por medio.

También necesitamos recordar que Satanás nunca es complaciente. No se sacude las manos y se aleja, pensando que ya ha hecho bastante por ahora. Es implacable en su aproximación y continuará persiguiéndonos con el propósito de destruir nuestro testimonio para el Señor. Hasta el día en que el Señor regrese o que Dios nos llame a casa para estar con Él, debemos permancer en guardia durante nuestro andar con Él.

Las evidencias del orgullo en la vida de uno son obvias:

- el deseo de ser el número uno o el primero

- una continua referencia a sí mismo

- el anhelo de ser el centro de atención

- una necesidad de buscar la alabanza o el halago de los demás

- el deseo de vestirse de forma que llame la atención de los demás

- la necesidad de que lo vean a uno en lugares prominentes

- falta de deseo de ayudar a la gente menos afortunada

- un espíritu rebelde

- tendencia a llevarse el mérito por algo que haya hecho otro

- negativa a hacer trabajos serviles

- negativa a pedir disculpas cuando se está equivocado

- una actitud de autosuficiencia

LAS CONSECUENCIAS DEL ORGULLO

El orgullo nos impide experimentar una relación personal, íntima, con el Salvador. Jesús nos dice en Su Palabra que solo hay un camino hacia el Padre y es por Él. Nos manda a ser humildes ante Él. Sin embargo, el orgullo nos alienta a autoexaltarnos. Pedro escribió: «Todos, sumisos unos a otros, revestíos de humildad; porque: Dios resiste a los soberbios, y da gracia a los humildes. Humillaos, pues, bajo la poderosa mano de Dios, para que él os exalte cuando fuere tiempo» (1 Pedro 5.5, 6). El orgullo construye una muralla, en sentido literal, entre el Salvador y nosotros.

Si quiere conocer a Dios, debe llegar a un punto en que acepte a Su Hijo, el Señor Jesucristo. Eso significa rendir su vida a Aquel que le ama de manera perfecta y sin lamentos. Él dio Su vida por usted en la cruz para que pudiera tener una relación eterna con el Padre celestial.

Nicodemo era un fariseo, miembro del Sanedrín. Era un estudioso y un maestro con sed de conocer a Dios. Después de oír hablar a Jesús en varias ocasiones, se encontró con Él a solas una tarde. En la quietud de la noche miró a Jesús con ojos escudriñadores y dijo: «Rabí, sabemos que has venido de Dios como maestro; porque nadie puede hacer estas señales que tú haces, si no está Dios con él.... ¿Cómo puede un hombre nacer siendo viejo?.... ¿Cómo puede hacerse esto?» (Juan 3.2, 4, 9).

Yo creo que Nicodemo, de forma intuitiva, sabía que Jesús tenía mucho más que ofrecer que todo lo que él había aprendido en todos los libros y rollos que había leído hasta el momento. «Porque de tal manera amó Dios al mundo», le dijo Cristo, «que ha dado a su Hijo unigénito, para que todo aquel que en él cree, no se pierda, mas tenga vida eterna» (Juan 3.16).

Nicodemo vivió para ver esas palabras hacerse realidad en su vida. Jesús murió por sus pecados y por los nuestros también. Por medio de la fe en el Hijo de Dios obtenemos la vida eterna y una oportunidad para tener una relación personal con Dios. No hay otro camino al Padre que no sea la fe en Jesús. Todo el conocimiento que este mundo tiene para ofrecer no le puede salvar de la muerte eterna. Sólo hay un camino, un Dios, un destino. Los que lleguen a Jesucristo por medio de la fe no se perderán, sino que tendrán vida eterna (Juan 6.47; 10.27–30).

SIETE PASOS PARA ENFRENTARSE CON ÉXITO AL ORGULLO

Lo primero que puede hacer para combatir al orgullo es darse cuenta de que está presente en su vida. Antes que usted pueda lidiar con el orgullo, debe reconocer que existe. No tiene que seguir viviendo en un estado de orgullo. Necesita confesar que tiene un problema en este sentido. Antes que Dios pueda cambiar por completo su corazón, usted tiene que tomar la decisión de apartarse del pecado que le está separando de Él. Él ve su deseo de arrepentirse y se acerca a medida que usted se acerca a Él y busca su restauración y perdón. Sin embargo, muchas personas encuentran esto muy difícil. El orgullo les ha capturado el corazón de tal manera que se niegan a admitir que tienen un problema.

Segundo: pídale a Dios que le perdone por ser orgulloso. Dígale que no quiere nada en su vida que le separe de Él o que le impida experimentar sus mejores dones.

Tercero: ore para que Él le dé la capacidad de apartarse del orgullo. Una cosa es confesar el orgullo, pero no puede detenerse ahí. Siga hasta el final y pídale que le dé la fuerza para echar a un lado todo orgullo que pueda haber en su vida. Dése cuenta de que habrá momentos en que Dios eche fuera el orgullo al permitirle pasar por la desilusión e incluso por tiempos de quebrantamiento. Recuerde, sin embargo, que Él nos quebranta solo con el propósito de bendecirnos. El quebrantamiento es siempre una vía hacia la bendición.

Cuarto: ore para que Él construya un muro de protección alrededor de su vida. Pídale también que le dé discernimiento para detectar la mina del orgullo antes que usted se acerque a ella. Una de las mejores formas de desmantelar el engreimiento y la arrogancia es servir a otro, no para ganar méritos, sino para aprender la humildad y la bondad que proceden de someterse por completo al Señor. Dios recompensa la obediencia y su mayor deseo es que le obedezca, para que pueda experimentar todo lo que ha planeado para usted.

Quinto: recuerde de dónde ha venido y lo lejos que Dios le ha llevado. Con el tiempo, muchos creyentes olvidan el cimiento de su salvación. La frase «Y esto erais algunos» se olvida. Pasan por alto el hecho de que en un tiempo cedían al pecado y que lo siguen haciendo ahora al juzgar a otros. En 1 Corintios 6.11, el apóstol Pablo escribe: «Ya habéis sido lavados, ya habéis sido santificados, ya habéis sido justificados en el nombre del Señor Jesús, y por el Espíritu de nuestro Dios». Él nos amonesta a no olvidar nunca que Cristo murió por nosotros, por nuestros pecados. El orgullo nos incita a mirar con desprecio a los que están atrapados en el pecado. Pero Dios nos llama a orar con más ahinco por los que se han desviado de su devoción o nunca han hecho un compromiso con Cristo.

Usted no tiene que morar en el pasado, pero por cierto que tiene que recordar que cada día la gracia del Señor le preserva la vida. En el momento en que permita que la ingratitud crezca en su corazón, estará a punto de pisar la mina del orgullo. Evítela, mantenga su corazón vuelto hacia Dios y Él se lo llenará de un gozo que excederá cualquier cosa que pueda imaginar.

Sexto: pídale a Dios que le ayude a recordar las cosas buenas que Él ha hecho en su vida y a cesar de compararse con otros. Él le creó con amor y tiene un plan para usted que solo usted puede llevar a cabo. Nadie más es exactamente igual a usted. Usted es precioso a los ojos de Dios y Él le ama más de lo que cualquiera podría hacerlo jamás. Cuando usted establece una comparación entre sí mismo y otro creyente, abre una puerta para que el orgullo entre. Recuerde lo que dijimos antes: estamos todos al mismo nivel y vamos en la misma dirección. Codiciar lo que otros tienen, sea rasgos de la personalidad, posición social, o posesiones materiales, es peligroso. Repito: esta actividad cambia la forma que tenemos de ver la vida. Altera nuestros corazones porque favorece el orgullo y elimina cualquier gratitud que podamos tener hacia Dios por las cosas buenas que nos ha dado. Por tanto, sea fiel allí donde esté; alábele por lo que ha recibido, mantenga sus ojos puestos en Él y esfuércese al máximo.

Séptimo: esté dispuesto a experimentar la adversidad. Ninguno de nosotros levantaría la mano y se ofrecería de voluntario para pasar por desilusiones y penas. Sin embargo, Dios hace Su mayor obra en los tiempos difíciles. Es entonces cuando necesitamos recordar que cualquier cosa que nos acerque a Dios es buena para nosotros. Nada hace esto mejor que los problemas, las aflicciones y la adversidad, que son herramientas poderosas en las manos de Dios. Si nos va bien en la vida, puede que no pensemos en serio acerca de cómo nos ve Dios. Pero si nos enfrentamos a una profunda desilusión o a una pena extraordinaria responderemos con un clamor a Él. Cuando lo hacemos, sucede una cosa maravillosa: Él se vuelve en dirección nuestra, abre sus brazos y nos acerca.

La mina del orgullo es una de las armas más mortíferas del arsenal de Satanás. Es la misma mina que causó la caída de Satanás del cielo y de cierto que puede causar estragos en su vida. No perderá su salvación, pero experimentará una pérdida cuando permita que su vida se torne orgullosa.

Una vez que entienda que Dios le ama profundamente, querrá apartarse del orgullo que le separa de Él. La mejor forma de evadir el orgullo y las otras minas que Satanás ha colocado a lo largo de su camino es rendir su vida a Cristo. Mientras el orgullo ocupe un lugar prominente en su corazón, Cristo no será Señor. Incluso aunque le haya aceptado como su Salvador debe escoger rendir cada área de la vida a Él y permitirle vivir Su vida a través de usted. Cuando lo haga, Él le bendecirá en maneras que usted nunca ha creído posibles.

CUATRO

LAS MINAS DEL CELO Y LA ENVIDIA

Cuando era joven, es probable que José era despreocupado y no se detenía a pensar en lo que decía ni hacía. En ocasiones las palabras pueden haber salido sin freno de su boca. Estaban llenas de vida y de lo que él creía que se haría realidad. Sus hermanos por lo general se encogían y se abstenían de hacer ningún comentario obvio que revelara la ira sorda y los celos que sentían hacia él.

Era el hijo de Raquel. Aunque Jacob tenía otras esposas, era a Raquel a quien amaba y eso hacía que favoreciera a José (Génesis 29.18; 37.3). Eso lo había dejado bien claro con sus acciones, que con toda probabilidad alimentaron la arrogancia juvenil de José. La Biblia nos dice que «Informaba José a su padre la mala fama de ellos» (Génesis 37.2). Y continúa: «Y amó Israel [Jacob] a José más que a todos sus hijos, porque lo había tenido en su vejez; y le hizo una túnica de diversos colores» (Génesis 37.3).

Sin saberlo, Jacob, a quien Dios después pondría por nombre Israel, había preparado las condiciones para una de las luchas más duras que una persona puede enfrentar: los celos y la envidia. Si no se enfrenta y resuelve, eso tiene el poder de causar una contienda profunda dentro de nuestra vida. Si no se les desactiva, pueden abrir un hueco en el corazón y las emociones de una persona. Podemos ponernos celosos de otros debido a que tienen más que lo que tenemos nosotros. Este fue el caso de los hermanos de José (Génesis 37.11). Se sintieron abandonados, ignorados y menospreciados por su padre. José, por otra parte, había recibido todo lo que su corazón había deseado. Y acababa de recibir una túnica de diversos colores, que representaba el amor y el favor de su padre.

EXPONER LA VERDAD SOBRE LOS CELOS

Los celos son una mina que golpea duro. Tienen la capacidad de hacer mucho daño a nuestra fe y de impedirnos disfrutar de las más ricas bendiciones de Dios.

El hecho de que veamos a alguien progresar más que nosotros no significa que Dios nos esté reteniendo Su bondad. Puede que solo nos esté preparando para lo que vendrá en el futuro. Él quiere bendecirnos, pero también quiere revelar las más profundas motivaciones de nuestro corazón. Eso fue lo que ocurrió con los hermanos de José. La primera vez que presenciaron el amor de su padre por él pueden haberse encogido. La segunda vez pueden haber apartado su mirada con disgusto. La tercera vez, ya estaban dispuestos a responder llenos de frustración e ira. A partir de ahí los celos empezaron a desarrollarse.

Cada vez que perciba los sentimientos de envidia y celos crecer dentro de usted, debe responderse dos preguntas: *¿Cómo reaccionaré a los sentimientos de celo y cómo me las arreglaré con mis acciones, que por lo general contienen sentimientos de ira?*

Antes de lanzar un asalto extenso contra la persona que usted cree que es su ofensor, necesita recordar que el objetivo primario de Satanás es apartar su atención de Dios y ponerla en sus circunstancias. Él quiere que usted se vuelva celoso, distraído y orgulloso.

A Satanás le gusta que sus ojos se queden fijos en usted mismo: en sus sentimientos, sus derechos y sus necesidades. Presionará su mente con pensamientos como: «¿Y yo qué? Yo me merezco más de la vida: una casa nueva, un auto nuevo, nuevos amigos y una cuenta de banco más grande».

El enemigo no se detendrá ante nada para crear un ambiente lleno de celos que pueda conducir a otros problemas como el desaliento y la ira. Los hermanos de José estaban seguros de que su padre no los tenía en cuenta. De forma equivocada asumieron su falta de importancia. Por eso los celos ardieron en lo profundo de sus corazones hasta que actuaron en base a sus emociones e hicieron algo que les causó mucho dolor a ellos y a su padre durante muchos años.

Ni usted ni yo tenemos que ceder a la tentación del enemigo. Podemos aprender a vencer los sentimientos de celos y obtener una verdadera comprensión de nuestro valor ante los ojos de Dios. Quizás algunas de las gentes que conocemos y con las que trabajamos cada día no nos aprecien. Sin embargo, Él nos ha escogido, nos ama con un amor eterno y tiene un plan para nuestra vida. Este plan, no obstante, puede que no se desarrolle al mismo tiempo que el plan de Dios para otra persona. Tenemos que ser pacientes y aguardar a que Dios nos dé sus bendiciones en el tiempo apropiado. Puede ser tentador preguntarse: *Señor, ¿y yo qué?* A veces las personas se ponen celosas sin saber que Dios tiene algo bueno destinado para ellas. Cuando nos ponemos celosos nos arriesgamos a perder sus mejores dones, porque estamos concentrados solo en lo que no tenemos. Cuando escogemos ese rumbo, podemos perder mucho tiempo alimentando sentimientos de angustia, frustración, preocupación y envidia.

No se deje atrapar en esta trampa. Dios conoce su futuro. También sabe lo que le costará prepararle para las bendiciones que tiene para usted. Puede haber momentos en que no esté listo para recibir Su bondad. En esos momentos Él le permitirá enfrentarse a situaciones en las cuales tendrá que luchar con ideas de celo. El proceso podrá llevarle semanas, meses o incluso años. La verdad es que, antes que pueda lidiar bien con los pensamientos de celos, usted deberá llegar a la conclusión de que Dios le ama y no le ha olvidado. Puede que se sienta olvidado en una relación, en su trabajo o hasta en su iglesia, pero Él nunca dejará de tenerle en cuenta.

DETONAR LAS MINAS DE CELOS

Cuando usted fija la atención de su corazón en agradar a Dios, puede pasar por tiempos de envidia en que siente que su andar cristiano le lleva con rapidez pero sin rumbo. Sin embargo, mientras mantenga su deseo de vivir para Dios, Él le mostrará cómo corrregir su rumbo de manera que no se aparte del centro de Su amor. Recuerde que el objetivo número uno de Dios es llevarle a una relación estrecha con Su Hijo. Los celos pueden cegarle a Su bondad. Es como ver un vaso medio vacío en vez de verlo medio lleno. Si solo mira su vida a la luz de lo que no tiene, comparado con otro, nunca aprenderá a disfrutar lo que Dios le ha dado. Si se llena de pensamientos de celos significa que está fuera de sintonía con el plan de Dios. Aunque Él tiene capacidad para tratar con los asuntos más pequeños de su vida, nunca pierde de vista su plan mayor, que es atraerle a una relación íntima con Él. Los celos no tienen cabida en la vida de un creyente, pues van contra el propio sentir de Dios.

Usted puede pensar: *¿No dice Dios que Él nos cela?* La respuesta es sí, pero con una clase distinta de celo; *no* es el tipo de celos que lleva a la envidia y el pecado, es un celo protector, mucho mayor que el que un padre amoroso tendría por un hijo.

Dios no está celoso *de* nosotros; está celoso *por* nosotros, lo que quiere decir que desea nuestro compañerismo y amor. Tiene una dedicación apasionada a nosotros porque le pertenecemos por derecho propio y quiere protegernos del mal. Por tanto, Él nos vigila con extremo cuidado.

En Josué 24 leemos: «Entonces Josué dijo al pueblo: No podréis servir a Jehová, porque él es Dios santo, y Dios celoso; no sufrirá vuestras rebeliones y vuestros pecados. Si dejareis a Jehová y sirviereis a dioses ajenos, él se volverá y os hará mal, y os consumirá, después que os ha hecho bien» (Josué 24.19, 20). Las palabras de Josué fueron una fuerte advertencia a la nación de Israel para no permitir nada que pudiera impedir su comunión con Dios.

Con el transcurso del tiempo la devoción de Israel hacia Dios disminuyó. Comenzaron a observar la devoción de sus enemigos por otros dioses y quisieron imitar ese tipo de adoración pagana. Parece imposible de creer, pero aun después de todo lo que Dios había hecho por el pueblo de Israel, comenzaron a incorporar la adoración pagana a su vida, para disgusto del Señor.

Demasiado a menudo nosotros hacemos lo mismo al dedicarles tiempo y energía a los dioses de nuestro tiempo: la prosperidad material, la posición social y mucho más. Si no recibimos lo que creemos que merecemos, nos volvemos celosos, y al hacer eso perdemos de vista la santidad y la bondad de Dios. Dejamos a un lado la oportunidad maravillosa de tener una relación más profunda con Él. Terminamos adorando a los dioses de este tiempo y después nos preguntamos por qué nuestras vidas están tan vacías, incompletas e insatisfactorias. A eso es a lo que nos lleva el celo: a pensar en lo que no tenemos más que en las bendiciones que Dios nos ha dado.

Israel no obedeció a Dios y terminó yéndose en pos de otros dioses. Quizás continuaron con su adoración al Señor, pero fueron influidos por las naciones paganas, a las cuales habían sido enviados a conquistar.

Puede parecer difícil aprender a vivir apartado de los celos, pero no lo es. Para lograrlo, tenemos que llegar a un punto en que nos demos cuenta de que la obediencia parcial no es obediencia. En otras palabras, no se puede ser bueno con una persona delante de ella y luego a sus espaldas soltar palabras de celos y envidia contra ella.

Aprender a despojarse de los sentimientos de celos es un proceso. Todo el mundo ha sido tentado en algún momento a envidiar lo que tiene otro, pero si pudiéramos ver lo que Dios ve, nunca tendríamos que luchar contra este sentimiento. Dios nos dice que eso está mal porque sabe que divide nuestra mente y crea un ambiente de resentimiento en nuestro corazón. Igual que con cualquier otro pecado, quiere que lo confesemos a Él y después nos apartemos.

Israel no hizo eso. Adoptaron dioses extraños, de modo que su devoción a Dios fue dividida y pronto se alejaron de Él.

Cuando le permitimos al enemigo apartar nuestros ojos de Dios por medio de los celos y otras minas, experimentamos un cierto grado de derrota espiritual. Las distintas minas mencionadas en este libro están conectadas de una forma bien real. Con frecuencia una explosión produce otra.

Los celos pueden crear una atmósfera de ansiedad y temor en nuestro corazón. El antiguo adagio «Una cosa lleva a otra» es muy cierto. También describe el esquema táctico que Satanás tiene en mente. Cree que ha dispuesto el campo de batalla a conveniencia suya. Si tenemos problemas con los celos debemos saber que esa no es la única mina con la que chocaremos. La secuencia es como sigue: los celos llevan a la envidia, la envidia a la ira y la ira al temor. Este ciclo continuará hasta que quedemos paralizados o hasta que nos volvamos a Dios y le pidamos que intervenga.

Todo el que confíe su futuro a Dios nunca debe sentirse amenazado por las bendiciones dadas a otra persona. Si los hermanos de José hubieran actuado con madurez, el resultado hubiera sido muy diferente. No obstante, debemos tener en cuenta también la participación providencial de Dios en la situación. Aunque los hijos de Jacob respondieron con envidia y odio, Dios usó el pecado de ellos para cambiar el rumbo de una nación.

Si está luchando contra los celos, es posible que esté experimentando problemas en otras áreas. Puede haber olvidado que «Sol y escudo es Jehová Dios; gracia y gloria dará Jehová. No quitará a los que andan en integridad» (Salmo 84.11). Puede que también haya pasado por alto el hecho de que Dios tiene un plan para su vida. Él no le ha olvidado. Codiciar lo que tiene otra persona no ha hecho más que impedir que usted disfrute del viaje que Él le tiene planificado. Pídale que le perdone cualquier envidia que sienta hacia otro. Sea sincero: ¿hay alguien cerca del cual a usted no le gusta estar, porque se siente amenazado por lo que Dios le ha concedido? A Dios solo le interesa una cosa: cómo usted vive delante de Él. Asegúrese de que está en armonía con Él y tendrá mucho más de lo que pueda imaginar.

LOS CELOS SON OPCIONALES

Permítame decir una cosa sobre la tentación: el enemigo la usa para llevarnos a su telaraña de engaños. La clave para vencer al pecado es comprender el gran valor que tenemos a los ojos de Dios. El pecado nos derriba y desvirtúa lo que somos en Cristo. Podemos pensar que nadie nunca sabrá lo que hemos hecho, pero Dios sí lo sabe, y Él es el que tiene importancia. Como dijimos antes, el pecado siempre lleva implícita una decisión. Cuando estamos celosos, hemos tomado la decisión de tener celos de otros.

A través de los años he tenido momentos muy difíciles en mi vida, sin embargo, todas las veces que he dispuesto mi corazón para complacer a Dios, Él ha provisto la respuesta que he necesitado. ¿Qué está enfrentando hoy que solo Él puede resolver?

Puede que esté pensando: *¿Qué tiene todo esto que ver con la mina de los celos?* Todo. Aprender a obedecer a Dios comienza por un corazón que está vuelto hacia Él. Cualquier cosa que amenace con erosionar nuestra relación con Dios la debemos evitar a toda costa.

Los hermanos de José nunca tuvieron en cuenta la voluntad y el propósito de Dios para su futuro. Vieron como trataban a José y se sintieron excluidos, amenazados, celosos y airados. El pecado siempre comienza por un solo pensamiento. Es en ese momento cuando podemos escoger entre aferrarnos a él o dejarlo escurrirse de nuestra mente. Si nos aferramos a él terminaremos haciendo como hicieron los hermanos de José. Tomaremos el asunto en nuestras manos y de paso nos volveremos celosos.

Después que tuvo un sueño en que vio una visión del futuro; José no perdió tiempo en transmitir el mensaje a sus hermanos. El sueño que Dios le había dado revelaba que un día sus hermanos se inclinarían a él y le servirían. Les dijo: «He aquí que atábamos manojos en medio del campo, y he aquí que mi manojo se levantaba y estaba derecho, y que vuestros manojos estaban alrededor y se inclinaban al mío» (Génesis 37.7).

Podemos imaginar con facilidad el insulto que sintieron sus hermanos y claro que esa fue su reacción:«¿Reinarás tú sobre nosotros, o señorearás sobre nosotros?» (v. 8). ¡Estaban furiosos!

Entonces José echó aun más leña al fuego cuando subrayó lo que creía que traería el futuro: que un día él se enseñorearía sobre sus hermanos.

Si nosotros hubiéramos estado al lado de José, quizás le hubiéramos aconsejado a esperar y no revelar lo que había visto en su sueño. Es más que probable que un poco de orgullo lo tentara a jactarse de lo que Dios iba a hacer. Además, las Escrituras nos dicen que era en verdad el favorito de Jacob, cosa que restregó en la cara a sus hermanos.

Los celos salieron a relucir enseguida en ellos. Luego, cuando estuvieron solos y lejos de su padre, actuaron en base a sus deseos envidiosos. Le quitaron la túnica que su padre le había dado. En su furia, arrojaron a José al pozo y lo abandonaron. No obstante, al poco rato los sentimientos de culpa comenzaron a devorar sus corazones. Sus hermanos lo sacaron del pozo, pero cambiaron de idea y lo vendieron a un grupo de mercaderes ambulantes.

Aunque José sobrevivió a los celos de sus hermanos, pasó años en cautiverio. Una vez que los mercaderes llegaron a Egipto lo vendieron como esclavo. Cuando lo pensamos, nos damos cuenta de que todos los involucrados en esta historia estaban atados por la pena o la vergüenza. Los celos crean este tipo de atmósfera, pero no tenemos que vivir bajo esta clase de sombra. Cuando llegamos al punto en que entendemos lo importantes que somos para Dios, los celos desaparecen. Después de todo, ¿por qué querríamos tener más que lo que Dios, en su bondad y gracia, nos ha dado en este momento? ¿Qué podría ser más importante y más satisfactorio que vivir el tipo de vida que Él nos ha llamado a vivir?

CÓMO GANAR LA BATALLA DE LOS CELOS

La mayoría de los años que pasó José en cautiverio distaron mucho de ser agradables. Fue encarcelado y temió que nunca vería de nuevo a su padre. Un acto irreflexivo de celos había cambiado el curso entero de su vida. Pero no estaba solo. Dios estaba con él. Por tanto, tenía una sensación profunda de paz en su corazón (Génesis 39.21). Aunque las circunstancias que lo rodeaban no cambiaron de inmediato, se mantuvo firme en su confianza en Dios.

A sus hermanos no les fue tan bien. Recogieron la túnica de José del pozo donde lo habían puesto, la empaparon en sangre de animal y se la llevaron a su padre, junto con el cuento de cómo José había sido muerto por una bestia salvaje (Génesis 37.31-33). Querían evitar el castigo a toda costa. Los sentimientos y pensamientos de celos habían llevado a un solo final: el pecado. Los hermanos de José no solo tramaron matarlo, sino que actuaron según lo que sentían y tuvieron que mentir para encubrir lo que habían hecho.

En realidad, no sabían lo que le había sucedido a José. Eso solo hacía que su culpa fuera mayor. No podían decirle a su padre lo que habían hecho ni podían admitir cómo se sentían. Con el paso de los años los recuerdos de sus acciones permanecían. Los médicos ahora creen que muchas de las enfermedades e incluso la depresión y la ansiedad que la gente padece se producen como resultado de que se sienten celosos, culpables, airados, hostiles y rencorosos hacia los demás. Tal vez escuchemos a las personas jactarse de que no les molestan sus sentimientos de ira ni ninguna otra fuerte emoción negativa, pero sí les molestan. Es de común conocimiento que las minas como el rencor, el temor, los celos, la envidia, etc., tienen consecuencias en nuestro cuerpo. Tenemos que eliminar esas minas emocionales o sufrir las consecuencias, que por lo general se hacen sentir en nuestra salud física.

Si se dejan sin control, los celos y la envidia llegan a ser evidentes. Podemos terminar por perder el sueño, aislarnos de los demás o convertirnos en críticos de una persona u organización. Tambien podemos desarrollar un espíritu rencoroso que nos lleve a la amargura. Dios quiere que vivamos en armonía con los demás. Él nunca planificó que estuviéramos envidiosos de lo que tienen o hacen los que nos rodean. Su plan para nuestra vida es uno de paz, esperanza y fe firme, en especial en tiempos de dificultades. La vida puede cambiar, pero la esperanza de Dios dentro de nosotros nunca cambia. Si nuestra fe está puesta en Él, entonces cuando llegue la tentación de pisar una mina, recordaremos que hemos de dar cuenta de nuestra vida ante Él. No habría sitio para los celos si recordáramos quién sostiene nuestra vida en su mano de justicia.

La mayoría de la gente encontrará difícil admitir que luchan contra los celos. Pocos, si acaso, admitirán con facilidad que tienen envidia de una amiga que acaba de recibir una proposición matrimonial o una promoción en el trabajo. Es fácil decir: «Quiero que la gente disfrute todo lo que Dios tiene para ellos». Otra cosa es vivir de verdad conforme a ello. Mucha gente se fijará sin falta en la familia que tiene suficiente dinero para comprar una casa nueva y al mismo tiempo un auto nuevo. Preguntamos abiertamente: «¿Cómo se las arreglan?», con un dejo de envidia en nuestra voz. Los amigos le cuentan con alegría del viaje que están a punto de emprender. En vez de regocijarse con ellos, sus emociones se tensan y usted en lo que piensa es en por qué nunca sale adelante ni tiene un respiro.

Muchas veces las circunstancias no tendrán sentido desde nuestra perspectiva. Sin embargo, desde el punto de vista de Dios, tienen todo el sentido del mundo. Él usó las tribulaciones de José para prepararlo para un gran servicio, y cada uno de nosotros está en preparación para un gran servicio. Pero Dios siempre trae esperanza a nuestras situaciones desesperadas. Al final, Él usó el cautiverio de José para salvar a una nación entera de la aniquilación.

Hasta el apóstol Pedro tuvo que ser advertido de esta situación. Después de la Resurrección le preguntó a Jesús sobre el apóstol Juan: «Volviéndose Pedro, vio que les seguía el discípulo a quien amaba Jesús, el mismo que en la cena se había recostado al lado de él, y le había dicho: Señor, ¿quién es el que te ha de entregar? Cuando Pedro le vio, dijo a Jesús: Señor, ¿y qué de este? Jesús le dijo: Si quiero que quede hasta que yo venga, ¿qué a ti? Sígueme tú» (Juan 21.20-22).

Esta es una respuesta perfecta al asunto de los celos. «¿Qué a ti? Sígueme tú». En otras palabras, dirige tu corazón hacia el Salvador. Deja de sacar cuentas y sumar puntos inexistentes. Cuando tus ojos estén fijos en Jesús no estarás preocupado por quién está delante ni quién se queda atrás. Santiago escribió:

> ¿Quién es sabio y entendido entre vosotros? Muestre por la buena conducta sus obras en sabia mansedumbre. Pero si tenéis celos amargos y contención en vuestro corazón, no os jactéis, ni mintáis contra la verdad, porque esta sabiduría no es la que desciende de lo alto, sino terrenal, animal, diabólica. Porque donde hay celos y contención, allí hay perturbación y toda obra perversa. Pero la sabiduría que es de lo alto es primeramente pura, después pacífica, amable, benigna, llena de misericordia y de buenos frutos, sin incertidumbre ni hipocresía. Y el fruto de justicia se siembra en paz para aquellos que hacen la paz (Santiago 3.13-18).

Este pasaje nos recuerda que enfrentaremos la tentación normal de los celos. Es una parte de la vida que debemos desechar para experimentar la gracia y la paz que Dios quiere que disfrutemos. Sin embargo, mucha gente encontrará que eso es difícil de lograr. Un pensamiento celoso pasa por su mente y ya se quedan atrapadas por él. Santiago nos dice que cuando vivimos para Jesucristo estaremos concentrados, no en lo que no tenemos, sino en lo que Dios nos ha dado por medio de la vida de Su Hijo.

Muchos creyentes libran duras batallas contra el orgullo y los celos porque nunca han sometido del todo su corazón al señorío de Jesucristo. Se aferran a pensamientos negativos y derrotistas porque creen que si los abandonan nunca tendrán lo que desean. Viven cada día apurados con la esperanza de salir adelante, cuando en realidad se están quedando atrás. Nada que sea terrenal, natural, animal, carnal ni demoníaco nos queda bien a los que somos seguidores de Jesucristo.

«Y manifiestas son las obras de la carne», escribió Pablo, «que son: adulterio, fornicación inmundicia, lascivia, idolatría, hechicería, enemistades, pleitos, celos, iras, contiendas, disensiones, herejías, envidias, homicidios, borracheras, orgías y cosas semejantes a estas; acerca de las cuales os amonesto, como ya os lo he dicho antes, que los que practican tales cosas no heredarán el reino de Dios» (Gálatas 5.19-21). En otras palabras, si continuamos practicando esos pecados, nuestras acciones serán evidencia de nuestra falta de amor y devoción a Cristo.

Por contraste, el fruto del Espíritu incluye amor, gozo, paz, paciencia, benignidad, bondad, fe, mansedumbre y templanza (Gálatas 5.22, 23). Los celos y las envidias aparecen relacionados como pecados que son animales, carnales y demoníacos. Somos hijos del Dios viviente. La próxima vez que decidamos envidiar el puesto, la riqueza o los logros de otro, tenemos que considerar la fuente de la tentación y el arquitecto de esta mina destructiva.

A menudo somos tentados a ponernos celosos de que alguien ocupe nuestro puesto. Hay una posesividad oculta en ese celo que resulta muy peligrosa. Jesús supo esto al instante y se enfrentó a Pedro cuando este hizo la pregunta sobre el destino de Juan (Juan 21.21–22). Dios estaba planeando usar a ambos hombres de forma poderosa. No había necesidad de competencia.

La envidia se produce cuando vemos a alguien llegar a cierto puesto que creemos que somos nosotros los que debemos tener. Podemos estar tan absortos en lo que tiene otra persona que perdemos de vista lo que Dios nos ha dado. A menudo, cuando eso ocurre, Dios reajusta nuestra manera de pensar al permitirnos pasar por dificultades o pruebas. Aunque Él no produce la adversidad, de cierto la utiliza para captar nuestra atención y hacernos regresar a Él.

La próxima vez que usted se sienta tentado a desdeñar el poder de los celos y la envidia y pensar: *Nadie es perfecto; todo el mundo tiene un poco de pecado en su vida*, debe tener en cuenta las consecuencias de sus pensamientos y acciones. La verdad es que todo el mundo quiere ser aceptado, amado y bendecido. Pero cuando usted permite que los celos se establezcan en su vida, termina sintiéndose urgido, airado y muy crítico de usted y los demás.

UNA VÍCTIMA DE LOS CELOS

Al igual que José, usted también puede ser víctima de los celos. Alguien le tiene envidia y usted puede sentir el calor de la ira y el resentimiento en contra suya. La mayoría de la gente se muestra renuente a admitir que tienen un problema de este tipo. Descartarán la idea, convenciéndose a sí mismos de que en realidad no se sienten celosos o que no querían que tomáramos sus palabras críticas de la forma en que las tomamos. Pero todo el tiempo un fuego desbocado arde en lo profundo de ellos.

O quizás usted ha anhelado alcanzar cierta meta y ha fallado varias veces. Le parece que sus amigos son reconocidos antes que usted y aplaudidos por sus esfuerzos, mientras que usted está parado junto al camino preguntándose si Dios le dará alguna vez la oportunidad de mostrar su talento o potencial.

El tiempo es un factor primordial en el plan de batalla de Dios. Aunque los hermanos de José lo maltrataron, Dios no se apuró en socorrerlo. En lugar de ello preservó la vida de José. Estuvo con él en tiempos de pena, aflicción y desilusión extrema. Podemos clamar a Dios repetidas veces y pedirle que nos libere de nuestras circunstancias problemáticas, sin sentir su mover en favor nuestro. Él usó la situación de injusticia con José a fin de entrenarlo para un propósito mayor.

Un día llegó a ser el líder de sus hermanos. Su sueño se hizo realidad, pero no hasta después que José fuera quebrantado, humillado y disciplinado. Cuando estamos listos para las bendiciones de Dios, Él abre las puertas. Hasta ese entonces, nos llama a esperar en una obediencia humilde y vigilante.

Si alguien está envidioso de algo que usted tiene, con toda probabilidad usted ni se dará cuenta de lo que está sintiendo esa persona. Lo mismo pasa cuando usted está envidioso de otra persona. Su amigo o asociado de negocios puede que nunca sepa que usted está ardiendo por dentro con sentimientos de envidia y celos; no obstante, Dios lo sabe. Él está al tanto de la división que ambos sentimientos provocan en nuestros corazones y nuestras relaciones.

SU SITUACIÓN DESDE LA PERSPECTIVA DE DIOS

Los celos empiezan dentro de nosotros, por lo general, con un pensamiento o sentimiento de que otra persona tiene más que nosotros. Nuestro primer impulso es negar la existencia de estos sentimientos: «En realidad no estoy envidioso». Sin embargo, en lo profundo de nosotros buscamos maneras de sabotear a esa persona. Podemos lograr esto echando fuera de nuestra vida a esa persona u obrando para poner a otros en contra suya. Hay un principio sencillo que nunca debemos olvidar: cosechamos lo que sembramos, más de lo que sembramos y después que sembramos.

Los síntomas de los celos incluyen los siguientes:

Comparación. Notamos que un amigo o compañero de trabajo tiene algo que deseamos. Pensamos: *Quisiera tener su talento, sus dones o su belleza.* O vemos las capacidades que Dios le ha dado a otra persona y pensamos: *Señor, eso tú no lo has hecho por mí.* Dios sabe lo que necesitamos y lo que podemos manejar. Puede que quiera bendecirnos en un área, pero si sabe que no estamos listos para la bendición la retendrá para un tiempo posterior.

Su objetivo es que todos tengan éxito, pero el éxito puede que no llegue dentro de nuestros límites de tiempo. Puede llegar en cinco años a partir de hoy. Y cuando llegue, puede ser diferente por completo a lo que habíamos imaginado. Si este fuera el caso, ¿está dispuesto a esperar?

Cuando el enemigo lo tiente a comparar su capacidad o su vida con las de otros, niéguese a hacerlo. Vaya al Señor en oración y pídale que le ayude a ver la vida desde la perspectiva de Él. Se quedará sorprendido de lo que verá. Aunque sienta que usted es insignificante, es la niña de sus ojos. Aunque se pregunte si está haciendo un buen trabajo, Él conoce la fidelidad guardada en su corazón y es bendecido por su vida. Aunque haya momentos en que se diga que tiene poco, en realidad tiene grandes riquezas, porque Dios no limita sus bendiciones a las posesiones materiales y cuentas de banco. El amor de nuestras familias y las relaciones valiosas que compartimos con los amigos son bendiciones más grandes que nada de lo que el dinero puede comprar.

Por lo tanto, deje de afanarse, correr y luchar para ganar más. Si considera el amor personal de Dios por usted, se dará cuenta de que no hay nada más valioso que eso.

Competencia. Una vez que se ha comparado con otra persona, estará un paso más cerca del alambre de disparo y estará a punto de detonar una mina. Sea en su trabajo o en el vecindario, una actitud de competencia le puede engendrar la ansiedad, la depresión o desesperanza, porque le provoca a preguntarse: *¿Soy tan bueno o mejor que ella o que él?* La pregunta que en realidad necesita hacerse es: *¿Estoy dando lo mejor de mí?*

Lo mejor de usted se verá diferente a lo de otra persona. Puede que nunca gane un premio en la tierra, pero ya tiene el mayor de los premios: el amor de Dios que habita dentro de usted. Tiene su Espíritu y puede hacer mucho más de lo que usted cree cuando su corazón y su mente estén dedicados a complacerle a Él y no a complacerse a usted mismo.

He descubierto que cuando nos dedicamos a tener más, ganar más o recibir más, empezamos a perder nuestra sensación de paz. Nos quedamos atrapados en el esquema de pensamiento del mundo. En otras palabras, dejamos de ver la vida desde el punto de vista de Dios. Es en este momento en que empezamos a preocuparnos por nuestro estatus. Trabajamos más duro y más horas para alcanzar metas que Dios jamás ha pretendido que persigamos. Terminamos exhaustos y desgastados porque no estamos viviendo en sintonía con Él. Estamos viviendo solo con nuestras metas, fabricadas por nosotros mismos, en la mente.

Temor. Una persona celosa está temerosa de ser desplazada por alguien o algo. Esa es la naturaleza de los celos y la envidia. Son muy destructivos porque nos apartan del rumbo que Dios nos ha trazado para nuestro viaje. Cuando nos desviamos y nos metemos en zonas donde Él no nos ha mandado a entrar, pisamos minas y terminamos con las emociones heridas.

Si Dios le da a usted algo, pero no me da a mí lo mismo, ¿qué debo hacer? Muchos se quejan a Dios, lo cual crea un conflicto dentro de sus corazones. Es un conflicto no solo con la persona objeto de sus celos, sino también con el Señor. Si estoy en desacuerdo con el Señor, entonces estoy en pecado.

La contienda y la disensión son dos de las armas favoritas del diablo para la guerra. Quiere que estemos en discordia con Dios y con los demás. Le gusta murmurar palabras de celos y condenación. He ahí por qué los celos son tan peligrosos. Significan que no estamos contentos con lo que Dios nos ha dado. Esa es una de las armas favoritas de Satanás y él sabe que si puede atraparnos con ella nos apartaremos de Dios.

¿Alguna vez se ha puesto a pensar que el tiempo que pasa comparando lo que tiene alguien con lo que tiene usted es nada más que tiempo perdido? Lo es. La solución para los celos no es negarlos, pues nunca podrá derrotar la envidia ni el resentimiento por sus propios medios. La solución es admitirlos ante el Señor, pedirle que lo perdone y orar después para que Él le ayude a ver la vida desde Su perspectiva.

Usted puede pensar: *No quiero admitirlo, pero me gustaría ser tan hermosa como la vecina* o *me siento frustrado porque quiero cantar la parte principal de la revista musical, pero el director sigue pasando por alto mi talento.* Dios no quiere que nos comparemos con nadie más. La razón es sencilla: eso lleva a la competencia, lo cual resulta en el temor de perder el control. Nos ponemos ansiosos o preocupados y a menudo tenemos problemas con nuestros pensamientos y emociones. Mucha gente de nuestro mundo está luchando con sentimientos de depresión y una buena parte de ello pudiera evitarse si tan solo descansaran en el cuidado providencial de Dios. Sé que hay motivos clínicos para algunas depresiones, pero demasiado a menudo la ansiedad y el estrés que sienten las gentes proceden del exceso de presión que colocan sobre sí.

LA VERDAD SOBRE LAS MINAS DE LOS CELOS Y LA ENVIDIA

Las consecuencias de los celos y la envidia son mortíferas. Estoy seguro de que todos conocemos las consecuencias que trae tropezar con un panal de avispas a fines del verano. Esos veloces insectos son implacables. Moleste su nido, que por lo común está en la tierra, y nunca podrá evadirlas. Y saben cómo concentrar con exactitud sus energías. De forma similar, si pisa una mina de celos y envidia, tendrá un panal entero de consecuencias que vienen hacia usted y se sentirá como si no tuviera una vía de escape.

Un espíritu crítico. Los celos engendran el pecado y son también una vía directa hacia el cinismo. La gente que se pone celosa ante la sola mención del éxito de alguien, o algo que un amigo ha recibido, por lo general son muy negativos. Buscan maneras de socavar los esfuerzos de los demás.

Hace años tuve un amigo muy querido en quien confiaba en gran medida. Otra persona apareció en escena y casi de la noche a la mañana se entrometió en la vida de mi amigo y lo apartó. Esa persona me criticaba mucho y no pasó mucho tiempo antes que mi amigo comenzara a creer lo que le decía. Aunque me propuse no ponerme airado ni celoso de la nueva relación que se estaba desarrollando entre ese hombre y mi antiguo amigo, recuerdo sentirme herido. En ese momento me di cuenta de que tenía que tomar una decisión: podía ser competitivo y crítico o podía confiar mis emociones y la situación a Dios. Mientras la otra persona se «metía» y me robaba a mi amigo, yo no dije nada. Sus celos socavaron nuestra amistad y tuve el presentimeinto de que la relación de ellos no duraría. Al poco tiempo mis sospechas se hicieron realidad.

El hombre que había roto nuestra relación dio la media vuelta y abandonó a mi amigo. Los celos habían dado en el blanco. El enemigo puede haber pensado que había alcanzado su meta, pero no fue así, porque no permití que los celos llenaran mi corazón. Necesitamos estar en guardia todo el tiempo contra los sentimientos de celos, incluso cuando estamos bajo ataque y nos preguntamos qué va a hacer Dios por nosotros.

Una mente dividida. Si usted está celoso no podrá concentrarse con claridad. De hecho estará distraído. Puede haber sentido que Dios le mandaba a moverse en cierta dirección, pero en vez de salir a hacer Su voluntad, se detiene y se pregunta quién recibirá la siguiente tarea. Sin embargo, su meta tiene que ser realizar la tarea que Dios le ha dado. Cuando lo haga, experimentará Sus bendiciones de una forma tremenda.

Ira, amargura y resentimiento. Solo puede suprimir la amargura hasta cierto punto. En realidad no puede mantenerla oculta mucho tiempo. Eso se debe a que actitudes como la amargura y los celos están escritas en los ojos. Si miramos de cerca, podremos ver el gozo y la felicidad en el rostro de una persona que está contenta de veras. De la misma manera, por lo común habrá una sensación de tensión o un distanciamiento dentro de los ojos de los que permitan que esos sentimientos aniden en ellos. La ira y la amargura están escritas en el semblante de la persona. ¿Cómo lo sabemos? El autor de Proverbios escribió: «Por el viento del norte viene la lluvia, y por las malas lenguas las malas caras» (Proverbios 25.23 VP). No podemos ocultar el resentimiento. Podemos intentarlo, pero tarde o temprano será revelado a los que nos rodean. Se reflejarán de una forma u otra. Antes que Caín asesinara a su hermano Abel, Dios le preguntó: «¿Por qué te has ensañado y por qué ha decaído tu semblante?» (Génesis 4.6). En esencia, Caín pisó la mina de los celos, y esta estalló debajo de él cuando mató a Abel (v. 8).

Una sensación de inseguridad. Los celos cambian el objetivo de nuestro interés. Nos volvemos inseguros, y nos preguntamos si hemos hecho lo correcto. Cuando Jesús fue caminando hacia los discípulos sobre el Mar de Galilea durante una terrible tormenta, quería que mantuvieran los ojos fijos en una sola cosa, y esta era Él. En el instante en que empezamos a pensar en quién se nos está adelantando, nos metemos en problemas.

Es importante ser lo mejor posible en el trabajo, en las relaciones y en la iglesia o en los proyectos cívicos, pero nunca olvide que está viviendo dentro del tiempo de Dios y de Su economía. Él tiene un plan para bendecirle, pero antes usted debe aprender a seguirle.

Atención equivocada. La atención es un elemento vital para vivir la vida cristiana con éxito. Cuando los entrenadores de perros trabajan con animales que serán empleados como perros de servicio, les enseñan una orden llamada «Atiende». Antes que el perro reciba una orden, el entrenador le dice: «Atiende». En este punto el animal mira y espera la siguiente orden del entrenador. Puede ser esperar, sentarse o pararse. Sea lo que sea, la atención del perro está puesta en una sola cosa: en el entrenador.

Cualquier cosa que capte su atención le ha captado a usted. Pregúntese: *¿Están los ojos de mi corazón puestos en Jesucristo, o estoy celoso y envidioso de los demás?* Recuerde que Santiago escribió: «Porque donde hay celos y contención, allí hay perturbación y toda obra perversa» (Santiago 3.16). Donde hay desorden, hay frustración, ansiedad, contienda y otros sentimientos negativos.

A veces una persona envidiosa busca maneras de arruinar la reputación de otra con el propósito de salir adelante. Cuando nos salimos de la voluntad de Dios y nos volvemos celosos, también nos apartamos de su cuidado protector. Él tiene un plan para nosotros, pero estamos decididos a ir en otra dirección. Él nos permite seguir por nuestro propio camino hasta que nos demos cuenta de que estamos atrapados en un campo minado, listo para estallar.

Indecisión. En lo profundo de su mente, puede que usted piense todo el tiempo en la persona que parece tener más o saber más que usted. Sea esto cierto o no, concentrarse en sus sentimientos puede ser muy nocivo. Cuando no esté operando dentro de las pautas de los principios de Dios, no sabrá qué es lo correcto que debe hacer. Lo más probable es que haga lo que crea que es mejor desde su punto de vista.

Muchos creyentes toman la dirección equivocada una y otra vez porque creen que están en el camino correcto. Ven que otros siguen en determinada dirección y quieren seguir ellos también por ahí. Dios nos dice que le sigamos solo a Él. Aprendemos a hacer esto por medio de la oración y la meditación en Su Palabra. Cuando nuestro corazón está rendido a Él, el Espíritu Santo nos guiará y dirigirá nuestro camino, un camino que conduce a muchas bendiciones.

Lucha contra la depresión. Cuando le abre la puerta a los celos, también le abre a una multitud de otras dificultades, tales como sensaciones de desesperanza y depresión. No estoy diciendo que se pondrá deprimido desde el punto de vista clínico, sin embargo, la depresión sobreviene por lo común cuando invitamos de forma deliberada al pecado a entrar en nuestra vida.

Por ejemplo, usted puede estar en discordia con un compañero de trabajo o un amigo y la primera cosa que hace en la mañana es comenzar a pensar en esa persona. Se pregunta si le está tomando la delantera. Todo el día se lo pasa rumiando el hecho de que usted no tiene lo que él tiene. Dios nos dice: «Estad quietos, y conoced que yo soy Dios» (Salmo 46.10). En realidad, nadie sabe por lo que el otro está pasando, sus aflicciones ni dificultades.

En la medida en que piensa en esa persona y trata de manejar sus circunstancias para adelantársele, se torna más ansioso y deprimido. El salmista nos dice que alcemos nuestros ojos al Señor, porque Él es nuestra ayuda y fortaleza (Salmo 121.1). Esa es la cura precisa para el corazón celoso, la mente deprimida y el espíritu ansioso. Cuando usted llegue al punto en que se dé cuenta del gran amor y el afecto que Dios le tiene, dejará de preocuparse por lo que tienen otros. Solo querrá recibir lo mejor de Dios cuándo y dónde Él tenga planeada la entrega.

Pérdida de privilegios y oportunidades. Los celos nos colocan en una situación propicia para una bancarrota de nuestras emociones y de nuestras vidas profesionales. Cuando no hay paz, contentamiento ni felicidad en nuestro corazón, para los demás será difícil trabajar a nuestro lado. Cuando sientan que somos celosos o envidiosos, tomarán nota de eso y se alejarán. Podremos preguntarnos despues qué fue lo que hicimos, pero la respuesta está clara para los que han escuchado nuestra conversación.

Ruptura de nuestra comunión con Dios. Usted podrá leer su Biblia y orar, pero algo faltará, porque habrá una muralla entre usted y el Señor. Eso es debido a que los celos son una emoción egocéntrica. En lugar de tener un corazón agradecido por lo que Dios nos ha dado, nos pasamos el tiempo pensando en lo que tienen los demás o en lo que quisiéramos tener. La comunión con Dios se convierte en una segunda, tercera o última opción.

En algunos casos una persona celosa no puede orar con verdadera devoción, porque lo único que quiere pedirle a Dios es que trate con «la otra persona». Y la otra persona puede ser alguien a quien Dios ha escogido bendecir. Recuerde lo que dije al principio: La meta de Satanás es llevar destrucción a su vida. Quiere distraerle e impedirle que sirva a Dios con su corazón entero, y los celos son nada más que una trampa que él coloca en su sendero.

Enfermedad física. La amargura, el resentimiento, la hostilidad, la ira, los celos y la envidia pueden ser escalones que conducen a la enfermedad física. Muchas veces hemos oído a la gente hablar de algo que «se los come» por dentro. El fruto de los celos es la ira, la cual puede resultar en una serie de problemas físicos. Cuando su corazón está bien con Dios usted tendrá mejor salud. El escritor de Proverbios señalaba: «El corazón alegre constituye buen remedio; mas el espíritu triste seca los huesos» (Proverbios 17.22). En otras palabras, el cuerpo entero es afectado por la agitación interna que alimentamos mediante pensamientos y acciones pecaminosas.

CÓMO DESACTIVAR LOS CELOS

¿De qué manera tratamos con efectividad los celos que tenemos?

Primero: Necesitamos admitir que tenemos envidia. Cuando nos veamos en conflicto con alguien que creemos que tiene más que nosotros, tenemos que reconocer esto ante el Señor en oración.

Segundo: Necesitamos reconocer que estamos en conflicto con Dios. Mientras pensemos que podemos remediar la situación, camuflagearla o justificarla, no tocaremos el verdadero asunto, que es un corazón lleno de envidia. No obstante, cuando de buena voluntad admitimos que hay un problema y que necesitamos la ayuda de Dios, nuestro corazón estará receptivo para recibir Su instrucción. Una vez que esto tiene lugar, por lo general notamos que, aunque permanezcan los sentimientos de celos, pronto empezarán a desaparecer.

Si por casualidad está celoso de otra persona, pídale a Dios que le ayude a encontrar una manera de alentar, halagar o brindar amistad a ese individuo. La persona que es blanco de sus celos no es el enemigo. Es Satanás con su cruel deseo de atraparle en el pecado y hacer estallar su vida con la envidia. Pero el arrepentimiento piadoso y el sometimiento a Dios desactiva sus trampas. No solo queda usted libre de sus redes, sino que se da cuenta de repente que Dios tiene mucho más reservado para usted, solo porque le ama con amor eterno.

Tercero: Tenemos que dar gracias a Dios por lo que ha hecho en nuestra vida y hasta por las personas que son la fuente de nuestro conflicto. Esto puede parecer difícil, pero reconozca su problema, confiéselo y déle gracias a Dios por revelar esta batalla en su vida.

Alábele por las cosas buenas que le ha dado. Resista la tentación de compararse con otras personas. Elimine también los sentimientos negativos e impíos, porque a menudo no reflejan la realidad. Usted puede sentir que alguien le ha ofendido, pero Dios no quiere que le guarde rencor a esa persona ni busque vengarse. Ambas cosas crean una profunda hostilidad en nuestro corazón. Recuerde: la cura de los celos está dentro de nosotros también, porque nuestra vida contiene al Espíritu de Dios. Él es el único que puede ayudarnos de verdad a discernir cuando surgen los celos. Por tanto, pídale que le ayude a ver su vida desde la perspectiva de Él, rebosante de esperanza y bendición. Después que haya entendido los buenos planes que Él tiene para usted, ya los celos no serán una mina para su vida.

Cuarto: Necesitamos orar y pedir a Dios que nos ayude a ver el corazón de la otra persona que está involucrada en el conflicto. Los celos están por todas partes: en el mundo de los negocios, en el gobierno, la política, en su oficina y hasta en su barrio. Usted puede sentir celos de una persona que está siendo aquello para lo cual Dios la creó. Cuando otra persona está viviendo el plan de Dios, no tenemos excusa para sentir envidia de ella.

No hay forma de que usted pueda saber todo por lo que otra persona está pasando. Puede que esté enfrentando una situación dolorosa que le haga actuar de cierta manera.

En vez de incorporarse a la carrera por salir adelante, pídale a Dios que le ayude a descansar en Su presencia. Cuando aprenda a estar quieto delante de Él, en espera de Su tiempo y Sus indicaciones, recibirá una bendición.

Quinto: Tenemos que estar dispuestos a esperar que Dios obre. Los tiempos de espera ofrecen oportunidades maravillosas para que nos acerquemos a Dios. Mientras esperamos, podemos también escuchar Su voz que nos instruye y nos enseña a vivir una vida de éxito, sea que esto incluya cimentar amistades, trabajar junto a los demás o desarrollar nuevos pasatiempos. Junto con la espera viene la necesidad de estar abiertos a la guía de Dios y listos para obedecerle en todos los momentos y en toda situación.

Sexto: Tenemos que pedirle a Dios que nos ayude a escuchar su voz por sobre el clamor del mundo. Los celos gritan pidiendo atención. Los pensamientos de envidia tratan de reptar hasta la primera plana de su mente. Por lo tanto, manténgase firme en sus deseos de oír la voz de Dios y conocer su mente para la situación que tenga en su vida.

Séptimo: Tenemos que deleitarnos en Dios (Salmo 37.4). Cuando lo hagamos, veremos que Él nos concederá los deseos de nuestro corazón.

LA RENDICIÓN CONDUCE A LA VICTORIA

¿Cómo lidiar con los celos de otra persona hacia usted? La mejor forma es rendir sus sentimientos a Dios y permitirle que cambie su actitud hacia los demás.

Primero, tiene que pedirle a Dios que le muestre lo que necesita aprender por medio de esa situación. Eso requiere la disposición a someter su propia voluntad y deseos. Muchas veces la gente se vuelve celosa, no por algo que hayamos hecho, sino porque se sienten inadecuados o porque no pueden estar a la altura de los que les rodean. Antes que una persona celosa le irrite, esté dispuesto a orar por ella y pídale a Dios que le ayude a entender cómo puede servir a ese individuo en vez de rechazarlo.

Segundo, tiene que tomar una decisión consciente de ignorar cualesquiera palabras ásperas que se hayan dicho como resultado de los celos. Repito, rinda a Cristo todos los derechos que crea tener. Permítale que le defienda y que se haga cargo también de su reputación.

Todos queremos saber que nuestras vidas valen algo: la gente también se vuelve celosa como resultado de un sentimiento de falta de valor. No podrá decirle la verdad a una persona que esté batallando contra esta mina, pero sin duda puede negarse a tomar un rumbo equivocado, que puede llevarle a la destrucción.

Tercero, pídale a Dios que le muestre si hay algo que haya hecho usted para crear una atmósfera de celos. Es más que probable que José haya disfrutado mostrar a sus hermanos la túnica que su padre le había dado. Los celos llenaron los corazones de sus hermanos y, aunque sus acciones no estaban justificadas, podemos ver cómo las acciones de José ayudaron a hacer estallar la mina.

Cuarto, muéstrele algún tipo de bondad a la persona que está luchando con los celos. La bondad es una herramienta poderosa. Haláguela. Por ejemplo, digale algo así como: «¡Me alegré tanto al oír que te habían ascendido!». O busque la oportunidad de ayudarle de alguna manera. Puede que la otra persona nunca sepa lo que usted ha hecho, o puede que nunca le importe, pero Dios ve sus buenas intenciones y le bendecirá, no solo por su acto de bondad, sino por el cambio de actitud de su corazón.

Quinto, ore por que cambie su actitud y también por que la persona en cuestión se enfoque en el Señor y sus propósitos en vez de buscar desunión entre los demás. En ocasiones, si otra persona está celosa de usted, en cuanto empiece a hablar con ella sentirá que las murallas se levantan. Nadie tiene que dejarse pisotear por los demás, pero es cierto que necesitamos que Dios nos use y nos enseñe a tener corazones humildes y dóciles para Él.

¿Cómo debe tratar con los celos? Mantenga su corazón dirigido hacia el Señor. Siempre que sienta un ataque de celos tiene que ser honesto e ir a Él en oración y pedirle su ayuda para resolver eso. Además necesita confesar los celos como pecado, arrepentirse y apartarse de ellos. Cada cierto tiempo, cada uno de nosotros se enfrentará con tentaciones en esta área y en otras que se mencionan en este libro, sin embargo, no tenemos que ceder ante ninguna de las minas mortíferas que el enemigo coloca en nuestro camino. No permita que él ni nadie más le tiente a desobedecer a Dios. Usted ha sido creado para un propósito, que es glorificar a Dios.

Si anda por la vida de acuerdo con Sus principios, nunca lo lamentará. De hecho, la vida será fantástica, porque experimentará Sus bendiciones en cada vuelta del camino.

CINCO

LA MINA DE LA INSEGURIDAD

Imagine por un momento la escena en que Moisés está de pie ante la zarza ardiente. Está apabullado por el poder y la magnitud de la santa presencia de Dios. Durante cuarenta años ha vivido una existencia humilde en Madián, una tierra en el límite del desierto que rodea a Galaad, Edom y Moab, con su familia extendida, que era casi toda de pastores. El recuerdo de su salida de Egipto cuarenta años antes aún lo tenía muy fresco. Había salido de repente, después de matar a un egipcio que maltrataba a un esclavo hebreo.

Ahora estaba parado delante del Señor, y recibía instrucciones sobre cómo iba a vivir el resto de su vida. La orden de Dios para Moisés requería a la vez coraje y devoción. Se enfrentaba a un cambio de su estilo de vida que también afectaría la manera en que se veía a sí mismo y en especial, la manera en que veía a Dios. Era un momento definitorio de proporciones extremas y, como muchos de nosotros, Moisés de inmediato se sintió inadecuado para la tarea. Vaciló lleno de dudas y buscó una forma de evadir el llamado.

Moisés tenía razón: ¡No era adecuado para la tarea! Pero este hecho no cambió el plan que Dios tenía para su vida.

La mayoría de los retos que enfrentamos requieren fe en un Dios infinito y omnipotente. Sea cual sea la tarea, si estamos convencidos de que no podemos tener éxito, no lo tendremos. Por otra parte, si confiamos en la soberanía y la fortaleza de Dios que obran en nuestra vida, lograremos triunfar.

EXPONER LA VERDAD SOBRE LA INSEGURIDAD

Dios le instruyó a Moisés ir al Faraón y repetirle las mismas palabras que Él le daría para que le dijera. El Señor estaba preparando las condiciones para la liberación de su pueblo. En respuesta. Moisés se aterrorizó ante la idea, como la mayoría de nosotros hubiéramos hecho. Se había criado en la casa del Faraón y había sido allí donde había descubierto la verdad sobre su nacimiento. Era un hebreo, como los que servían de esclavos a los egipcios. ¿Como iba a poder regresar? Es más, sentía que no estaba preparado para la tarea que Dios le pedía hacer.

¿Alguna vez se ha sentido así? Sabe que el Señor le ha llevado hasta cierto punto. Le ha colocado en un puesto que requiere de usted más de lo que cree que pueda dar. ¿Qué le responde a Él? Cuando Moisés responde, podemos sentir la inseguridad en su voz: «¡Ay, Señor! Nunca he sido hombre de fácil palabra [...] porque soy tardo en el habla y torpe de lengua» (Éxodo 4.10).

La inseguridad no es una dificultad como los celos, la envidia o el orgullo. Puede que no parezca explosiva, pero lo es. La mina de la inseguridad es poderosa y destructiva. Para una persona con sentimientos de inseguridad, todo lo que hay en su vida parece inestable y poco confiable.

Puede que le hayan dado la oportunidad de progresar en su trabajo, pero quiere rechazar la promoción porque cree que no puede hacer el trabajo o que no será aceptado. Moisés no se imaginaba ir a la corte del Faraón con el mensaje de Dios y decir: «Deja ir a mi pueblo».

Dios, en su fidelidad, reafirmó a Moisés que estaría con él en cada paso del camino, y lo mismo se aplica a usted y a mí cuando estamos dentro de la voluntad de Dios. «Y Jehová le respondió: [a Moisés] ¿Quién dio la boca al hombre? ¿o quién hizo al mudo y al sordo, al que ve y al ciego? ¿No soy yo Jehová? Ahora pues, ve, y yo estaré con tu boca, y te enseñaré lo que hayas de hablar» (Éxodo 4.11, 12).

Hubiera sido bueno que Moisés aceptara el llamado de Dios sin condiciones, pero no lo hizo. No creía que pudiera guiar él solo al pueblo de Dios fuera de Egipto. El Señor sabía que Moisés tendría dificultades para responder al llamado, por tanto, sugirió que Aarón fuera una parte vital del plan. La participación de Aarón no formaba parte de Su plan original. En este caso, Aarón iba a ser quien dijera las palabras que Moisés le mandara a decir y esas palabras vendrían directo del Señor.

El resultado fue la obediencia, y Moisés respondió al llamado aunque no estaba convencido de que pudiera llevar a cabo lo que Dios lo estaba mandando a hacer. Dios conoce nuestras limitaciones y por lo general nos lleva a situaciones en que nuestra fe se fuerza más allá de lo que creemos que podemos soportar. Él quiere que desarrollemos nuestra fe. Para lograr esto la fe debe ser probada. Eso significa ponernos en situaciones en que quedemos cara a cara con nuestras inseguridades y en las cuales escogemos confiar a Dios la situación.

En algún momento usted con toda probabilidad se ha sentido como Moisés. Se abrió una oportunidad ante usted, pero creyó que no podría hacer frente a la responsabilidad. Todo dentro de usted quería huir, pero también sentía al Espíritu Santo instarle a quedarse y hacer su mejor esfuerzo. Pablo nos dice en Efesios: «Porque somos hechura suya, creados en Cristo Jesús para buenas obras, las cuales Dios creó de antemano para que anduviéramos en ellas» (Efesios 2.10).

Usted puede pensar: *No puedo hacer nada bien,* pero desde la perspectiva de Dios usted es una persona de una excelencia notable. Todo lo puede en Cristo (Filipenses 4.13). Moisés tuvo que aprender esta verdad, al igual que Pablo y cualquiera que haya escogido seguir los caminos de Dios. Él no nos deja nunca en situaciones de mediocridad. Quiere retarnos a alcanzar metas más altas que las que creemos posibles. En un corto período de tiempo Moisés pasó, de ser un pastor, a líder del Éxodo. Eso fue un cambio bastante grande de papeles, y Dios puede querer hacer una obra igual en su vida, pero primero usted debe estar dispuesto a confiar en Él y a obedecerle.

DÉ LOS PASOS CORRECTOS PARA EVITAR LA INSEGURIDAD

¿Se siente bien con usted mismo, o se dedica a menudo a la autocrítica? ¿Qué es lo que hay en usted que no le gusta? Quizás sea su apariencia. Con demasiada frecuencia vemos gente en la televisión y empezamos a creer que no estamos a su altura. No somos bien parecidos, bellos ni estamos a la moda. Nuestra autoestima sufre porque nos comparamos con otros que están viviendo para el mundo y sus pasiones, y no para Dios. ¿Cómo vencer las sensaciones de baja autoestima, en especial si ha creído las mentiras de Satanás, que le dice que no es capaz ni merecedor de las bendiciones de Dios?

Primero, necesita recordar que Satanás no se detendrá ante nada para plantar minas de inseguridad en su vida. Quiere que usted se retire con sentimientos de inseguridad. Él sabe que Dios tiene un plan para usted. Satanás también está al tanto del potencial suyo a causa de la presencia del Espíritu de Dios. Por lo tanto, disfruta montando pequeñas explosiones de inseguridad a lo largo de su vida, con la esperanza de que se conviertan en una llamarada de desaliento y desesperanza. Usted puede detectar y desactivar sus trampas.

Tiene una oportunidad tremenda de llegar a una relación personal con el Dios del universo. No es asunto de nada más saber acerca de Él; usted puede en realidad conocerle y experimentar Su amor eterno e incondicional.

De tiempo en tiempo, todos luchamos contra sentimientos de inseguridad. Usted puede tener que hablar ante un grupo de gente y luego preguntarse si lo que ha dicho o hecho es correcto, efectivo o que motive a pensar.

Sin embargo, una cosa es sentirse inseguro sobre una situación en particular y otra es crecer con la inseguridad y tenerla programada en su mente cada día. Los pensamientos inseguros le pueden aislar de los demás. He escuchado a mucha gente que, al final de su vida, expresan el deseo de hacer volver atrás el tiempo y cambiar la forma en que vivieron. La mayoría dice que hubieran tomado decisiones diferentes en momentos cruciales. El propósito de Satanás con la inseguridad es dejar que nos sintamos desilusionados y más bien como fracasados que como vencedores, pero debemos recordar que somos más que vencedores por medio de Cristo (Romanos 8.37).

LA RAÍZ DE LA INSEGURIDAD

¿Qué hace que uno se sienta inseguro? Muchas veces eso se produce como resultado de que uno se siente inadecuado. En algún momento la persona puede haber sufrido el rechazo o la falta de aceptación. Cada uno de nosotros se debate con sentimientos de inseguridad. Habrá momentos en que usted se levante en la mañana y se sienta como si no tuviera un sentido de dirección. Se pregunta qué le deparará el futuro. Siente una inquietud bien profunda e incesante y puede que se pregunte: *¿Alguna vez estaré satisfecho?* Si se siente seguro en Dios, descubrirá la paz y el gozo que Él le ofrece, sin importar la situación en que se encuentre.

Las relaciones rotas nos pueden dejar preguntándonos si tenemos una falla de carácter, o al enfrentarse a un despido del trabajo la persona puede quedar insegura con respecto al futuro y a su capacidad personal. Ponerse viejo y darse cuenta de que no realizará todas las metas que usted quería alcanzar puede tener un efecto desastroso. Perder un ser querido puede revivir o crear sentimientos de inseguridad, miedo y depresión. Hay muchas causas para la inseguridad, pero Dios quiere que sepamos que estamos seguros en Él. No tenemos que temer al futuro ni preocuparnos por lo que otro pueda pensar de nosotros

Sentirse amenazado, inestable o en el límite. Una de las razones primordiales por las que algunos se sienten inseguros es porque han crecido en un medio inseguro. Su mundo les parecía muy impredecible, y una incertidumbre ante la vida les impidió sentirse seguros.

Pueden sentirse inestables porque su padre era un alcohólico o porque su padre o madre abandonó el hogar o murió siendo ellos pequeños. Esas situaciones crean una atmósfera de inestabilidad. Justo cuando un niño necesita saber que está seguro, que es amado y se preocupan por él, su mundo parece desplomarse. Con frecuencia el niño llega a adulto con inseguridades muy arraigadas.

La pérdida de un padre es uno de los sucesos más devastadores que puedan tener lugar en la vida de un niño. Con facilidad puede conmover los cimientos emocionales de su mundo. Conozco a varias personas que me han dicho que muchos años atrás, cuando eran pequeños, su madre o padre murieron y que nunca se han recuperado de esa pérdida. Todavía tienen un sentimiento de vacío e inseguridad del que no se pueden despojar.

Hay otras circunstancias que producen inestabilidad en nuestra vida: *el fracaso, una pérdida financiera* o *el divorcio.* Cuando no estamos seguros de nosotros mismos no podemos alcanzar las metas que Dios nos ha puesto. La razón por la que eso ocurre es que nos sentimos inadecuados, inferiores e inseguros. Como Moisés, queremos que Dios «envíe a otro» para que nos ayude con la tarea. Tratamos de ocultarnos en la parte de atrás de la multitud, esperando que nadie nos note. Pero Dios siempre nos nota. Él conoce nuestro potencial, de la misma forma en que conocía el potencial de Moisés. No quiere que nos sintamos inseguros; quiere que confiemos en Él. Cuando lo hacemos, obtenemos una sensación de seguridad debido a que Dios nos apoya con un poder inconmovible.

Tener reglas y regulaciones poco realistas puede frenar la creatividad natural que Dios le ha dado a cada uno de nosotros. A veces los padres ponen reglas que ellos no podrían cumplir. Aunque los niños no pueden captar todo el alcance de las consecuencias, deben saber en lo más profundo que la regla es demasiado difícil para que ellos la cumplan. La frustración creada por este conflicto interno puede conducir a sentimientos crónicos de insuficiencia. Las reglas tienen como objetivo que vivamos de acuerdo con la voluntad y el plan de Dios. No obstante, con demasiada frecuencia se les da un mal uso con el propósito de confinar y de esta forma impedir que un niño o adulto joven crea y confíe en la capacidad soberana de Dios.

Las reglas, efectivamente nos dan límites dentro de los cuales vivir, pero necesitan tener propósito y significado. Por ejemplo, si le exige a su hijo obtener sobresaliente en todas las asignaturas, cuando solo es capaz de obtener notables y aprobados, la presión y el esfuerzo por lograr más crearán un sentimiento de incapacidad en lo profundo de esa joven persona. Usted siempre tiene que hacer el mayor esfuerzo, lucir lo mejor posible y estar en su mejor forma. Sin embargo, si su «mejor posible» está a un cierto nivel, tiene que pedirle a Dios que le ayude a aceptar esto.

A menudo una persona quizás se sienta celosa porque se ha comparado con otra. En vez de agradecer a Dios por la capacidad que le ha dado, se siente amenazada e insegura porque quiere más que lo que Él le ha suplido hasta ese momento.

Cada uno de nosotros necesita aprender a tener un corazón agradecido de lo que se nos ha dado. Cuando usted le agradece a Dios por las cosas que le ha provisto, su nivel de inseguridad disminuye y su seguridad en Él aumenta, porque empieza a verlo tal como Él es: la fuente que suple todas sus necesidades. Siempre trácese como objetivo hacer su mayor esfuerzo, pero también tenga como prioridad pedirle a Dios que le dé Su capacidad a la vez que le revele cualquier inseguridad que usted tenga. Mucha gente vive por debajo de sus posibilidades porque se han conformado con menos. Se sienten inseguras y se detienen. La forma de vencer eso es:

- pedir a Dios que le ayude a mirar su vida desde la perspectiva de Él.

- estar dispuesto a obedecerle y crecer en su conociemiento de Él y Sus caminos.

- tratar de tener éxito desde el punto de vista de Dios y no según las normas del mundo.

Además, trazarse metas no realistas que Dios no quiere que usted tenga puede conducir a sentimientos de inseguridad, en especial para los niños pequeños. Eso puede crear un sentimiento de frustración y tensión en ellos que les puede llevar a la inseguridad. En vez de crecer creyendo que puede lograr su máximo potencial, un niño puede creer lo contrario: *No sirvo para nada. No soy digno. No puedo hacer nada bien.* Los padres tienen que establecer principios piadosos para que sus hijos los cumplan.

Cuando seguimos los caminos de Dios, nuestros hijos llegarán a tener una autoestima saludable y fuerte que no será socavada por la negatividad de este mundo.

Tome un momento para hacerse la siguiente pregunta: *¿Estoy exigiendo a mi hijo más de lo que me exijo a mí?* Trazar metas y límites realistas para su familia crea una atmósfera de obediencia y éxito. También necesitamos obedecer este principio en nuestra vida. Alguna gente demanda de sí misma más que lo que Dios les exige. El resultado es una serie de fracasos tras otra. Por ejemplo, puede que Él nunca haya planificado para usted que sea el vicepresidente principal de una compañía, pero usted sigue esforzándose más y más. Por dentro está luchando contra sentimientos de incapacidad. Su relación con su cónyuge sufre, porque en lo único en que puede pensar es en cómo llegar al máximo nivel de la corporación o en ser el presidente de la organización de padres y maestros de la escuela elemental de su hijo.

Al final, la mayoría de la gente que está en la cumbre con toda probabilidad podría decirle que la lucha y la frustración que les ha costado llegar hasta ahí no han valido la pena. Por el camino, sus relaciones personales sufrieron y en algunos casos se disolvieron amistades de toda la vida. La amistad y la familia son las cosas que Dios usa para alentarnos y edificar la seguridad de nuestras vidas. No obstante, por lo común esas cosas son las que más sufren cuando estamos tratando de dejar atrás a todos los demás. Nuestra lucha contra la inseguridad nos impulsa a lograr más, pero deja un temible regusto de inseguridad dentro de nuestras emociones que impide que lleguemos a ser todo lo que Dios quiere que seamos.

¿Y qué tiene Él que decir sobre la inseguridad? Que es mortífera, y que, si Satanás se sale con la suya, impedirá que cumplamos los propósitos que Dios quiere que alcancemos durante nuestra vida.

Una pobre imagen corporal. Después de mirar algunos de los comerciales de la televisión, podrá parecerle que pocas personas son felices con la manera en que lucen. O pensamos que somos demasiado flacos o demasiado gordos. Los que son bajitos quieren ser más altos y los que son altos piensan: *¡Si al menos pudiera ser más bajito!*

Esa línea de pensamiento constante puede conducir a la inseguridad. Sea cual fuera su forma o talla, Dios ve una sola cosa cuando le mira: a la persona que Él ama y que Él creó con un tremendo potencial. Usted no tiene que ser el líder de la manada para contar con la aprobación de Él.

Carencia de una retroalimentación positiva. Quizás mientras usted crecía no tuvo un padre o una madre que le alentara o le diera una retroalimentación positiva. Nadie le dijo nunca: «Sé que hiciste tu mayor esfuerzo y estoy orgulloso de ti». Cuando la gente no recibe el tipo adecuado de elogio y aliento hay una gran probabilidad de que desarrollen una autoimagen negativa. También encontrarán difícil creer que Dios les ama en realidad y les acepta de manera incondicional. Satanás se aprovecha y siembra una enorme mina de inseguridad. Sin la ayuda de Dios, esta explotará.

Mi madre siempre me animaba a dar lo mejor de mí. Ella sabía que yo tenía suficientes obstáculos que vencer como resultado de haberme criado sin un padre. Si yo le decía: «Mamá, hice lo mejor que pude», ella me respondía: «Está bien». Ella creía en mí y comprendía que Dios tenía un plan para mi vida que iba más allá de todo lo que ella deseaba en ese momento. La confianza es un factor clave en la crianza y educación de los niños. Si ella se hubiera burlado de mí y me hubiera regañado para que hiciera más de lo que yo podía, estoy convencido de que sus palabras hubieran tenido un efecto muy dañino en mí. Pero no lo hizo. En vez de ello, me amaba, hablaba conmigo, escuchaba mi corazón y oraba conmigo y por mí.

La tentación de sentirme inadecuado ya estaba presente debido a la muerte prematura de mi padre; no obstante, el aliento de ella dio propósito y estabilidad a mis años infantiles. Dios tambien usó esto para motivarme a ser lo mejor que podía. Más adelante, la aceptación y la aprobación de Dios me impulsaron a tener éxito en todo lo que Él me mandaba a hacer. Ahora bien, sin la base de amor y aceptación que me dio mi madre la vida quizás hubiera sido muy diferente para mí.

Eclipsado por los hermanos. No lo sabemos a ciencia cierta, pero David con toda probabilidad luchó contra sentimientos de inseguridad. Después de todo, sus hermanos le recordaban cuán poco importante era su vida, porque estaba atendiendo solo a unas pocas ovejas (1 Samuel

17.28). Lo cierto era que Dios estaba en vías de prepararlo para una tremenda bendición. No importa si usted tiene seis años u ochenta y seis. En el momento en que confiesa su sensación de inseguridad a Dios y la necesidad que tiene de Él, el Señor comienza a obrar en favor suyo.

Entrene su corazón y su mente a concentrarse en el Señor y no solo en las circunstancias en que se halle. Como dije antes, lo que capte su atención lo captará a usted. Por tanto, no permita que los sentimientos negativos controlen su vida e impidan que alcance todo lo que Dios quiere que usted logre y experimente.

En la prisión, José se concentró en el Señor y en el sueño que le había dado, y no en el hecho de que sus hermanos le hubieran causado dolor y sufrimiento. Dios permitió que pasara por grandes dificultades para un propósito aun más grande.

Usted ya no tiene que sentirse inadecuado. Nadie es adecuado, excepto Dios. Él es la fuente de nuestra fortaleza y nuestra suficiencia. El apóstol Pablo escribió: «Todo lo puedo en Cristo, que me fortalece» (Filipenses 4.13).

José no buscó pasar al frente de ninguna fila para lograr la liberación. Esperó con paciencia la liberación de Dios. Durante el tiempo de su confinamiento aprendió a ser lo mejor posible para ese momento. Lo mismo se aplica a la vida de David. Ambos hombres, y de hecho todos los hombres piadosos mencionados en la Biblia que el Señor usó, se enfrentaron a circunstancias horrendas, pero prefirieron confiar en Dios y dejarle las consecuencias a Él. Se negaron a dejarse paralizar por pensamientos negativos.

Dios usa nuestras circunstancias para moldearnos. Si Él permite las dificultades, entonces usted sabe que va a hacer algo maravilloso en su vida. Si usted se crió oyendo decir cuanto más inteligente era su hermano o hermana, con toda probabilidad se sentirá inseguro y frustrado. Pero Dios nunca le comparará con otra persona. Usted es suyo y Él le ama tal y como es. Si confía en Él, le enseñará todo lo que necesita saber y nunca verá en su libro de notas un desaprobado.

Primero: debe creer en la capacidad y fidelidad de Dios. Segundo: debe confiar en Él aun cuando las probabilidades parezcan estar en contra suya. Y tercero: debe estar dispuesto a esperar por el tiempo de Él. Cuando lo haga, recibirá una gran bendición.

Hay algo alentador en ofrecer esperanza a otra persona. En vez de derribar a alguien, busque formas de levantarle y alentarle para que siga andando y no sea víctima de la inseguridad.

La persona insegura dice con frecuencia: «La única razón por la que me trata bien es porque quiere algo de mí». No puede creer que alguien sea bondadoso sin querer nada a cambio.

Cuando nos percatamos de la profundidad del amor de Dios, no tendremos temor a abrir nuestro corazón a los demás. Hay personas que han sido heridas tan en lo profundo que evitan entablar relaciones para no arriesgarse a ser heridas de nuevo.

Igual que ocurre con las demás dificultades que se mencionan en este libro, usted puede desactivar la inseguridad, pero para llegar a eso, usted debe reconocer que tiene un problema:

«Señor, me siento inseguro. Me siento inadecuado para la tarea». Por tanto, usted piensa: *No puedo aceptar la oferta de trabajo. No puedo correr ese riesgo porque voy a fallar. Nunca voy a lograr ese objetivo. Soy un fracasado. Nadie me quiere.*

Esas son las minas del enemigo, que él planta en la senda del creyente. Cada vez que escuche su voz, en lugar de la voz de la verdad que procede del Espíritu de Dios que tiene dentro, se estará condenando al fracaso. Pero no tiene que vivir con una sensación de inseguridad. No deje que nadie nunca le diga que no puede alcanzar las metas que Dios le ayuda a plantearse. Ni escuche las palabras de los que le digan: «Eres un inadecuado. No puedes hacer este trabajo». Lo más importante es que no permita que los pensamientos o palabras negativas definan quién es usted como hijo de Dios. Dios quiere que usted recuerde que es más que adecuado por medio de Cristo, que le fortalece y le da sabiduría para enfrentar cada día (Filipenses 4.13). Tiene todo lo que necesita para llegar a ser aquello para lo cual Dios le creó.

La imaginación humana es poderosa. Si tiene sueños divinos escondidos en su corazón, pídale a Dios que los saque a relucir y le ayude a alcanzar cada uno. Dios es el que nos da la capacidad de establecer metas y soñar buenas cosas para el futuro. Un joven puede sentirse llamado al ministerio, pero no se siente capaz de perseverar en este sueño porque creció pensando que no era inteligente. Dios nos da muchos sueños que guardamos en nuestro corazón. Él no está limitado en poder, y si nos ofrecemos a Él, nos dará justo lo que necesitamos para alcanzar nuestras metas.

No se pierda Sus bendiciones por creer que no puede hacerlo. Cuando Dios abra una puerta, entre por ella y confíe en que Él le va a ayudar a aprender, crecer y alcanzar los objetivos que le ha puesto. Jesús les dijo a sus discípulos: «Y todo lo que pidiereis en oración, creyendo, lo recibiréis» (Mateo 21.22). Esta es una promesa condicional, porque está basada en la fe, nuestra fe en que Dios responde a nuestras oraciones.

Jesús no dijo: «Escuchen: yo sé que ustedes son buenas personas, pero no tienen la educación que hace falta para progresar en este mundo. Tienen que retirarse y dejar que otros pasen adelante». No, Él dijo que creyéramos como si no hubiera duda alguna de que el mismo Dios que nos ama sin condiciones nos guiará en cada paso.

Él no le dará nunca más de lo que usted pueda recibir, y si le da una oportunidad, también le dará poder para hacer el trabajo. Ni una sola vez le dejará pelear solo las batallas de la vida. Él es fiel y verdadero y puede confiar en Él a plenitud (Apocalipsis 19.11). Crea, porque «al que cree, todo le es posible» (Marcos 9.23).

Hay algunas cosas que no podremos hacer, porque Dios no nos ha llamado a hacerlas. Sin embargo, hay otras cosas que Él quiere que hagamos. Nos enfrentaremos a sentimientos de inseguridad y hasta sentiremos que no podemos hacer la obra, pero sí podemos por medio de

Él. Mucha gente ve un reto e inmediatamente piensa: *Sé que no lo puedo hacer, así que ni siquiera voy a intentarlo.*

Thomas Edison falló más de mil veces en su intento de crear una lámpara incandescente, pero nunca se rindió. Piense en lo que hubiera ocurrido si hubiera dicho: «Las velas son bastante buenas». Nunca hubiera alcanzado su meta. Otro hubiera creado la lámpara incandescente y él hubiera perdido tremenda oportunidad. Aunque se las tuvo que ver con un fracaso tras otro, Edison mantuvo el rumbo y eso hizo la diferencia. No se dio por vencido ni se rindió ante pensamientos de inseguridad.

Si se rinde, nunca sabrá cuán cerca ha estado del éxito. Pudo haber sido cosa de un intento más. Todo el que hace intentos fallará en algún momento, pero es a menudo durante los tiempos de fracaso cuando Dios hace su mayor obra. Él usa cada uno de nuestros fracasos para moldearnos, a fin de que lleguemos a ser las personas que Él ha planeado que seamos. Imagínese lo que ocurriría si, al llegar los problemas o los desengaños, usted le pidiera: «Señor, muéstrame tu voluntad en todo esto. ¿Qué quieres que yo aprenda de este tiempo de aflicción y problemas?». Una persona insegura puede pensar: *Dios no tiene ningún plan para mi vida. De ninguna manera se preocupa por mí.* Él sí se preocupa y también tiene un plan para su vida (Jeremías 29.11).

PONGA SU ATENCIÓN EN CRISTO Y OBTENGA LA VICTORIA

No permita que su mente se programe con pensamientos negativos que le produzcan inseguridad. He oído a personas decir: «Es que yo soy torpe». No, no lo es. El mismo Dios que creó el universo, con todos los seres vivientes que hay en él, le creó a usted. Le dio vida y tiene un plan que solo usted puede llevar a cabo. Usted no es un fracasado ni un perdedor, ni es un incompetente. Necesita reprogramar sus ideas con la verdad de Dios y desenterrar esa mina oculta. Entonces necesita cambiar la manera en que piensa y habla de usted mismo.

Usted es un hijo de Dios y Él quiere que aprenda a ver su vida desde la perspectiva divina. Puede que usted esté pensando: *Yo jamás seré un éxito.* Pero ya lo es a los ojos de Dios. Él le ama sin condiciones y quiere que usted viva conforme a su máximo potencial. Déle gracias por su vida y por la obra que va a hacer a medida que confíe sus inseguridades a Él.

Dios nos ha dado principios poderosos que tenemos que aplicar a nuestras vidas. No quiere que creamos las mentiras de Satanás de que tenemos que vivir al azar. No hay nada semejante a la casualidad ni la suerte en la vida de un creyente. Dios sabe todo lo que ocurre y nada de lo que enfrentamos es mayor que su soberanía. Como somos hijos de Dios, estamos viviendo bajo la protección de Sus bendiciones, por lo tanto, no somos perdedores. Somos gente de gran valía a causa de Jesucristo.

Alguna gente es tan insegura que cree que con solo esforzarse más podrán ganar el amor de Dios. Pero no es así. Dios se nos entregó por completo y nos dio Su amor en la cruz del Calvario.

No hay mayor forma de amor y aceptación que la que le ha dado Dios mediante la vida, muerte y resurrección de Su Hijo. La cruz es la mayor declaración de amor y seguridad que haya sido o será hecha jamás.

Nadie podrá amarle más que Jesús. Él le ama; su pelo, sus ojos, su risa, sus lágrimas y su sonrisa, todo lo suyo. Y más todavía: Él cree en usted. No puede desilusionarlo porque Él lo sabe todo acerca de usted, sus pecados y fallos, y a pesar de todo murió por usted para que pudiera llegar a conocerlo como su Salvador, Señor y Amigo eterno. ¿Qué más podríamos pedir que un amor tan grande y divino?

¿Cómo podría usted perder si está viviendo la vida para Él? De ninguna manera. Él nunca cambia la dirección del afecto que le tiene: es el mismo hoy, ayer y mañana. El apóstol Pablo nos dice que Cristo: «Nos selló como propiedad suya y puso su Espíritu en nuestro corazón... pues por la fe se mantienen firmes» (2 Corintios 1.22, 24 NVI).

Cuando aceptamos a Cristo como nuestro Salvador, Dios pone un sello de propiedad en nuestra vida. En la Biblia, la palabra *sello* se usaba a menudo de forma metafórica, como una expresión de que algo se guardaba bien seguro. Dios nos ha dado un sello, el Espíritu Santo, como garantía de Su amor eterno. Siempre que nos sintamos inseguros o tentados a rendirnos, solo tenemos que volvernos hacia Él en oración y Él proveerá la esperanza que necesitamos para seguir adelante.

Recuerdo un tiempo en que un grupo de la iglesia se me oponía y no quería que yo continuara de pastor. La tentación que vino a mí era de preocupación, temor e inseguridad. Supe al instante que si escuchaba a aquellas voces no podría oír la de Dios. Por lo tanto, en vez de ceder a los pensamientos de temor, busqué a Dios en oración, pidiéndole Su sabiduría y aliento.

Mientras yo estaba en una reunión en la planta alta de la iglesia, otro grupo estaba buscando la manera de quitarme de pastor. Mientras los que me rodeaban estaban hablando de las cosas que sucedían, yo estaba concentrado en una sola cosa: la voluntad de Dios. En ese momento, Él me recordó las palabras de Isaías 54.17: «Ninguna arma forjada contra ti prosperará, y condenarás toda lengua que se levante contra ti en juicio». Esas palabras contenían un mensaje poderoso de confianza y esperanza. También eran una advertencia a no darme por vencido ni ceder ante el miedo.

El enemigo tiene un solo propósito con el hijo de Dios, y es el de destruirlo por cualesquiera medios que pueda usar. Tratará de hacernos sentir inseguros, sin esperanza, abandonados, olvidados y maltratados. Sus palabras siempre están preñadas de desaliento y acusaciones. No caiga en sus maquinaciones. Si otros hablan mal de usted, mantenga su corazón mirando a Cristo. Compórtese lo mejor que pueda y confíe en que Él será su retaguardia (Isaías 52.12; 58.8).

DESCUBRIR LA BONDAD DE DIOS Y ELIMINAR LA INSEGURIDAD

Cuando comencemos a vivir la vida que Dios tiene para nosotros, encontraremos oposición. El enemigo no va a darse por vencido y alejarse así como así. Él quiere hacernos sentir mal de verdad con nosotros mismos para que nos rindamos y ya no esperemos cada día con una sensación de emoción y esperanza. Usará incluso a otros creyentes para inducirnos a pensar que no somos lo bastante buenos. Unas palabras descuidadas o unos arrebatos de ira nos pueden dejar sintiéndonos derrotados, en especial si hemos crecido en un ambiente en el que se nos decía que no lograríamos nada en la vida.

Dios quiere que deje de mirar su vida desde la perspectiva del mundo. Quiere liberarlo de la atadura de la inseguridad y ayudarle a ser la persona que Él creó. Eso puede ser difícil para alguien que se haya criado en un ambiente familiar negativo. Puede llevarle tiempo reprogramar sus ideas, pero Dios le dará la oportunidad de hacer eso y usted debe estar dispuesto a confiar en Él.

Por tanto, cuando los pensamientos negativos entren en su mente, pídale a Dios que le ayude a imaginarse lo mejor de Él: sus pensamientos y las cosas buenas que se refieren a su naturaleza y a su amor personal por usted. Por ejemplo, cuando usted sienta que no es amado, recuerde esta verdad: Él le ama de manera incondicional. Nunca le dejará ni le abandonará. Le dará la fuerza que necesita según sus riquezas en gloria. Él está al tanto de todas sus necesidades y suplirá cada una de ellas. Nada es demasiado difícil para Él y sin importar lo que pase, Él nunca negará que le ama y le conoce. Él es suyo y usted de Él, ¡para siempre!

¿Cuáles son los efectos de la inseguridad?

- falta de relaciones duraderas

- la percepción de ser orgulloso o un esnob.

- indecisión

- una actitud temerosa

- un sentimiento latente de ira

- el recuerdo de haber sido pasado por alto en promociones y honores

- incapacidad de conocer a otros y establecer amistades

- creer que el éxito se basa en la alabanza, la aprobación y la aceptación de los demás

- el deseo de controlar cada conversación

El mayor efecto que tendrá la inseguridad en su vida se refiere a su relación con Dios. Mientras más profunda sea la inseguridad, más probabilidad habrá de que tenga problemas en su relación con Él. No puede concentrarse en adorarlo cuando su mente está dirigida hacia usted mismo, en cómo usted les luce a los demás y qué puede hacer para progresar. Lo único que puede brindar una seguridad permanente y verdadera a su corazón es una relación personal con Jesucristo. Todo lo demás es secundario y nunca producirá contentamiento.

La intimidad, incluso entre amigos, requiere un mayor o menor grado de revelación de cosas íntimas de uno. Cuando se trata de conocer a Dios, Él quiere que usted abra cada área de su vida a Él. Entonces le mostrará cuánto debe compartir con otros. Si usted mantiene las amistades a distancia porque se siente inseguro de usted mismo, se perderá una tremenda bendición, el tipo de bendición de la que David y Jonatán disfrutaron (1 Samuel 20).

Cada uno de nosotros añora tener amistades. La gente puede decir que se siente bien cuando están solos, pero Dios no nos creó para que estuviéramos aislados de los demás. Nos creó para que tuviéramos comunión en primer lugar con Él y luego con las demás personas. La forma en que asumimos nuestra relación con Él indica cómo estaremos en la relación con los compañeros de trabajo, los miembros de la familia y otros seres queridos.

DÉ LOS PASOS ADECUADOS PARA VENCER LA INSEGURIDAD

Si está luchando contra la inseguridad, ¿cómo la podrá vencer? ¿Cómo obtiene la victoria y empieza a vivir libre en verdad de los obstáculos negativos y contraproducentes de Satanás?

Uno de los pasos más importantes es pedir a Dios que le muestre el problema de la inseguridad. Por doloroso que parezca, esté presto a abrir su corazón a Él y a confesar sus sentimientos de baja autoestima. Este es el paso clave hacia la sanación y es un paso esencial para obtener la fortaleza de Dios para sus dificultades.

Cuando era un jovencito, David tenía un coraje tremendo, incluso cuando sus hermanos lo ridiculizaron y le preguntaron por qué se había aparecido en el campo de batalla para luchar contra Goliat. Un espíritu valiente no es algo que recibamos al nacer. Obtenemos el coraje por medio de la fe en Dios.

Cuando David se atrevió a pasar al frente a ofrecerse de voluntario para enfrentar al gigante filisteo, su hermano mayor se burló y le dijo: «¿Para qué has descendido acá? ¿y a quién has dejado aquellas pocas ovejas en el desierto?» (1 Samuel 17.28). En otras palabras: «Tú no estás a la altura de la tarea? ¿Por qué incluso estás aquí? No estás haciendo nada que valga la pena. Después de todo, tu ocupación principal es cuidar unas pocas ovejas».

Quizás usted se haya sentido de la misma manera. Dios le pone un reto delante y su primer pensamiento es: *¡Puedo hacerlo!* Pero entonces el enemigo le murmura unas palabras de desaliento en su corazón. Al principio lo reprocha con unos comentarios sencillos. A medida que usted sigue adelante para concluir la tarea, le coloca minas de inseguridad en su camino para que estallen y le ocasionen una profunda frustración y desaliento.

La Biblia nos dice: «Y apartándose [David] de él hacia otros» (1 Samuel 17.30). Usted debe hacer lo mismo con los pensamientos de inseguridad: apartarse de ellos y volver su rostro hacia su única esperanza, el Señor Jesucristo.

Al referirse a su victoria sobre Goliat, David escribió:

> Jehová es mi luz y mi salvación;
> ¿de quién temeré?
> Jehová es la fortaleza de mi vida;
> ¿de quién he de atemorizarme? (Salmo 27.1).

El enemigo es implacable en su ataque contra la mente suya. Si él nota que usted presta un oído temeroso o inseguro a sus acusaciones, desencadenará un asalto en regla contra sus emociones hasta que caiga abatido en el polvo del desengaño.

Cuando nos sentimos inseguros, nos sentimos desesperanzados, abrumados e incapaces de llevar a cabo nada. Eso implica un sentimiento de agitación interna, que era lo mismo que los ejércitos de Israel sentían al enfrentarse a los filisteos. Fue con eso contra lo que luchó Moisés durante un corto espacio de tiempo. La forma de derrotar la inseguridad es anclar su corazón, alma y mente en el amor inconmovible del Dios viviente a través de la fe en Jesucristo.

David le dijo al rey Saúl: «No desmaye el corazón de ninguno a causa de él [Goliat]; tu siervo irá y peleará contra este filisteo» (1 Samuel 17.32). Toda una nación estaba temblando de inseguridad ante la vista de ese enorme guerrero, pero un joven pasó al frente y dijo a su enemigo: «Jehová te entregará hoy en mi mano, y yo te venceré» (v. 46).

Usted no puede disfrutar de la vida si se siente inseguro. No puede cumplir con las tareas que Dios le ha dado si se siente abrumado y temeroso. Y la verdad es que Dios nunca ha querido que usted se enfrente a sentimientos que le conduzcan a la derrota. Puede que no se enfrente a enemigos con la fortaleza física de Goliat, pero si vive lo suficiente, más tarde o más temprano se encontrará con los enemigos del desaliento, la desesperanza y el temor. En algún momento, cada uno de nosotros batallará con la inseguridad.

Reconozca sus sentimientos de inseguridad. Dios ya sabe con exactitud lo que usted está sintiendo y tiene un plan para ayudarle a ver su vida de una forma diferente, desde Su perspectiva, que es una de esperanza y posibilidades. Pídale que le ayude a identificar sus inseguridades. Sea franco y pregúntele: «¿Qué me hace sentir inseguro?». Quizás determinada situación le provoque pensamientos de incapacidad. Una vez que identifique el área del problema podrá poner manos a la obra para cambiar sus conceptos equivocados con la ayuda de Dios.

Tome la decisión de vencer la inseguridad. Si nunca ha confiado en Cristo como su Salvador no podrá vencer la inseguridad. Puede trabajar duro para aminorar las consecuencias de esta mina, pero solo podrá vencerla mediante Cristo. Requiere un caminar en fe con el Salvador. Puede ser rápido reconocer que hay un problema, pero tratar con su raíz puede requerir tiempo.

En el momento en que usted traslada su lucha al Señor empezará a sentirse más aliviado y mucho más abierto a las bendiciones que Dios tiene para usted. Recuerde, si no se pone como meta resolver esto, nunca se verá libre de esta trampa. Debe decidir dejar de ocultarse detrás de su inseguridad.

Comprenda que resolver la inseguridad tiene que ver con la autoestima. El concepto que tiene de usted mismo no es necesariamente la forma en que usted es. Demasiada gente se ve a sí misma desde un punto de vista negativo. Algunos pueden ser orgullosos y no ver los efectos de la inseguridad en sus vidas; no obstante, para resolver de manera adecuada la inseguridad, usted debe asumir la perspectiva correcta. Pídale a Dios que le muestre cómo ve Él su vida. Rehuse enfocarse en lo negativo.

En vez de eso, enfóquese en el Espíritu Santo, que habita dentro de usted. La mejor forma de hacer esto es sumergirse en la Palabra de Dios. Su Palabra es poderosa, «viva y eficaz, y más cortante que toda espada de dos filos; y penetra hasta partir el alma y el espíritu, las coyunturas y los tuétanos, y discierne los pensamientos y las intenciones del corazón» (Hebreos 4.12).

Cuando lee lo que Dios tiene para decirle sobre usted, obtiene un punto de vista diferente por completo. En tiempos de pecado Dios puede disciplinarle, pero nunca le condena ni le rebaja, por tanto, a medida que estudie las Escrituras empezará a pensar de manera distinta y después a actuar de manera diferente. Las acciones siempre siguen a los pensamientos.

Si tiene una mente negativa, tendrá una visión negativa de la vida; en particular en cuanto a quién es usted. Dios quiere que se aparte de sentimientos y pensamientos destructivos. Tiene buenos planes para su vida y le ve como una persona de tremendas posibilidades debido a la vida de Su Hijo, que mora en usted.

Concéntrese en las cualidades positivas. Detenga el rumiar pensamientos negativos. Aunque las probabilidades estaban en su contra, David no vaciló en enfrentarse a Goliat. José no se echó en la cárcel a quejarse de que lo habían tratado mal. Examinó las circunstancias desde un punto de vista piadoso y llegó a la conclusión de que, debido a las posibilidades que tenía su vida, podía hacerse cargo de la cárcel si Dios le daba la oportunidad. Y eso fue exactamente lo que sucedió: «Y el jefe de la cárcel entregó en manos de José el cuidado de todos los presos que había en aquella prisión; todo lo que se hacía allí, él lo hacía» (Génesis 39.22).

¿Hay algo que Dios quiere que usted haga, pero de lo que usted se ha abstenido a causa de la inseguridad? Él está esperando que le obedezca y le deje a Él todas las consecuencias. Él sabe cuando usted está preocupado y temeroso, pero le ha dado un ancla para su alma: el

Señor Jesucristo, que es su fuente inconmovible de fortaleza y aliento. Confíe en Él. Obedézcale y observe la obra de Dios a favor suyo.

Pídale a Dios que le ayude a visualizar Su obra en la vida suya. David tuvo que mirar más allá de sus circunstancias, lo que incluyó enfrentarse a una verdadera máquina de matar. El aspecto de Goliat intimidó a un ejército completo, pero no a David. De pie en la periferia de la batalla, de inmediato recordó los tiempos en que el Señor le dio fortaleza para luchar contra un oso y un león para proteger las ovejas de su padre. Asumió la actitud correcta porque estaba concentrado en lo correcto: «Vengo a ti en el nombre de Jehová de los ejércitos, el Dios de los escuadrones de Israel, a quien tú has provocado» (1 Samuel 17.45).

Saúl quería que David usara su armadura personal y sus armas, pero David se negó. Dios quiere que nosotros confiemos en Él pura y simplemente. Goliat fue derrotado y muerto ese día por un jovencito, un muchacho del que se burlaban sus hermanos. Las armas que escogió: cinco piedras lisas, una honda y una mente arrojada. Solo para asegurarnos de que lo recuerde bien: la primera piedra de David dio en el blanco. Dios tiene una victoria esperando por usted, pero no puede ser ganada con la inseguridad.

Deje de compararse con otros. Hemos hablado de esto antes. En el momento en que se compare con otra persona se está condenando al fracaso. También echa a perder el plan de Dios de usarle en la vida de alguien más. Pocos de nosotros, si acaso, podremos elogiar a otra persona con sinceridad si estamos inseguros de nosotros mismos. Cuando nos comparamos con otros, por lo general nos sentimos amenazados y luchamos contra sentimientos de inseguridad y baja autoestima.

Pida a Dios que le muestre lo que ha planificado para su vida. Hay personas que desperdician una gran cantidad de tiempo al perseguir sueños que no son los que Dios ha destinado para ellas. El resultado es la frustración y la desilusión. Nunca nos equivocaremos si mantenemos los ojos fijos en Jesús y hacemos lo que Él nos guíe a hacer.

Evite la trampa de echarle la culpa a otro. Llega el momento en que tenemos que dejar de apuntar con el dedo a los demás y de decir que ellos son la causa de nuestras inseguridades. Los padres, los maestros y los familiares hacen un impacto poderoso en nuestras vidas, pero la mayor influencia procede de nuestra relación personal con el Salvador, que siempre está de parte nuestra, obra a favor nuestro, cree en nosotros y nos alienta cada día. En ocasiones fallaremos, pero Él nunca retirará Su amor de nosotros. Puede dejar su inseguridad atrás, porque Dios nunca le decepcionará cuando esté viviendo en el centro de Su voluntad.

Recompénsese cuando haga lo correcto. Mucha gente vacila sobre este asunto. Confían en Dios y obtienen una victoria, pero no llegan al punto de disfrutar Su bondad y de permitirle que les bendiga. El autor de Hebreos escribió: «Pero sin fe es imposible agradar a Dios; porque es necesario que el que se acerca a Dios crea que le hay, y que es galardonador de los que le buscan» (Hebreos 11.6). Si ha alcanzado con éxito una meta, tómese tiempo para disfrutar de la bondad y el placer de Dios. Nada es más gratificante que sentir la sonrisa de Dios y relajarse en Su presencia.

El mayor obstáculo para librarse de la inseguridad es vencer las dudas sobre la Palabra de Dios. El apóstol Pablo escribió:

¿Quién acusará a los escogidos de Dios? Dios es el que justifica. ¿Quién es el que condenará? Cristo es el que murió; más aun, el que también resucitó, el que además está a la diestra de Dios, el que también intercede por nosotros.

¿Quién nos separará del amor de Cristo? ¿Tribulación, o angustia, o persecución, o hambre o desnudez, o peligro, o espada?... Antes, en todas estas cosas, somos mas que vencedores por medio de aquel que nos amó. Por lo cual estoy seguro de que ni la muerte, ni la vida, ni ángeles, ni principados, ni potestades, ni lo presente, ni lo porvenir, ni lo alto, ni lo profundo, ni ninguna otra cosa creada, nos podrá separar del amor de Dios, que es en Cristo Jesús, Señor nuestro (Romanos 8.33–35, 37–39).

Recuerde: somos más que vencedores. No hay nada demasiado grande para Dios. Sea lo que sea que usted enfrente en la vida, Él le ayudará a enfrentarlo. Yo podía haber dejado que mis incapacidades me impidieran vivir la vida que Dios me había destinado, pero me negué a que Satanás me impidiera experimentar el gozo de tener una relación personal con el Salvador. Me alimentaba con la Palabra de Dios y siempre me recordaba que nada era imposible para Él.

Concentre su mente en ser la persona que Dios quiere que sea, y vea lo que sucede. Le puedo decir por experiencia que nada será igual. El salmista declaró:

> Confía en Jehová, y haz el bien;
> Y habitarás en la tierra
> Y te apacentarás de la verdad.
> Deléitate asimismo en Jehová,
> Y él te concederá las peticiones de tu corazón.
> Encomienda a Jehová tu camino,
> Y confía en él; y él hará.
> Exhibirá tu justicia como la luz,
> Y tu derecho como el mediodía (Salmo 37.3-6).

SEIS

LA MINA DE LA TRANSIGENCIA

En apariencias, una acción sencilla puede pasar inadvertida. Parece ser nada más que un breve cambio en el paisaje, un cambio insignificante que no tiene importancia. Sin embargo, en lo profundo del corazón de una persona yace oculta una mina. Algo muy mortífero está en proceso. Es la *transigencia,* una actitud que se desarrolla y fortalece con el descuido y el tiempo. Y Satanás siempre hallará la manera de usarla para su ventaja. Crea su campo de minas y luego nos tienta a que caminemos por encima de él. Primero adquiere un punto de apoyo en la vida de la persona al tentarla a ceder a sus sugerencias implacables: «Una sola vez no hace daño. ¿No estás cansado de estar solo? ¿No quieres ser parte del grupo? Esta es la forma de hacerlo. Solo relájate, tómalo con calma y deja libre tu corazón». Satanás siempre tiene un objetivo que alcanzar, que es apartarle del amor del Padre.

Cualquier cosa que le tiente a abandonar lo que usted sabe que es correcto debe verse como mortal y peligrosa y se debe evitar a toda costa. Mucha gente no hace esto y quedan enganchadas por el sutil y maligno señuelo del compromiso, que conduce al pecado. Como hijos de Dios, debemos aprender a cuidar nuestro corazón y mente de las trampas mortales del enemigo.

No hace mucho un programa de noticias matinal resaltaba cierta bebida alcohólica. Una buena cantidad de tiempo fue dedicada a los diferentes sabores y hasta a la envoltura. Un experto habló de cuán a la moda estaba eso de beber dicha bebida de adultos. Pronto varias personas involucradas en la entrevista comenzaron a reírse y a hablar de que estaban impacientes por probar el producto apenas terminara el programa. Eso continuó por varios minutos, hasta que sus acciones se volvieron ridículas y embarazosas.

Satanás nunca revela el poder destructivo del pecado hasta que usted ha mordido su anzuelo. Aquel producto podía haber estado envuelto en bellas envolturas, pero contenía la misma droga mortífera y transformadora de la vida en cada botella. Usted podrá decir: «Un trago nunca le hace mal a nadie». Sí, siempre lo ha hecho y siempre lo hará. Lleva al compromiso y debilita nuestra dedicación el Señor. Un paso dado en la dirección equivocada puede hacer más daño del que usted se imagina.

LA VERDAD SOBRE LA TRANSIGENCIA

En algún momento cada uno de nosotros ha cedido a la transigencia. Habrá momentos en que pensemos que una sola decisión no importa, pero sí importa. La transigencia es algo que sucede en lo profundo del corazón y el alma de una persona. También se incrementa y se vuelve más prominente con cada paso que damos para apartarnos de Dios. La transigencia revela un profundo problema con los principios de Dios y el deseo de seguir las mismas cosas que Él quiere que evitemos. Eso incluye actividades, opciones y decisiones que Él sabe que traerán aflicción a nuestra vida y con el tiempo erosionarán nuestra fe.

Como las otras batallas relacionadas en este libro, la transigencia nunca anuncia su llegada ni su intención mortífera, que es destruir su fe, y después, su relación con Dios. Si se le deja sin obstáculos, la destrucción es exacto lo que ocurre.

La transigencia nos impide hacer la voluntad de Dios. Nos perdemos sus bendiciones porque nos alejamos de su voluntad y tomamos una senda diferente a la que Él nos ha dado para seguir. A lo largo de los años he oído a la gente decir: «Dios me puso en este puesto, pero las cosas no han salido como yo pensaba. Solo quiero ser feliz. Después de todo, las oportunidades para el ministerio están en todas partes. Puedo servir a Dios cargando camiones igual que en el campo misionero. Además, no tendré la presión que tengo ahora».

La respuesta a este planteamiento es: «No, no puede». Si Dios le ha llamado a un lugar determinado, tiene que quedarse ahí hasta que Él le mueva o le deje en claro que quiere que usted se retire.

Nunca olvide que siempre hay un pequeño grano de verdad en cada una de las mentiras de Satanás. Así es como logra que transijamos en cuanto a nuestras convicciones y hagamos las mismas cosas que Dios nos dijo que no hiciéramos. Es cierto: usted puede servir al Señor casi en cualquier parte y en cualquier momento. Pero eso no significa que usted esté cumpliendo Su voluntad y propósito. Él tiene un plan para usted. Usted pisa una potente mina cuando decide que seguirá sus propios planes y no los de Él.

Si le ha llamado a hacer cierta obra, manténgase en su puesto hasta que Él le diga otra cosa. Aunque la situación sea de pruebas, recibirá una recompensa maravillosa por permanecer obediente y no abandonar el trabajo que Él le dio.

Si abandona, sufrirá como resultado de su decisión. Puede tener tiempos felices, pero el sentimiento de realización se habrá ido, porque hay una distinción entre estar en el centro de la voluntad de Dios y estar en los límites.

¿Puede ganarse la vida haciendo algo diferente a aquello para lo cual fue creado? Sí, solo pregúnteles a Adán y a Eva. Dios los creó para que atendieran Su jardín. Después que lo desobedecieron, todo eso cambio, y de repente se vieron separados de la bendición de Dios (Génesis 3).

El enemigo nunca le va a advertir que se cuide ni que tenga cuidado con lo que cree. Nunca le dirá del poder mortífero de la transigencia ni sus resultados, que son la muerte moral, espiritual y, a veces, física. Le provocará para que tenga desvaríos morales y luego le aplaudirá su decisión mediocre. Esa es solo una de las maneras en que busca lograr hacer su obra en usted.

De la misma forma que el Señor quiere que viva para glorificar su nombre, Satanás quiere usar su desobediencia para llevar a cabo su maldad en la tierra. Cuando comprometemos la verdad de Dios estamos a punto de disparar una reacción en cadena de explosiones. Podríamos listar una serie de tópicos sociales que se debaten hoy, como el aborto y la homosexualidad. Ambos son por completo malos. Sin embargo, con el tiempo muchos creyentes que son políticos y legisladores han debilitado sus posiciones frente a esos asuntos. Transigen los principios escritos en la Palabra de Dios e ignoran el hecho de que las consecuencias futuras de sus decisiones serán devastadoras para nuestra nación. Satanás sabe que Dios no tolerará el pecado, por tanto quiere engañarle para que crea que va a ganar algo (algo que usted desea mucho) al ignorar los principios de Dios y hacer lo que le venga en gana. Igual que Adán y Eva, terminará con las manos vacías.

UN PASO COSTOSO

Recuerdo una vez, hace años, en que mi hijo Andy y yo estábamos nadando en las aguas frente a la costa de la Florida meridional. Salimos en nuestras balsas al océano, pero debido a que la resaca estaba bien fuerte, nos alejamos del lugar donde habíamos dejado nuestras toallas. Me di cuenta de que, si no teníamos cuidado, pronto estaríamos lejos de donde habíamos salido.

Salí del agua y puse un par de marcas en la playa, de modo que supiéramos cuando nos hubiéramos alejado mucho. Ambas marcas estaban bien separadas la una de la otra. No nos tomó mucho tiempo salirnos del área que yo había marcado y me di cuenta de que necesitábamos ir a tierra o nos veríamos en una situación peligrosa.

La transigencia por lo común entraña una deriva lenta. Sabe que se está moviendo, pero no se da cuenta de cuán lejos de Dios ha llegado. Puede que suenen señales de alarma, pero la persona que compromete su fe rara vez escucha. Lo que hace es seguir alejándose a la deriva en el mar.

Mire a David, por ejemplo. Lo que comenzó como un paseo inocente por una terraza terminó con un pecado de asesinato. La relación de David y Betsabé fue turbulenta debido al compromiso y al pecado que marcó sus vidas (2 Samuel 11).

El enemigo siempre busca un punto débil para entrar y lo encontró en David. La Biblia nos dice que, cuando debía haber estado peleando batallas, se quedó en Jerusalén y terminó transigiendo en cuanto a lo que él sabía que era correcto delante del Señor. Tuvo una aventura con Betsabé y después puso a su marido en un lugar de peligro para que lo mataran en batalla. Su primer hijo se enfermó y murió. Su segundo hijo, Salomón, creció para llegar a ser rey.

Despues de su coronación, David le planteó a Salomón un serio reto. Le sirvió como advertencia sobre el futuro:

Guarda los preceptos de Jehová tu Dios, andando en sus caminos, y observando sus estatutos y mandamientos, sus decretos y sus testimonios, de la manera que está escrito en la ley de Moisés, para que prosperes en todo lo que hagas y en todo aquello que emprendas; para que confirme Jehová la palabra de que me habló, diciendo: Si tus hijos guardaren mi camino, andando delante de mí con verdad, de todo su corazón y de toda su alma, jamás, dice, faltará a ti varón en el trono de Israel (1 Reyes 2.3, 4).

Al principio, Salomón quedó anonadado por la magnitud de las palabras de David y la responsabilidad que el Señor le había dado. Oró: «Ahora pues, Jehová Dios mío, tú me has puesto a mí tu siervo por rey en lugar de David mi padre; y yo soy joven, y no sé cómo entrar ni salir. ... Da, pues, a tu siervo corazón entendido para juzgar a tu pueblo, y para discernir entre lo bueno y lo malo; porque ¿quién podrá gobernar este tu pueblo tan grande?» (1 Reyes 3.7, 9).

La humildad caracterizó los años juveniles de Salomón. Sabía que el reto de su padre no podía ser asumido a la ligera. Por lo tanto, oró pidiendo una cosa: sabiduría. Se dedicó a Dios y puso manos a la obra, a construir el templo que su padre David siempre había querido construir para el Señor. Las personas llegaban de lejos y de cerca para buscar la sabiduría de Salomón, que era piadosa y justa.

Más tarde hubo un cambio en su devoción al Señor y se apartó de los caminos piadosos de su padre. Aunque no hubo un brusco alejamiento de Dios, algo sucedió en el corazón de Salomón. Ese algo fue la transigencia. Aunque continuaba adorando a Dios, la intensidad y el deseo de la comunión con Él cambió.

Ese cambio pudo haber sido apenas visible, sin embargo, sepultado entre una lista de logros al final de 1 Reyes 10 encontramos un solo dato que revela cuándo tuvo lugar el cambio devastador:

Y juntó Salomón carros y gente de a caballo... los cuales puso en las ciudades de los carros y con el rey en Jerusalén. ... Y traían de Egipto caballos y lienzos a Salomón; porque la compañía de los mercaderes del rey compraba caballos y lienzos. Y venía y salía de Egipto, el carro por seiscientas piezas de plata, y el caballo por ciento cincuenta; y así los adquirían por mano de ellos todos los reyes de los heteos, y de Siria (1 Reyes 10.26, 28, 29).

Dios le había dicho que no se asociara con otras naciones, pero Salomón no hizo lo que el Señor requería. Su vida empezó a ir cuesta abajo.

¿POR QUÉ HACEMOS TRANSIGENCIAS?

¿Cuáles son las razones por las que terminamos transigiendo en cuanto a lo que sabemos que no es correcto?

Experimentamos duda y temor. La duda enturbia nuestro pensamiento, al paso que los pensamientos de temor nos impiden seguir adelante y confiar en Dios. Nos tientan a olvidar que pertenecemos a Jesucristo, el Hijo del Dios viviente, el que nos ama de manera perfecta y que tiene un plan para nuestra vida.

En tiempos de temor el enemigo procura apartarlo de su rumbo por medio de palabras de duda: «¿Qué pasa si fallas?», «¿Qué pasa si ocurre lo impensable?», «¿Qué pasa si Dios se ha olvidado de ti?». Como hijo de Dios, no tiene ninguna razón para dudar de la verdad de Su Palabra. Puede que no conozcamos lo que tenemos por delante, pero Dios sí, y Él tiene el control por completo. El profeta Isaías escribió:

> Levantad en alto vuestros ojos, y mirad quién creó estas cosas; él saca y cuenta su ejército; a todas llama por sus nombres; ninguna faltará; tal es la grandeza de su fuerza, y el poder de su dominio.
>
> ¿Por qué dices, oh Jacob, y hablas tú, Israel: Mi camino está escondido de Jehová, el cual creó los confines de la tierra? No desfallece, ni se fatiga con cansancio, y su entendimiento no hay quien lo alcance.
>
> El da esfuerzo al cansado, y multiplica las fuerzas al que no tiene ninguna (Isaías 40.26–29).

Nada a lo que usted se enfrente será demasiado grande para que Dios lo maneje. No hay necesidad de temer porque Él nunca se duerme. Si Él sabe cada movimiento que hace un gorrión, usted puede confiar en que Él está por completo al tanto de sus necesidades, problemas y anhelos profundos.

Una vez que usted abre la puerta a la transigencia, el enemigo comienza a provocarle en cada uno de sus pasos con palabras destinadas a enfriarle hasta el alma. Quiere que usted se vuelva temeroso y dude de la capacidad de Dios. Repito, su objetivo es desalentarle e impedir que viva para Jesucristo. Quiere que usted quede paralizado de temor porque sabe que no va a salir adelante si está temeroso.

No tiene que vivir ni un momento más en temor. No importa lo que haya hecho, deténgase ahora mismo y ore para que Dios le perdone su pecado y restaure la comunión que una vez tuvo con Él. Si nunca ha aceptado a Cristo como Salvador, entonces lo primero que debe hacer es llegar a Él en oración, confesar la necesidad que tiene de Él y pedirle que le perdone su pecado.

Mucha gente siente como si su pecado fuera demasiado grande para que Cristo ni siquiera se interese por ellos. Lo ven como una mancha arraigada tan profundo que nada puede quitarla. El amor incondicional de Dios sí puede. Él ve nuestras posibilidades ocultas y quiere que experimentemos una paz y una esperanza duraderas. Solo hay una forma de hacer esto y es mediante la fe en Jesucristo. El temor se disipa cuando se expone a la luz de Su comunión y amor.

Los que se mantienen firmes en su caminar con el Señor por lo general están bien seguros de su fe. Cuando llegan los problemas, saben que Dios está justo al lado de ellos, guiándolos a través de la tormenta. Sin embargo, una persona temerosa puede quedar cegada por las emociones fuertes durante las épocas de dificultad. Aunque sabe que debe confiar en Dios, lucha con el temor y cree que el Señor quizás lo abandone. Pero eso no es cierto. Dios nunca nos dejará solos en el fragor de la batalla. Puede que tengamos que lidiar con circunstancias inusuales, pero Él estará con nosotros. Si está luchando con pensamientos de temor, pídale que le ayude a enfrentar y tratar de forma correcta cualesquiera dudas o temores. Cuando abra su corazón a Dios, Él le hará volver paso a paso, si fuere necesario, hasta el punto donde usted se apartó y empezó a seguir a «otros dioses».

Alguno puede pensar: *Lo que he hecho es demasiado pecaminoso. Dios ya no me ama.* Ni hay ningún pecado más fuerte que el amor de

Dios. Él ha escogido amarnos y todavía le ama. Vuélvase en dirección a Él y le verá abrirle sus brazos.

Queremos evitar el conflicto. En vez de expresar lo que saben que es correcto, alguna gente trata de evitar el conflicto. Pueden decir: «Yo no quiero herir los sentimientos de nadie» o pueden decir: «Si digo algo, perderé el trabajo». En vez de resolver esa desviación de la verdad al compromiso, se retraen y permiten que las cosas sigan así. Hay momentos en que tenemos que intervenir, igual que hay momentos en que tenemos que estar callados. Si usted busca el consejo de Dios, Él le mostrará lo que es correcto en relación con las circunstancias en que se encuentra.

Tenemos un deseo de unidad. Hay gente que no quiere «levantar olas». En lugar de defender aquello en lo cual creen, se echan atrás y, al hacerlo, pueden comprometer lo que Dios les ha mandado a hacer. Siempre es una cosa buena buscar la unidad, en especial entre los creyentes, pero nunca es bueno hacerlo cuando usted termina poniendo en peligro lo que sabe que es correcto.

Tenemos una necesidad profunda de aceptación. Si en realidad necesita sentirse aceptado, sus convicciones serán puestas a prueba. La aceptación es una de las razones por las que la gente hace cosas que saben que no son parte del plan de Dios para ellas. Pregúntese: *¿Quiero ser aceptado por un grupo de gente que me pueden querer hoy y mañana no, o por un Padre celestial eterno y amoroso?* La respuesta es sencilla. No hay mayor aceptación que la aceptación de Dios. Cualquier otra cosa es mucho menos que lo mejor. Cuando usted se comprometa a ser la persona que Él le diseñó para ser, enfrentará algunos desafíos. Esté seguro de que no se enfrentará a ninguno de ellos solo.

Nos sentimos abrumados por la presión de los amigos. Muchas veces la gente transige sus convicciones morales con tal de formar parte de un grupo. Las oficinas de los consejeros y psicólogos cristianos están hoy llenas porque la culpa por el pecado es demasiado pesada para muchos. Usted no tiene jamás que transigir lo que sabe que es verdadero y correcto para formar parte de un grupo. Hay un sentimiento eterno de contentamiento del que puede disfrutar. ¿Cómo lo hace? Recuerde el amor personal de Dios hacia usted. Pídale que le aliente y le ayude a tomar las decisiones correctas. Él quiere que usted tenga éxito y no sea víctima del pecado. Si alguien le dice que le va a amar más si usted compromete lo que sabe que es correcto, aléjese. Nunca lamentará haberlo hecho. No tiene que comprometer lo que sabe que es correcto. Si no está seguro acerca de una situación, pídale a Dios que le dé la sabiduría y el discernimiento que necesita y Él siempre lo dará. Y si hay alguna duda en su mente con relación a lo correcto o incorrecto, espere que Él muestre con claridad su voluntad. El enemigo tratará de tentarlo a que tome una decisión rápida, poco considerada, pero Dios nunca lo hará.

No le damos a Dios lo que Él requiere. Mucha gente deja a Dios fuera por completo de sus finanzas. Trazan una línea en sus mentes entre Dios y sus cuentas de banco. Van a la iglesia y adoran a Dios, pero nunca transfieren al área de sus finanzas lo que han aprendido en el estudio de la Palabra. Admitámoslo o no, Dios lo posee todo. Él es el que nos da «el poder para hacer las riquezas» (Deuteronomio 8.18). Cuando no diezmamos ni le damos a Su obra, nos perdemos una tremenda bendición. También encaramos las consecuencias de desobedecer a Dios. Dios es concreto en cuanto al dar; es algo en lo que no queremos hacer transigencias, en especial si queremos obedecerle.

Nos debilitamos y desalentamos desde el punto de vista espiritual. Cuando hacemos transigencias en cuanto a nuestras convicciones básicas, nuestros propios patrones de pensamiento se corrompen. Después de cierto tiempo algo cambia dentro de nosotros. Comenzamos a ver la vida y las circunstancias desde el punto de vista del mundo y no desde el de Dios. El modus operandi de Satanás no es el ataque frontal y después la retirada. Él nunca se retira; oculta sus minas en lugares que no podemos ver. Incluso otros creyentes pueden terminar usados por el enemigo para crear una atmósfera de temor y desaliento alrededor nuestro.

Por eso el autor de Proverbios nos amonesta a guardar nuestro corazón: «Sobre toda cosa guardada, guarda tu corazón; porque de él mana la vida» (Proverbios 4.23 NVI). El Antiguo Testamento veía al corazón como el núcleo o centro de las emociones y la voluntad. Se consideraba el punto inicial de la vida; todo eso se consideraba cierto. Determinaba el curso que tomaría una persona.

Hoy sabemos que un cambio de nuestros pensamientos y sentimientos procede de aquello en lo que creemos, mas el principio de cuidar nuestro corazón sigue siendo válido. Solo hay una forma de hacerlo y es guardar la Palabra de Dios en el corazón mediante la meditación y la adoración. El salmista escribió: «En mi corazón he guardado tus dichos, para no pecar contra ti» (Salmo 119.11). La fortaleza espiritual procede de un solo lugar, y ese es la Palabra de Dios.

Usted puede sentirse débil en su devoción al Señor, pero Él es su fortaleza, su libertador, su escudo y el cuerno de su salvación, no solo en tiempos de problemas, sino en cada etapa de la vida (ver el Salmo 18).

Estamos cegados por el orgullo. El orgullo es una de las razones principales por las que cedemos a las transigencias. Las pesonas que tienen una vida llena de orgullo puede que ni siquiera se den cuenta de que están comprometiendo la verdad de Dios. Se ven a sí mismas como mejores y más exitosas y como con derecho a ciertas cosas que no están al alcance de los demás. El orgullo nos aísla de Dios y nos impide experimentar la profundidad de Su amor y bondad. Muchas veces la gente orgullosa no se da cuenta del alcance de su condición hasta que es demasiado tarde o hasta que Dios hace algo grande para llamar su atención.

Las consecuencias de las transigencias son diversas. También se agudizan cada vez que negamos la verdad de Dios y en lugar de ello escogemos vivir en contra de Su voluntad.

Quizás piense que puede pecar en un área y decirle que no a la tentación en otra. La verdad sobre las transigencias es esta: Comienzan con lentitud y después se propagan. Una vez que se llega a una transigencia en el área del vestido, llegará a otra con respecto a con quién sale. Si llega a una transigencia en lo que bebe o dice, puede dar por seguro de que aflojará sus convicciones en otras áreas. Son incontables las personas que me han dicho: «Si solo hubiera hecho lo que sabía que era lo correcto». «Si hubiera escuchado a Dios, si hubiera percibido su advertencia entonces, no estuviera donde estoy hoy».

Para Salomón la transigencia empezó con un solo deseo: comprar caballos en Egipto. Pero su acción condujo a mucho más. Una vez que Satanás se afianzó en la vida de Salomón, lo tentó a casarse con mujeres de naciones paganas. Pronto la fe del rey en Dios se diluyó y ya no siguió más al Señor con sencillez de corazón.

He aquí cómo funciona la transigencia: Salomón razonó que una pequeña compra en otro país no era gran cosa. Sin embargo, el asunto creció pronto y él perdió su sensibilidad espiritual al Señor. Equivocadamente creyó que el matrimonio con una mujer de una cultura pagana no le haría daño, en especial si el mismo forjaba una alianza con una nación adversaria. Estaba equivocado por completo. De igual manera, estamos equivocados si creemos que podemos tomar otra ruta que la que Dios nos ha llamado a seguir.

LAS CONSECUENCIAS DE UNA DECISIÓN EQUIVOCADA

¿Qué sucede cuando usted somete su vida y corazón al espíritu de transigencia?

Su carácter se debilita. Sin Dios, su corazón se endurece y ya no tiene el cimiento de Su verdad como base de su vida.

Su testimonio personal se diluye y sufre. A menudo son los incrédulos los primeros en notar un cambio en la fe de alguien. Se dan cuenta de la transigencia y le dejan claro que están contentos de que haya roto filas y traicionado las convicciones de su fe.

La verdad de Dios se hace irrelevante. La transigencia cambia la manera en que miramos asuntos tales como el aborto, la homosexualidad, el adulterio y muchos más. La persona que está inmersa en el pecado rara vez cuestiona lo que está bien o está mal. En lugar de eso, empieza a ver al pecado como asuntos sociales que necesitan ser definidos por alguien que no sea la Iglesia.

Usted deja de contemplar algunas acciones como malas. Santiago comprendía los conflictos de los creyentes y conocía también la profundidad de la pena y la destrucción que producía la transigencia. Preguntó:

> ¿De dónde vienen las guerras y los pleitos entre vosotros? ¿No es de vuestras pasiones, las cuales combaten en vuestros miembros? Codiciáis y no tenéis; matad y arded de envidia, y no podéis alcanzar; combatís y lucháis, pero no tenéis lo que deseáis, porque no pedís. Pedís y no recibís, porque pedís mal, para gastar en vuestros deleites. ¡Oh, almas adúlteras! ¿No sabéis que la amistad del mundo es enemistad contra Dios? Cualquiera, pues, que quiera ser amigo del mundo, se constituye enemigo de Dios (Santiago 4.1-4).

El comprometimiento de la fe era un problema cotidiano para la iglesia del Nuevo Testamento. Muchos se habían dedicado a la adoración pagana antes de aceptar a Cristo como Salvador. Habían sido rescatados de un ambiente muy pecaminoso. Como nosotros, tenían que guardar su corazón y mente con la verdad de la Palabra de Dios para mantenerse puros en la devoción a Él.

La gente abandona la Palabra de Dios. El paso final en la transigencia es el abandono de la Palabra de Dios y sus principios. Ya no tenemos en cuenta a Dios y lo que Él dice sobre nuestras vidas, circunstancias y relaciones. Esa es la posición más penosa para los creyentes, solos, apartados de Dios y buscando su verdadero significado.

UNA DECISIÓN COSTOSA

Muchas veces creemos que podemos escabullirnos y hacer algo que en realidad no tiene tanta importancia. ¿Cuán permicioso puede resultar hacer algo que aparente ser inocente? Después de todo ¿tenemos que ser legalistas con respecto a todo y a todos?

Por ejemplo: las acciones de Salomón no eran un problema para otras naciones, pero para Israel eran un enorme problema, porque le abrían la puerta al compromiso y al pecado. Solo Dios conoce Sus planes para la vida de usted. Hay una cosa muy clara: Él llama a su pueblo a ser santo, porque Él es santo: «Porque yo soy Jehová vuestro Dios... seréis santos, porque yo soy santo» (Levítico 11.44; ver también Efesios 1.4; 1 Pedro 1.15, 16).

Si está involucrado en una actividad y cada vez que la realiza o piensa en ella se siente culpable, tiene que saber que el Espíritu de Dios le está advirtiendo que ¡está parado sobre una mina! El espíritu de la transigencia le está tentando a moverse en dirección a ella. El Espíritu Santo grita: «¡Alto, no vayas para allá! ¡No te involucres en eso!». Es lamentable, pero a menudo ignoramos la advertencia, cedemos al pecado y terminamos detonando la mina.

Muchas veces, cuando nos sentimos culpables, estamos oyendo la voz de Dios. Por lo general, es la voz de Dios llamándonos a obedecer Sus mandatos. Él nos advierte cuando estamos en contradicción con Sus principios, para que evitemos transigir nuestra fe y testimonio cristianos.

No perderá su salvación cuando comprometa sus convicciones y haga lo contrario a lo que sabe que es lo correcto. Pero se arriesga a perder lo único que tiene la capacidad de mantenerlo estable en tiempos de problemas, que es su comunión íntima con el Salvador. Dios no va a competir con el pecado. Cuando la transigencia y el pecado están presentes, Él puede escoger retirar Su guía y amistad hasta que usted confiese su maldad.

Salomón fue bendecido de muchas maneras, pero desatendió la Palabra de Dios. En 1 Reyes 11.1-2 leemos: «Pero el rey Salomón amó, además de la hija de Faraón, a muchas mujeres extranjeras; a las de Moab, a las de Amón, a las de Edom, a las de Sidón, y a las heteas; gentes de las cuales Jehová había dicho a los hijos de Israel: No os llegaréis a ellas, ni ellas se llegarán a vosotros; porque ciertamente harán inclinar vuestros corazones tras sus dioses».

No hay nada por lo cual valga la pena comprometer nuestro amor y comunión con Dios. Y nunca querremos olvidar que la transigencia, no importa el rostro que tenga, es maligna y destructiva.

DEFINICIÓN DE LA TRANSIGENCIA

La transigencia se produce cuando usted y yo hacemos concesiones para creer o actuar de una forma determinada. Sabemos que lo que hemos hecho o dicho es imprudente y pecaminoso. También puede ser destructivo. Ese es el tipo de transigencia que tratamos aquí.

Hay otra clase de transigencia que es útil en los negocios y en situaciones que tienen que ver con distintas relaciones. Podemos tener puntos de vista opuestos en cierta área en el trabajo, en nuestra iglesia o en nuestro vecindario. En vez de enfurecernos y alejarnos del problema, podemos llegar a un compromiso para que se haga el trabajo y seguir adelante. Eso no es pecado, sino parte de nuestra habilidad para negociar, cooperar y trabajar con otros.

Ese no fue el tipo de transigencia que tocó el corazón de Salomón. Desobedeció a Dios porque quería algo aparte de lo que ya tenía, y pagó un alto precio por su desobediencia. Salomón conocía el mandamiento de Dios. Se había criado en la casa de David y entendía los principios de una vida piadosa. Había muchos caballos en Israel, pero el asunto iba más allá de las posesiones materiales. Pulsaba una cuerda de pecado, que empezaba con la idea de una concesión espiritual. Ya no bastaba que tuviera todo lo que una persona pudiera desear. De repente quería que sus caballos fueran importados de Egipto, el mismo lugar que en una época había mantenido cautivo al pueblo de Dios. Mientras estaba lejos de casa en un viaje de compras, el enemigo lo tentó para que se involucrara en mucho más que en la compra de unas pocas docenas de caballos.

Una vez que emprendemos a sabiendas el camino del pecado, no tenemos idea de las minas a las que nos enfrentaremos.

Pensamos: *¿Y qué hay de malo en comprar unos pocos caballos en otro país?* Mucho, si es lo que Dios le ha dicho que *no haga*. A decir verdad, cada uno de nosotros ha hecho lo mismo en algún momento. Hemos pensado: *Esto es tan pequeño... Yo de verdad que quiero hacerlo. Seguro que Dios lo aprobará.* Pero cuando Él ha dejado bien claro que no debemos hacer cierta cosa, ninguna cantidad de ruegos ni de flexibilización de reglas va a funcionar. La obediencia siempre implica una opción: la manera de Dios o la manera equivocada.

La transigencia de Lot lo llevó a Sodoma. La transigencia de Abraham casi le costó su esposa. La transigencia de David en cuanto a Betsabé le costó un hijo. La transigencia de Pilato en cuanto a lo que sabía que era cierto le costó la oportunidad de conocer al Salvador. La transigencia es costosa. Teniendo esto en mente, ¿en cuáles cosas hacemos transigencias con más frecuencia?

Moralidad. Sabemos lo que es correcto, pero ignoramos la verdad por temor a no satisfacer nuestras necesidades. También podemos tener temor de enfrentarnos al rechazo si defendemos lo que creemos. Por ejemplo, sabemos que comenzar una relación sexual fuera del matrimonio es malo, pero con frecuencia la gente excusa lo que está haciendo al decir: «No sabes la soledad que sentía» o «Las cosas solo empezaron a suceder y no pude decir que no». La pregunta es: ¿Es mejor decir que no y permanecer dentro de la voluntad de Dios, o arriesgarse a lo contrario? Dios no bendice el pecado, y la transigencia siempre conduce al pecado, a menos que nos apartemos de lo que sabemos que no le agrada a Él.

Principios. A menudo, cuando la gente está al borde de la transigencia, se enfrían en su devoción a Dios. Dicen: «He estado ocupado todos los domingos y no he podido ir a la iglesia». Ir a la iglesia no nos asegura un puesto en el reino de Dios. Somos salvos por la fe, pero una falta de deseo de estar en su casa por lo común indica que hay algo mal, desbalanceado; es el primer paso hacia el fracaso. Es solo mediante el tiempo invertido en la adoración y el estudio de la Palabra de Dios que aprendemos Sus caminos y principios.

No es poco común en la sociedad de hoy escuchar a alguien decir: «Sé que están llevando un estilo de vida homosexual, pero mientras no me perjudiquen a mí no voy a decir nada de ellos. Además, son buena gente».

El hecho es que, aunque Dios ama a cada pecador, odia al pecado. Es una rebelión abierta contra Él y Su verdad y nos hiere a cada uno de nosotros. El pecado, en cualquier forma, es el elemento primario de la erosión de nuestra sociedad. Aun más triste es el hecho de que con demasiada frecuencia ya no es vergonzoso. Es practicado y alentado incluso por la iglesia.

Creencias doctrinales. Recuerdo a un joven estudiante universitario que contaba una conferencia dada por su profesor que consideraba que el Mar Rojo no era más que el «Mar de las Cañas», un paso poco profundo que se había secado y quedado transitable para los israelitas.

¿Quién creerá semejante tontería? Los mismos que no creen en el nacimiento virginal ni en la resurrección de Jesucristo.

Cuando comprometemos nuestras convicciones, y no pasamos tiempo con el Señor en oración y estudio de Su Palabra, estamos destinados a terminar evadiendo nuestros puntos de vista doctrinales. Demasiados pastores que se paran detrás de los púlpitos no creen que la Biblia sea la Palabra infalible del Dios viviente. Niegan su inspiración divina y descarrían a sus congregaciones al cuestionar la soberanía de Dios.

Crianza. Cuando usted cede en cuanto a lo que sabe que es cierto, pierde su capacidad de actuar con sabiduría. Los padres que empiezan a resbalar de su devoción a Dios es raro que tengan los medios adecuados para enseñar a los niños a andar con sabiduría. Si usted está en una situación pecaminosa no podrá pensar con claridad en lo que están haciendo sus niños. Aparte de eso, tendrá una tendencia natural a transigir con ciertas cosas, como las que usted les permite mirar, escuchar y hacer.

Algunos padres podrán pensar: *Cinco minutos no les harán daño.* Sin embargo, esos cinco minutos pueden conducir a una vida de problemas y aflicción. Un poquito de mal recoge una cosecha de penas. Recuerde: en lo que respecta al pecado, usted siempre cosecha lo que siembra, más de lo que siembra y después que siembra. Aprenda de Salomón, que compró unos pocos caballos en Egipto y le abrió la puerta a la transigencia. La poderosa alianza que estableció con esa nación extranjera más tarde resultó en el cautiverio de Israel. La transigencia es algo serio.

La ropa. Durante años, he visto a los padres luchar con la forma en que se visten los hijos adolescentes. Hay mucha presión de las amistades sobre ambas partes, instándoles a ajustarse a lo que la sociedad considera correcto. Como creyentes, nunca debemos hacer esto. Hay formas de mantenerse a la moda y aun así honrar a Dios con nuestra apariencia. El objetivo debe ser siempre pedirle que nos guíe y que no le permita al espíritu del mundo que influya en nosotros.

He oído a padres decir suspirando: «Pero no quiero que ella se vista igual que su abuela». Eso es una mina de Satanás. Quiere que vayamos al extremo opuesto con nuestro razonamiento. Dios siempre quiere que luzcamos lo mejor posible y hagamos lo mejor posible. Él sabe que, sin excepción, vestirse de manera provocativa conducirá a la transigencia.

Lo que nos ponemos y lo que les permitimos usar a nuestros hijos son decisiones que debemos tomar que tienen un gran potencial para el bien o el mal. Lo mismo se aplica a las amistades y los hábitos de nuestros hijos. Si les enseñamos el valor de vivir para Cristo, entonces, cuando vengan las tentaciones, sabrán cómo responder de modo correcto.

Cada principio que se ha mencionado arriba se aplica también a nuestra vida. Honrar a Dios con nuestra vida incluye todas las áreas. Si nuestro propósito es impío (si queremos «captar» la atención de los demás y motivarlos a que nos miren de forma lujuriosa), abandonaremos los mismos principios morales que Dios quiere edificar en nuestra vida. Cada día proyectamos una imagen que refleja nuestro sistema de creencias internas. Si su corazón está dirigido hacia Cristo, usted querrá parecerse a Él en todo lo que hace, usa y dice.

La música. Me resulta interesante que muchos cristianos separen lo que hacen los domingos en la iglesia de lo que hacen durante la semana. Una mujer me dijo que a ella solo le gustaba cantar himnos cuando estaba en un servicio de adoración. Minutos más tarde admitió que nunca escuchaba la radio cristiana, pero por lo común escuchaba algo que estaba bien lejos de cualquier cosa que ella cantara en el santuario.

Vivir la vida cristiana requiere un cambio del estilo de vida que afecta a todas las áreas. Si cantamos «Santo, santo, santo» el domingo y después de lunes a sábado tarareamos la letra de una canción que habla de adulterio y pecado, estamos comprometiendo nuestras convicciones en cuanto a lo que Dios nos mandó a hacer.

«Pero es que a mí me gusta la música, todo tipo de música», me dijo un hombre. Dios creó todas las cosas para que las disfrutáramos, pero hay una línea que Él no quiere que crucemos. La música toca las partes más profundas de nuestro ser. Recuerde: El la creó para que pudiéramos adorarle. Sin embargo, Satanás usa a menudo este medio para apartarnos, de la adoración, hacia la transigencia.

La mayoría de nosotros sabemos cuándo la letra de las canciones que estamos escuchando no es buena, sino sensual y escrita de manera que despierte pensamientos y emociones impías. No estoy en contra de toda la música, pero digo que si usted piensa en las letras de muchas de las canciones de hoy en día, tendrá que admitir que no son lo que usted quisiera escuchar en la presencia de Cristo.

Con frecuencia tendemos a pensar: *Bueno, un poquito no le hará mal a nadie.* He aquí la verdad: Salomón pensó exactamente lo mismo: un caballo, una alianza. ¿Qué podría haber de malo en eso? Mucho, si va en contra de la voluntad de Dios para su vida.

La conversación. El autor de Proverbios escribió: «En las muchas palabras no falta pecado» (Proverbios 10.19). Y también nos recuerda: «Las palabras del chismoso son como bocados suaves, y penetran hasta las entrañas» (Proverbios 18.8).

En Proverbios 18 leemos además:

> Los labios del necio traen contienda;
> Y su boca los azotes llama.
> La boca del necio es quebrantamiento para sí,
> Y sus labios son lazo para el alma (vv. 6, 7).

Santiago señaló:

La lengua es un miembro pequeño, pero se jacta de grandes cosas.... La lengua es un fuego, un mundo de maldad. La lengua está puesta entre nuestros miembros, y contamina todo el cuerpo, e inflama la rueda de la creación, y ella misma es inflamada por el infierno.... Con ella bendecimos al Dios y padre, y con ella maldecimos a los hombres, que están hechos a la semejanza de Dios. De una misma boca proceden bendición y maldición. Hermanos míos, esto no debe ser así (Santiago 3.5, 6, 9, 10).

Sin pensar en lo que esto debe herir el corazón de Dios, mucha gente dice cosas negativas de los demás. También hablan de Dios con ligereza y descartan sus convicciones al escuchar un bombardeo de palabras en el ambiente de los espectáculos, que no querrían nunca que Jesús escuchara, palabras que no querríamos que el Señor nos oyera repetir. Mucha gente usa el nombre de Dios en vano o dice profanidades sin el menor asomo de vergüenza. Hacen transigencias en cuanto a lo que es recto, bueno y saludable. Y sus acciones deshonran a Dios.

El matrimonio. En numerosas ocasiones la gente se me ha acercado para contarme que se han enamorado de una persona maravillosa. Es siempre emocionante escuchar el gozo de su voz. Pero poco a poco veo un desencanto en su expresión feliz. Por lo general sé lo que están a punto de decir: «El único problema que tengo es que él [o ella] no es creyente».

Este es un problema enorme que no puede resolverse con explicaciones. El apóstol Pablo amonestaba:

No os unáis en yugo desigual con los incrédulos; porque ¿qué compañerismo tiene la justicia con la injusticia? ¿Y qué comunión la luz con las tinieblas? ¿Y qué concordia Cristo con Belial? ¿O qué parte el creyente con el incrédulo? ¿Y qué acuerdo hay entre el templo de Dios y los ídolos? Porque vosotros sois el templo del Dios viviente (2 Corintios 6.14–16).

En este punto muchos dicen que están testificando a la persona y que no planean casarse con ella. Solo quieren salir juntos, pero lo que están haciendo es activar una mina que no pueden esperar desactivar.

La transigencia siempre nos lleva a apartarnos de Dios; poca cosa al principio, pero el final es el mismo: lejos de la voluntad de Dios. ¿Sobre cuáles cosas está dispuesto a ceder para sentirse amado o aceptado durante un corto tiempo? Este curso de pensamientos puede parecer un razonamiento muy estrecho. Si le parece así, entonces quizás ya usted se haya echado a andar por la senda de la transigencia.

En estos tiempos rara vez una pareja se despide con un beso en la mejilla. Si la persona con la que sale es incrédula, tiene la capacidad de hacerle caer. En el transcurso de los años he visto muchos matrimonios unidos en yugo desigual que han terminado en lamentos y derrota. Puede que sea una de las cosa más difíciles que usted haga, pero si sabe que la persona con la que está saliendo no es salva, necesita apartarse de la relación hasta que haya un cambio eterno en la devoción de esta persona, uno que usted sepa que es sincero más alla de toda duda.

El dinero. Un área significativa de transigencia hoy es la de las finanzas. La gente está muy endeudada. Pero el problema va más allá de la simple deuda. Es un asunto de sometimiento a Dios. Pablo escribió: «Porque raíz de todos los males es el amor al dinero, el cual codiciando algunos, se extraviaron de la fe, y fueron traspasados de muchos dolores» (1 Timoteo 6.10).

Según Pablo, el problema no es el billete que tenemos en las manos. Nuestra actitud hacia el dinero es el problema. Algunas personas tienen muy poco mientras otros tienen mucho. No obstante, si el deseo que lo moviliza es el dinero, entonces está atrapado en la adoración de algo que no es Dios, y el Señor dice que eso es pecado porque lo separa a usted de Él.

Dios quiere que usted sea libre de esta atadura, que impide que usted sea todo lo que Dios quiere llegue a ser. Él es quien le ha dado el poder para hacer las riquezas (Deuteronomio 8.18). Pero con demasiada frecuencia la gente mira su situacion financiera desde un punto de vista muy egoísta. No agradecen a Dios por sus muchas bendiciones. Se niegan a devolver una porción de lo que Dios les ha dado como una forma de adoración a través del diezmo.

Esté al tanto de esta mina: si está endeudado, puede volverse defensivo y orgulloso. Al hacer eso, bloqueará las bendiciones de Dios para su vida. Somos sus mayordomos y podemos ser prudentes o tontos. Seremos dedicados o descuidados con lo que sabemos que es correcto. Nunca debemos olvidar que Dios nos ha dado mucho. Si quisiera quitárnoslo todo, es seguro que podría. Sin embargo, Él trata con nosotros mediante la gracia y lo menos que debemos devolverle es la devoción total, la alabanza y la honra.

PUEDE EVITAR LA PENA QUE PROVIENE DEL PECADO

Podemos evitar una gran cantidad de desengaños si practicamos los principios que Dios ha escrito en Su Palabra. Prevenir ha sido siempre la mejor ruta. Aunque no tenemos que pasarnos la vida buscando las trampas del enemigo al voltear de cada esquina, sí tenemos que estar en guardia y no ceder ante situaciones comprometedoras.

La mayor parte del tiempo Satanás esconderá las tentaciones apenas por debajo de la superficie de nuestra vida para atraernos a la desobediencia. Nos dice que todo el mundo está viendo esa película ganadora del Óscar. El mundo la adora. Por tanto, no importa que esté clasificada R. Es divertida, brillante y emocionante, y tenemos que hacer lo que todos los demás están haciendo.

O el enemigo puede tratar de atraernos a pensar que, si bebemos de esas botellas de licor diseñadas de una forma tan brillante, seremos parte de un nivel social superior. Pero no hay nada más lejano de la verdad.

Cuando tomamos la decisión de hacer algo que daña nuestra relación con el Salvador, estalla la transigencia. Pronto siguen sentimientos de vergüenza y culpa. Esas son solo dos de las señales de advertencia que el Espíritu Santo usa para guiarnos fuera del pecado y de vuelta a Dios. Si las desatendemos, enfrentaremos grandes dificultades, porque siempre cosecharemos lo que sembremos. Un paso hacia el pecado conducirá a otro y luego a otro, y así de forma sucesiva, hasta que estemos a una gran distancia de Dios. Podemos ponernos a la defensiva contra cualquier sugerencia de transigencia por nuestra parte, pero para ese entonces estaremos bien avanzados en el camino hacia el pecado y el fracaso.

Satanás siempre disfraza la transigencia. Nos pone un pensamiento pecaminoso en la mente y luego espera que halle eco en nosotros. Con lentitud, como una gotera en nuestras emociones, empezamos a pensar en la tentación. Después que nos damos cuenta y no la cortamos, la gotera se hace permanente y consistente. Pronto se convierte en un chorrito y después en una corriente que se mueve en nuestra vida, toca nuestro corazón, cambia nuestra mente y altera nuestra dedicación a Cristo. La transigencia murmura: *Solo un trago, una mirada, un guiño, un toque, un paso.*

He escuchado a la gente decir: «Se sentía tan bien, tan diferente, como si fuéramos las únicas personas que hubieran experimentado esto. Por un tiempo fue maravilloso. Luego todo empezó a caerse a pedazos». La transigencia siempre termina en la desilusión. Desactivar esta mina puede ser difícil, pero se puede hacer con la ayuda de Dios.

Hágase el propósito de pasar tiempo con el Señor en oración. Estén o no sosteniendo luchas, yo siempre insto a las personas a que comiencen cada día en oración. Esto le da un tono piadoso a su día. También le ayuda a tener más discernimiento y capacidad para detectar las minas que Satanás coloca en su camino. Aun antes que sus pies toquen el piso, pídale al Señor que le guíe a través del día. Póngase también la armadura completa de Dios, como nos exhortó el apóstol Pablo en Efesios 6. Cuando usted está centrado en Cristo no será tentado con facilidad a ceder al compromiso.

Pablo escribió:

> Fortaleceos en el Señor, y en el poder de su fuerza. Vestíos de toda la armadura de Dios, para que podáis estar firmes contra las asechanzas del diablo. Porque no tenemos lucha contra sangre y carne, sino contra principados, contra potestades, contra gobernadores de las tinieblas de este siglo, contra huestes espirituales de maldad en las regiones celestes. Por tanto, tomad toda la armadura de Dios, para que podáis resistir en el día malo, y habiendo acabado todo, estar firmes. Estad, pues, firmes (Efesios 6.10–14).

El tiempo pasado en oración nos acerca al Señor, y le adoramos y estamos pendientes de oír Su voz que nos instruye. Demuestra nuestra apertura al Señor y nuestra disposición a seguir Su guía. La oración es un acto de fe. Declara nuestra confianza en Él y en Su capacidad para proveer las cosas que más necesitamos. También refleja nuestro deseo de someter nuestros corazones a Cristo y permitirle vivir Su vida a través de nosotros.

A lo largo de los años, también he escuchado a la gente confesar: «Me siento tan confundido que no sé qué hacer ahora. He tratado de hacer lo que es correcto, pero de alguna manera me siento como si me hubiera salido del camino y no supiera cómo dar vuelta a mi vida». Como creyente, usted puede estar seguro de que la confusión no es de Dios. Su camino siempre es claro, seguro y lleno de propósitos.

Habrá momentos en que Él le guiará de una forma que no parece tener sentido desde la perspectiva humana. No obstante lo que usted piense, manténgase en el sendero que Dios le ha escogido para el viaje, porque Él sabe lo que más le conviene. No ceda en cuanto a lo que usted cree que es verdadero. Él sabe lo que le espera en el futuro. Puede que permita que pase por un tiempo de incertidumbre porque le va a bendecir en abundancia. Aprender a esperar y confiar en Él para ver los resultados es una tremenda lección.

Aquí fue donde Adán y Eva cometieron un error fatal. Escucharon las mentiras del enemigo, que apelaban solo a sus deseos carnales, y no buscaron el consejo de Dios. El Señor les había dado todo lo que necesitaban para tener gozo eterno, paz y prosperidad, pero ellos querían más.

Un momento de debilidad terminó con una pena y lamentación profunda. Si tan solo se hubieran tomado tiempo para buscar Su verdad, hubieran llegado a una decisión diferente.

Podemos gozarnos en el hecho de que no tenemos que ser víctimas del pecado ni la transigencia. En el momento en que le pedimos a Dios su punto de vista sobre las circunstancias en que estamos, Él nos da eso y mucho más: la fortaleza para resisitir en tiempos de pruebas y frustración, en especial cuando somos tentados a abandonar al Dios que amamos.

Lea y estudie la Palabra de Dios de forma regular. La única manera segura de impedir la transigencia es meditar en la verdad de Dios. Piense en ello por un momento: ¿cómo se prepara un equipo de fútbol para el juego del campeonato? Los jugadores estudian el libro de jugadas, no una hora de vez en cuando, sino una y otra vez hasta que que cada jugada está grabada en sus mentes. Cuando salen al campo pueden correr y hacer las jugadas a ciegas si es necesario. También conocen las posibilidades de su oponente. Sería tonto saber lo que usted planea hacer en tercera jugada y no tener en cuenta que su enemigo sabe con exactitud cómo realizar una estrategia que podría arruinar su aspiración al título nacional.

Tomarse tiempo para meditar y estudiar la verdad de Dios le pone en condiciones de llegar a la victoria. También le prepara para usar el discernimiento que Dios le provee para cada situación.

Cuando llega un desafío, las primeras preguntas que necesita hacer son: «Señor, ¿cómo quieres que yo responda a esta situación? ¿Cómo quieres que yo considere esto? Ayúdame a conocer tu voluntad, o al menos a aceptar lo que no puedo cambiar».

Si se está enfrentando a una serie de eventos que conducen a la transigencia, discierna de inmediato el error y aléjese. No importa cuál sea la situación, la Palabra de Dios tiene una respuesta. Él nos dice: «Clama a mí, y yo te responderé, y te enseñaré cosas grandes y ocultas que tú no conoces» (Jeremías 33.3). Si usted tiene una necesidad o deseo, ya Dios lo sabe. Al estudiar Su Palabra y pedirle que le ayude a ver su vida desde la perspectiva de Él, tendrá una visión fresca y, con frecuencia, la propia esperanza que necesita para continuar cada día.

El salmista escribió: «Lámpara es a mis pies tu palabra, y lumbrera a mi camino» (Salmo 119.105). Habrá momentos en que usted solo tendrá la suficiente luz para dar el siguiente paso. Si eso es todo lo que Dios le ha dado, dé entonces ese paso y confíe en que Él le dará todo lo que usted necesite para ver con exactitud lo que Él quiere que vea en ese momento. Puede que Él no quiera que vea lo que hay al doblar la siguiente esquina. Si ese es el caso, es suficiente.

Una vez más el salmista provee visión para conquistar el compromiso: «En mi corazón he guardado tus dichos, para no pecar contra ti» (Salmo 119.11). Cuando «guarda» la Palabra de Dios en lo profundo, viene la tentación, pero la verdad de Dios se levanta para hacerle frente y le impide la entrada.

Pídale a Dios que le aclare Su voluntad a usted. Si no tiene una dirección clara del Señor, no siga adelante. Espere. El rey David aprendió a estar quieto delante del Señor en adoración y oración. No fue al templo a orar y, cuando no sucedió nada, saltó y se fue. Esperó a oír la palabra de Dios. Puede haber esperado durante horas y, en algunos casos, días, hasta que Dios habló a su corazón ¿Está dispuesto a hacer lo mismo? Es en los tiempos de espera cuando puede proclamar su fe en Dios. Algunas personas no creen que tengan tiempo para esperar su guía, pero si usted se adelanta a Él por apuro, se perderá una gran bendición.

La espera no es una actividad pasiva. Incluye una fe activa, y es necesario escuchar la voz de Dios que nos instruye.

Mantenga su atención en el Señor. Dios siempre tiene en mente un plan más grande para nosotros que lo que podemos alcanzar por nuestra cuenta. Limitamos sus bendiciones cuando nos comprometemos con cosas que no son lo mejor para nosotros. Si quiere ser exitoso de verdad, empiece viviendo para Jesucristo. Él es el Señor de todo. Mientras que el compromiso buscará alejarlo de esta manera de pensar, el Espíritu Santo quiere que usted ejercite su fe en Dios y que sepa que cuando confíe en Él, le recompensará su fe.

Espere que Dios obre en favor suyo. Cuando usted viva de acuerdo con los principios de Dios, Él le bendecirá por su obediencia. Está presto a premiar su deseo de seguirle. De la misma manera en que hay consecuencias para el pecado, hay consecuencias para la obediencia. Estas incluyen la paz del corazón y de la mente, un sentido de propósito y el amor abundante de Dios.

A menudo le digo a mi congregación que Dios siempre toca una alarma cuando nos acercamos al pecado. Sin embargo, si ponemos oídos sordos, su llamada será cada vez más tenue, hasta que casi esté silenciosa. Por ejemplo: usted puede estar en un grupo y se siente tentado a repetir unas noticias que escuchó hace poco. El Espíritu de Dios le previene que no diga nada, pero usted ignora sus advertencias.

Más tarde siente en su espíritu un apagar o una pena. Ese es el resultado de su falta de obediencia a la voz del Espíritu de Dios.

Nunca llegará un momento en que necesite desobedecer a Dios. Por cualquier motivo, puede que Él quiera que usted se quede quieto, callado, y que descanse en Él. Siempre que Él le advierta que tenga cuidado o se detenga, necesitará hacerlo. Él es soberano y sabe lo que es mejor.

La transigencia y la desobediencia desbarataron las esperanzas y sueños que Adán tenía para el futuro. (Cambiaron el curso de la humanidad, pero no alteraron el plan eterno de Dios para la redención de la Humanidad.) La transigencia nos llama a ignorar lo que sabemos que es verdadero y a hacer lo que «sentimos» que es lo mejor, sin tener en cuenta las consecuencias de nuestra decisión. Es un proceso paso a paso que nos aparta con lentitud del corazón de Dios. Aunque por lo general comienza con una sugerencia callada, termina en devastación y pena.

USTED PUEDE DECIRLE QUE NO A LA TRANSIGENCIA

Si se encuentra en una situación de transigencia puede hacer varias cosas para cambiar sus circunstancias.

Primero, pídale a Dios que reavive su amor por Él. Ore también para que renueve su deseo de leer su Palabra y orar. La palabra de Dios es su guía para la sanación espiritual y emocional.

Segundo, ore para que le ayude a restaurar su fe en Él. Muchas veces, cuando la gente cae en pecado, cree de manera errónea que necesita hacer algo para ganar la aprobación de Dios. Solo hay una cosa que necesitan hacer, y es confesar su pecado y su necesidad de Dios. Cuando hacen eso, Dios abre sus corazones a Su amor y perdón. La fe en Dios y en Sus caminos es la marca del verdadero creyente.

Cuando usted ponga su fe en Dios, Él le sacará del problema y la aflicción. Podrá haber consecuencias del pecado que usted ha cometido, pero las podrá sobrellevar con la ayuda de Dios.

Tercero, comprométase a mantenerse firme y a escuchar la guía de Dios. Él todavía nos habla hoy. Habla a través de Su Palabra, de pastores y ministros que se han comprometido a no comprometer Su verdad, y a traves de amigos piadosos. Cuando usted rompa sus lazos con el compromiso Dios abrirá su corazón a Su verdad y experimentará una inefable sensación de gozo y libertad.

Satanás puede haber cegado a Adán y a Eva a la bondad de Dios, pero a usted no tiene que sucederle lo mismo. Usted puede evitar sus minas y vivir libre de la destrucción del pecado mediante la fe en Cristo.

Si ha aceptado a Cristo como su Salvador, entonces su vida contiene un potencial ilimitado, porque el Espíritu de Dios vive dentro de usted. No le permita al mundo definir quién es usted ni qué llegará a ser. Busque la aprobación de Dios. Rinda su vida a Él y observe cómo Él remueve las cosas que en un tiempo le mantuvieron cautivo y las reemplaza con paz, gozo, felicidad y un contentamiento profundo y permanente. Esa es Su promesa eterna para usted.

SIETE

LA MINA DEL RENCOR

Alguien le ha herido y usted no puede despojarse de los sentimientos de pena que llenan su corazón. Se levanta cada mañana y se dice que necesita seguir adelante, pero antes de la tarde está luchando con pensamientos de rencor y depresión. Los días parecen vacíos y las noches son solitarias. Se dice a sí mismo que más nunca nada estará bien.

Cuando ha sido herido ¿cómo maneja sus emociones? Su primera reacción pueden ser la incredulidad y la conmoción. Incluso puede negar que el problema exista, con la esperanza de que desaparezca o mejore. Piensa: *Seguro que no dijo eso de mí*. O puede reaccionar con ira y frustración, buscar la manera de desahogarse con la otra persona. «¡Cómo te atreviste a decir eso de mí o a hacerme eso!»

El deseo de venganza y de desquite puede ser explosivo. De hecho, algunos alimentan esta emoción hasta que una raíz de amargura comienza a crecer dentro de ellos. Buscan el desquite, y no descansarán hasta lograrlo.

Este tipo de libreto lo vemos casi cada noche en las noticias vespertinas. Alguien hirió a otra persona y los temperamentos se disparan.

Antes que las emociones puedan ser controladas, la ira estalla y alguien sale muy mal herido.

UNA SITUACIÓN EXPLOSIVA

El perdón o la negación del perdón es con toda probabilidad una de las más agotadoras luchas que enfrentamos, debido a que la mayor parte de la batalla tiene lugar en nuestras mentes y emociones. Podemos rememorar en nuestra mente un evento que nos ha sucedido y nuestras reacciones ante el mismo durante días o meses y, en algunos casos, años o la vida entera. Alguna gente no puede o no quiere superar las heridas que han sufrido. Están embotelladas en un callejón sin salida emocional y nunca aprovechan la oportunidad que Dios les da de evitar las minas de la ira, el resentimiento, la amargura y el temor.

La mina del rencor no es como las demás minas. Explota, pero la devastación no es inmediata. Hay un «tic tac» dentro de sus emociones. Se siente herido, decepcionado o airado, pero puede negarlo si echa a un lado esos sentimientos.

Con el transcurso del tiempo reexamina la herida que ha sufrido. Se aferra a ella. Y poco a poco la obra explosiva del rencor hace estragos en su vida. Mientras se niegue a perdonar a los que le hayan herido, permanecerá atado a ellos por la ira y el resentimiento que experimenta. No está libre, sino atado en lo emocional y lo espiritual a este pecado mortal.

Cuando permitimos que el rencor controle nuestra vida, no podemos llegar a ser las personas que Dios nos creó para ser. De la misma manera, cuando nos negamos a perdonarnos a nosotros mismos, corremos el riesgo de sufrir una profunda aflicción y depresión, del tipo que nos persigue toda la vida. Y si no aceptamos el perdón que nos han concedido Dios y otras personas, podemos terminar sufriendo las mismas emociones. Nunca llegamos al momento en que disfrutamos de veras de la bondad y el gozo de las bendiciones de Dios.

El Señor nos creó para que viviéramos en abundancia, pero no podremos hacerlo si nuestros pensamientos repiten las ofensas que nos hicieron en el pasado. El apóstol Pablo nos amonesta:

«Y no contristéis al Espíritu Santo de Dios, con el cual fuísteis sellados para el día de la redención. Quítense de vosotros toda amargura, enojo, ira, gritería y maledicencia, y toda malicia. Antes sed benignos unos con otros, misericordiosos, perdonándoos unos a otros, como Dios también os perdonó a vosotros en Cristo» (Efesios 4.30-32).

SANAR LAS HERIDAS QUE SENTIMOS

Antes que usted pueda comenzar en realidad el proceso sanador del perdón, debe llegar a un punto en que reconoce que Dios está al tanto de cada lucha que enfrenta. Él sabe que algunas de las heridas que ha sufrido son dolorosas en sumo grado. Entiende que usted necesita acongojarse, sanar y ser restaurado. No obstante, también está al tanto de que si usted baja la guardia y le permite a la amargura, la ira y el resentimiento anidar en su vida, sufrirá un dolor emocional aun mayor.

Usted puede pensar: *De ninguna manera puedo perdonar a la persona que me ha herido. El sufrimiento emocional y la congoja son demasiado grandes.* Desde la perspectiva de Dios, el perdón es un paso necesario que usted decide dar para sanar y continuar la vida. Eso incluye el abandono del resentimiento hacia la otra persona, y del derecho a desquitarse sin importar lo que esa persona le haya hecho.

Hay tres accciones para desactivar la mina del rencor. Cada una es el resultado de una decisión piadosa.

1. *Escoja despojarse de todo resentimiento.* No importa lo que otros le hayan hecho, el perdón significa no alimentar sentimientos de ira contra los que nos han hecho daño.

2. *Renuncie su derecho a desquitarse.* Con freceuencia he oído a la gente decir: «Tengo derecho a estar furioso. ¡Debías haber oído lo que me

dijo!» o «No sabes lo que hizo. Estoy furioso y no voy a cambiar con respecto a eso». Nunca debemos olvidar que no tenemos derechos en lo que concierne al perdón y la obediencia a Dios. Perdonamos porque Él nos manda a que lo hagamos. Eso no significa que lo que le hayan hecho a usted esté bien. Dios no deja escapar a la persona que le hizo daño. Usted perdona porque eso es lo que Él desea que haga.

Un espíritu rencoroso nos ata al ofensor. Podemos creer que, para que la persona sea castigada, tenemos que mantenernos airados, pero lo único que hacemos es herirnos a nosotros mismos cada vez más. Usted concede el perdón a otra persona aunque ella no lo merezca ni lo pida. Usted está respondiendo como Dios, como Cristo y como la persona que Dios ha creado.

En la cruz, Jesús oró para que el Padre celestial perdonara a los mismos hombres que lo habían crucificado. No esperó a que ellos dijeran: «He cometido un error terrible». Él sabía que eso no iba a suceder. Hasta en su hora más negra estuvo dispuesto a ponerlos en libertad y, al hacerlo, se convirtió en el reflejo del amor incondicional de Dios por cada uno de nosotros.

3. *Permita que Dios trate con la persona que la ha herido o maltratado.* Perdone porque esa es la voluntad de Dios para usted. Después entregue la persona a Él. Un lamento común que escucho es: «Si no hago nada, la persona que me hirió quedará sin castigo». Demasiadas personas pasan toda la vida pensando en formas de herir o esquivar a los que les han herido. Son bombas de tiempo que hacen tic-tac en espera del momento adecuado para estallar. A menudo su ira no está dirigida contra el ofensor, sino que pronto la dirigen contra otros que se atraviesan en su camino.

Cuando el quebranto del pasado sigue ocupando el lugar central de su vida, pierde las bendiciones de Dios, una tras otra. El enfoque de su vida no debe estar en las heridas antiguas. Puede que usted necesite tiempo para sanar y tratar con los problemas que han lastimado a profundidad sus emociones, pero no podrá seguir adelante si solo está mirando atrás.

Perdone y luego, si es necesario, ponga límites saludables. Puede que nunca más vea a la persona que le hirió. Usted debe dar el importante paso de librarse de su ira, temor y resentimiento hacia ese individuo. Puede hacerlo en oración con Dios, con un profesional cristiano de confianza o con su pastor.

A veces creemos que hemos perdonado a otros y no es cierto. Continuamos pensando en lo que nos hicieron. Hay un rumiar dentro de nosotros que nunca se detiene. En esencia, no somos libres; continuamos atados por el rencor que sentimos.

No quiero minimizar el trauma que producen ciertos abusos, pero hasta en las situaciones extremas llega un momento en que una persona tiene que decidir si va a vivir otra vez o permanecer sepultada en pensamientos de rencor. Muchas veces la persona que ha causado el trauma que sentimos puede que ni sepa lo que ha hecho, o peor aun, que no le importe.

Un padre que había abusado sexualmente de su hija cuando ella era muy joven no pareció entender nunca la profunda herida que ella llevaba consigo cada día. Al final ella se le encaró. La respuesta de él estuvo lejos de consolarla. Su único comentario fue: «Solo ocurrió una vez». Una sola vez, para un niño, tiene el potencial de durar toda la vida si no es por el poder que tiene el amor de Dios para sanar las emociones.

Nuestro mundo no tiene las herramientas adecuadas para reparar este tipo de pena y quebranto. Los consejeros seculares pueden alentar a la persona a seguir la vida, a mirar más allá del momento, a apretarse los pantalones y no ceder a los sentimientos de miedo, pero solo Jesucristo puede llegar a lo profundo del alma de la persona y sanar la confianza destruida que el pecado ha dañado tan en lo profundo.

EL AMOR DE DIOS EXTENDIDO HACIA USTED

En la Biblia, la samaritana junto al pozo era una pecadora. Su vida estaba inmersa en la transgresión. En el transcurso de los años se había casado varias veces y el hombre con el que estaba en el momento de encontrarse con Jesús no era su marido.

Cuando una persona está enredada en el pecado, eso le acarrea aflicción del corazón y la mente. No tenemos idea de lo que ocurrió en los años que precedieron al momento en que ella conoció al Salvador, pero sí sabemos que Jesús se hizo el propósito de detenerse en Samaria para encontrarse con ella. Él conocía su pecado, pero también conocía la desesperación de su corazón (Juan 4.7-38).

El perdón incondicional de Dios se sumariza en unas pocas palabras escritas en un himno bien conocido: «Sublime gracia, dulce son, a un pecador salvó. Perdido andaba y me halló, su luz me rescató».

Jesús no le echó en cara a la mujer ninguno de sus pecados. De hecho, se apartó de su camino para encontrarse con ella. Era Dios, y le perdonó sus transgresiones. No solo eso, sino que le proveyó la verdad que ella necsitaba para vivir libre de su pecado. Cuando estaban junto al pozo en el pueblo natal de la mujer, le dijo: «Cualquiera que bebiere de esta agua, volverá a tener sed; mas el que bebiere del agua que yo le daré, no tendrá sed jamás, sino que el agua que yo le daré será en él una fuente de agua que salte para vida eterna» (Juan 4.13, 14).

¿Ha estado alguna vez tan sediento como para anhelar un largo trago de agua fresca? Su alma estaba agostada, y había una sed dentro de usted que no podía ser satisfecha. Jesus satisfizo los anhelos más profundos de esta mujer. Ella había creído que una persona (quizás la persona «apropiada») era la respuesta a su corazón inquieto. En cierto sentido esto era verdad, pero la respuesta llegó en la forma del Hijo de Dios y en el deseo de ella de adorarle.

El rencor le impide adorar a Dios. Bloquea la imagen que tiene de Su amor perfecto, ese amor que Él anhela que usted experimente. La naturaleza de la falta de perdón comienza con una simple declaración: Me niego a dar a otros lo que Dios me ha dado por gracia.

Jesús llegó a la mujer del pozo de la misma forma en que llega a usted. Ella aceptó Sus palabras y ese día abrió el regalo de la salvación.

Fue entonces libre para ser todo lo que Dios la había creado para ser desde su nacimiento: el reflejo de Su perdón para los demás. Se levantó y salió directo hacia el pueblo, donde les dijo a los hombres: «Venid, ved a un hombre que me ha dicho cuanto he hecho. ¿No será éste el Cristo?» (Juan 4.29).

La Biblia nos dice: «Y muchos de los samaritanos de aquella ciudad creyeron en él por la palabra de la mujer, que daba testimonio, diciendo: Me dijo todo lo que he hecho» (v. 39). Si ella estuviera aquí, con toda probabilidad añadiría: «Y no tuvo vergüenza de hablar conmigo. Me amó aunque mi vida estaba llena de pecado».

¿Puede usted decir eso? Él me ama de la manera en que yo soy. Me ha perdonado y tiene planes para mi futuro, planes que incluyen perdón, esperanza, restauración y amor. Él es el Dios de toda consolación y el Dios del amor eterno.

EL PERDÓN: NO PASE ESTO POR ALTO

Pablo nos instruye a ser «benignos unos con otros, misericordiosos, perdonándoos unos a otros, como Dios también os perdonó a vosotros en Cristo» (Efesios 4.32).

Y también nos recuerda:

No paguéis a nadie mal por mal; procurad lo bueno delante de todos los hombres. Si es posible, en cuanto dependa de vosotros, estad en paz con todos los hombres. No os venguéis vosotros mismos, amados míos, sino dejad lugar a la ira de Dios; porque escrito está: Mía es la venganza, yo pagaré, dice el Señor. Así que, si tu enemigo tuviere hambre, dale de comer; si tuviere sed, dale de beber; pues haciendo esto, ascuas de fuego amontonas sobre su cabeza. No seas vencido de lo malo, sino vence con el bien el mal (Romanos 12.17-21).

A nadie le gusta que lo hieran, pero a menudo, cuando nos hieren, Dios convierte nuestra pena en bendiciones. Por tanto, a pesar de lo que alguien le haya hecho, a pesar de lo que haya sucedido en el pasado, deje la retribución a Dios.

Puede que diga: «No hay forma en que Él pueda usar el dolor que he sufrido; no hay forma de que pueda salir algo bueno de esto». Pues sí, sí la hay. En primer lugar, si usted asimila la herida de la manera correcta, se volverá hacia Él y no se entregará a los sentimientos de ira para recuperarse. Los sentimientos de ira y resentimiento lo único que hacen es destruir lo que Dios quiere establecer. Y Él quiere que usted sea una persona que perdone y ame a los demás de la misma manera en que Él lo hace. Pero no podrá hacerlo si se aferra a sentimientos de rencor.

Otra cosa que usted tiene que considerar es esta: si nunca ha sido herido, no entenderá el concepto del perdón. Para perdonar debe sufrir, y también debe recibir el perdón por cualquier mal que haya cometido. El perdón de Dios es una actitud y una acción que debemos aprender. Es también un combustible raro y puro para los fuegos de la compasión y el amor incondicional.

Dios no quiere que nos entreguemos a actividades malvadas, ni quiere que desarrollemos un espíritu rencoroso hacia nadie. Dios no tiene la intención de que vivamos vidas faltas de perdón. Lo que quiere es que abandonemos el resentimiento al envolver nuestros corazones en Su amor: «El amor cubrirá todas las faltas» (Proverbios 10.12).

Recuerde lo que dije antes: lo que cautive su atención le cautivará a usted. Si está cautivado por el amor de Dios, vivirá con la luz de Su amor que arde en su corazón. Conocerá el gozo, la paz y el contentamiento. Pero si está airado, amargado y resentido, luchará contra sentimientos de rencor, ansiedad y temor. Su corazón no tendrá descanso y se enfrentará a problemas emocionales y físicos.

Dios desea que perdone a los que le han herido, de manera que experimente la bondad que Él tiene para que usted disfrute. No obstante, no podrá hacer eso si su atención está concentrada en lo mal que le trataron o en las heridas que sufrió en el pasado.

Puede que piense: *Nada me cautiva*, pero sí, en especial cuando lucha contra sentimientos de odio e ira hacia otra persona. De hecho, ha pisado una horrenda mina y en algún momento estallará. Por eso mucha gente se pregunta por qué su vida no marcha de la manera que esperaban. En el mismo momento en que empezamos a creer que tenemos derecho a estar airados, dejamos de seguir la guía de Dios y comenzamos a marcar la pauta para nuestra propia vida.

Hay mucha gente que pierde el rumbo aquí. Se concentran en el incidente que produjo dolor en su vida. Dios sabe que en el transcurso de la vida pasaremos por incontables penas. Algunas llegarán aunque no cometamos falta alguna. En otras palabras, podemos ser inocentes por completo y de todas formas terminar sintiéndonos víctimas, heridos, traicionados, olvidados, abandonados, etc.

LA PAZ QUE PRODUCE EL PERDÓN

A causa del amor de Dios nunca estamos solos, ni olvidados, ni abandonados, ni traicionados, y siempre somos amados. No hay nada que podamos hacer para impedir que nos ame, pero un espíritu de rencor de cierto que distorsionará nuestra percepción de Su cuidado personal e íntimo.

Una de las cosas más importantes que usted puede hacer es perdonar al que le maltrató. Mi padre murió cuando yo era bastante joven. Unos pocos años después, mi madre se casó con un hombre que resultó ser abusivo con ella y conmigo. Había mucho dolor físico y emocional en mi hogar como resultado de su matrimonio. Durante ese tiempo, mi padrastro nunca tenía una palabra positiva que decirme a mí ni a ella.

Yo nunca pensé que podría perdonarle lo que nos había hecho. Sin embargo, llegó un momento en que sentí que Dios quería que yo hiciera eso, que lo perdonara. Recuerdo que le pregunté a mi madre: «¿Por qué te casaste con él?». Y ella me respondió: «Pensé que necesitabas un padre». Hizo lo que sintió que era correcto, pero fue una decisión muy costosa.

Dios estaba decidido a sacar algún bien de aquella situación desesperada. Yo también me daba cuenta de que me sería muy difícil continuar en el ministerio sin resolver mi rencor hacia mi padrastro.

Mi mamá y yo no merecíamos que nos tratara de esa forma. Nadie merece ser herido ni ver destruida su autoestima. Pero yo sabía que si continuaba rechazando lo que Dios me instruía a hacer, me perdería una tremenda bendición y me arriesgaría a apartarme de Su voluntad.

Ninguno de nosotros conoce las múltiples formas en que Dios puede usarnos si nos ponemos a Su disposición. Esa es una razón por la cual tenemos que ser sensibles a la idea del perdón. Con frecuencia, antes que el Señor nos use, nos hace pasar por un tiempo de reflexión en que revela asuntos que hay en nosotros que necesitan ser resueltos. El perdón puede ser parte de ese proceso. Si es así, tenemos que estar dispuestos a perdonar a las personas que nos han herido, pero también necesitamos perdonarnos. Muchos problemas emocionales son el resultado de nuestra negativa a perdonar.

En el capítulo anterior hablamos de la transigencia. Necesitamos analizar cuántas veces el rencor y la transigencia van de la mano. Si nos negamos a perdonar a los que nos han herido damos un paso hacia la transigencia.

Dios nos manda a perdonar como Él nos ha perdonado. El enemigo, sin embargo, no quiere que usted se perdone, ni que perdone a los que se han aprovechado de usted. Sabe que un espíritu que no perdona conducirá a la depresión, el miedo y la culpa. Teniendo en mente esta verdad, hice una decisión consciente de perdonar a mi padrastro y seguir adelante en la vida. ¿Quiere decir esto que yo estaría libre por completo de todos los viejos recuerdos dolorosos? No, pero sí quería decir que yo estaba en el camino hacia mi recuperación y sanación emocional. Había dado un paso seguro hacia la esperanza, la victoria y la paz.

UN PLAN PASO A PASO

Dios tiene un plan paso a paso hacia el perdón.

Levante su cabeza y su corazón hacia Él. Busque su protección y comprensión ante sus circunstancias. Dios sabe el dolor que está sufriendo. Él sabe cuando alguien le ha hecho algo para herirle, y una de las mayores promesas que usted puede reclamar es Jeremías 29.11: «Porque yo sé muy bien los planes que tengo para ustedes —afirma el SEÑOR—, planes de bienestar y no de calamidad, a fin de darles un futuro y una esperanza» (NVI). El profeta registró esas palabras mientras la nación de Israel se hallaba en cautiverio.

Las circunstancias personales de Jeremías eran tristes. La mayor parte del tiempo la pasó el profeta en un pozo tenebroso y húmedo excavado en la tierra, que podía haber sido llamado una cárcel, pero se parecía más a una tumba. Desde la perspectiva humana, quedaba poco margen para la esperanza. Sin embargo, desde la perspectiva de Dios, la esperanza ya estaba en camino.

Con frecuencia no creemos las promesas de Dios porque estamos atrapados en pensamientos de amargura y temor. Jeremías no hizo eso. Confió en Dios y halló que la fe en un Señor inmutable alteraba por completo su visión. Se le puede llamar «el profeta llorón», pero él sabía que un día el cautiverio de Israel llegaría a su fin. Y llegó, justo como Dios prometió que llegaría.

Puede que usted se halle en una situación desesperada y la última cosa que quiera sea perdonar a los que le hayan herido. Sin embargo, si no lo hace, perderá las bendiciones que siempre siguen a la tormenta. Al final Israel fue liberado y regresó a Jerusalén. Dios lo restauró, y con su restauración llegaron muchas bendiciones.

Ore por la persona que le ha ofendido. Al principio podrá ser difícil, pero la forma más rápida de desactivar la mina del rencor es mediante la oración. En un tiempo quieto a solas con Dios, Él proveerá la visión y la fortaleza que usted necesita para comprender lo que ha ocurrido. También le mostrará cómo orar por la situación. Si usted pelea sus batallas de rodillas, Dios moverá cielo y tierra a su favor.

En la situación concerniente a mi padrastro, supe que su padre había sido muy duro con él. Había querido ir a la universidad y estudiar para hacerse médico, pero en lugar de eso lo obligaron a quedarse en casa y trabajar en la granja de la familia. Se volvió iracundo y amargado.

Saber esto me ayudó a comprender mejor sus acciones. Él no tenía razón. Lo que hizo estaba mal. Sin embargo, la compasión por él empezó a crecer en mi corazón, pues me daba cuenta de que no sabía cómo tratar con la desilusión. Él se amargó y terminó desahogando la frustración de su vida sobre nosotros. Solo Dios tiene la capacidad de sanar la ofensa que hemos sufrido.

Puede que su situación no sea tan seria, o puede que sea peor. De todas formas, la pregunta que tiene que contestar es la misma que yo tuve que enfrentar: ¿Cómo voy a dejar que Dios se ocupe de mis emociones heridas? Yo sabía que Él no quería que yo sufriera, pero vivimos en un mundo quebrantado y caído. Por otra parte, a Satanás le encantaría perpetuar el rencor al asediarme con pensamientos amargos, resentimiento y sentimientos de culpa.

Yo escogí el perdón, porque no podía imaginar vivir con una muralla de lamento e ira entre el Señor y yo. Sabía que eso iba a reducir de forma definitiva su capacidad de usarme. Dios quiere que permanezcamos libres de la trampa de Satanás en todo lo posible. Es posible que Él nos permita pasar por una dificultad tras otra. Sin embargo, cada prueba es una oportunidad para que Él revele su fidelidad hacia nosotros y después hacia los demás a través de las palabras de nuestro testimonio.

EXPERIMENTARÁ UNA SENSACIÓN DE GOZO Y PAZ

Dios usa la gente quebrantada, a los que han sufrido heridas indecibles, pero es difícil que use a personas airadas y amargadas que en lo único que piensan es en cómo pueden recibir justicia por un mal que se les ha hecho.

Una vez que usted haya perdonado a la persona que le hirió, tendrá que pedirle a Dios que le ayude a perdonarse a sí mismo. Muchas personas albergan sentimientos de culpa por pensamientos y acciones que ocurrieron en el pasado. Algo de eso es culpa real, que hay que llevar al altar de Dios y dejar ahí. Otros pensamientos y sentires no son más que falsa culpa, que es una de las armas favoritas que el enemigo usa contra nosotros.

Nunca haga caso a las acusaciones malignas del enemigo. Pablo nos dice: «Ahora, pues, ninguna condenación hay para los que están en Cristo Jesús» (Romanos 8.1). Dios no nos condena. Nos perdona y quiere que hagamos lo mismo con los demás. En esencia, cuando perdonamos, lo que hacemos es remitir a la otra persona al Señor, pero también salimos de la puerta de la atadura hacia una senda de libertad que lleva directo al corazón de Dios.

Si quiere vivir libre, viva para Cristo y no para ninguna de las exigencias del mundo, en especial la exigencia de mantener cautivos los pensamientos de heridas pasadas. Usted tiene un abogado ante el trono de la gracia de Dios, un poderoso guerrero que le ama y peleará sus batallas por usted. Santiago escribió: «Someteos, pues, a Dios; resistid al diablo y huirá de vosotros. Acercaos a Dios y él se acercará a vosotros…. Humillaos delante del Señor, y él os exaltará» (Santiago 4.7, 8, 10).

Cuando se trata del perdón o la falta de este, solo hay una verdad permanente: la persona que tiene un espíritu que no perdona sufre más que la que ha aceptado el principio del perdón y lo ha aplicado a su propia vida.

Le he preguntado a la gente qué hace cuando siente la convicción de Dios en este sentido y algunos me han dicho: «Me acuesto y trato de consultar con la almohada». Usted no puede «consultar con la almohada» los efectos del rencor porque después que obtiene un asidero construye con rapidez un baluarte y más tarde se oculta bien profundo dentro de los vericuetos de la vida de la persona.

Usted no entenderá muchas cosas que le suceden, cargos que pensó que debía ocupar o relaciones que estaba seguro que funcionarían. Es muy probable que al pasar una semana haya una oportunidad para que se sienta abandonado, preterido, maltratado. Quizás se sienta airado como consecuencia de algo que ocurrió en su trabajo, y quiera renunciar.

¿Qué hace cuando parece que no ha sido tratado con justicia? Continúe en obediencia a Dios y hágase el propósito de confiar en Él sin tener en cuenta las circunstancias. Espere que Él le muestre cómo responder y entonces actúe en consecuencia.

EL RESULTADO DEL PERDÓN

Es más que probable que Pedro hubiera escuchado al Señor predicar muchas veces sobre el perdón. Sin embargo, no entendió el principio del perdón hasta después de la muerte y resurrección de Cristo.

El perdón eterno fue una piedra angular del ministerio terrenal de Cristo. Él vino a salvarnos de nuestros pecados, pero también nos perdona y nos restaura para que podamos disfrutar del amor y la comunión de Dios en cada vuelta de la vida. Usted queda libre de la atadura del pecado y la muerte porque Cristo murió por usted. Le ha perdonado todo pecado que cometió o cometerá alguna vez y Su amor exige que haga usted lo mismo.

Sin embargo, igual que muchos de nosotros, Pedro no podía entender el carácter serio de esta enseñanza. Comprendía el concepto del
perdón condicional, pero no podía ver cómo una persona pudiera perdonar sin una obligación o alguna forma de retribución. Perdonar una
cantidad ilimitada de ofensas le parecía una ilusión.

Usted y yo debemos estar agradecidos de que Jesús ve el perdón de
una forma diferente a Pedro. Sin duda necesitamos el perdón que se
nos concede cada día.

En lo que respecta al perdón, Pedro creía que había hallado una forma admirable de actuar e impresionar al Señor cuando le preguntó:
«Señor, ¿cuántas veces perdonaré a mi hermano que peque contra mí?
¿Hasta siete?» (Mateo 18.21). Desde una perspectiva hebrea, el siete es
el número de la perfección. Pedro estaba seguro de que había dado con
una solución perfecta, pero Jesús le dijo que multiplicara eso por se-
tenta. En realidad, el Señor tenía en mente un número infinito. El perdón de Dios hacia nosotros no tiene límites, y el énfasis de la enseñanza
de Cristo es el mismo. Nos mandó a que extendiéramos ese mismo
perdón a los demás. Jesús dice que, sin importar el pecado ni las circunstancias, perdonemos a los que nos han ofendido. Desde el punto
de vista de Dios, nunca llegará el momento en que debamos albergar la
falta de perdón. Usted perdona de la misma manera en que Dios le ha
perdonado.

Tenemos que perdonar para poder gozar de la bondad de Dios, sin
sentir el peso de la ira ardiendo en lo profundo de nuestro corazón. El
perdón no significa que neguemos que el hecho que nos ha acontecido
está mal. En vez de eso, trasladamos nuestras cargas al Señor y le permitimos llevarlas por nosotros.

Cuando deseché la ira y el resentimiento que sentía hacia mi padrastro, de repente me sentí libre para experimentar el amor de Dios y
el amor de los demás. También aprendí que el perdón no era tan difícil.
Una vez que empiece a practicarlo, continuará. Entonces cuando el
dolor llegue a su encuentro, podrá resolverlo sin aferrarse a él ni

permitir que crezca hasta convertirse en una fuerza destructiva en su vida. Cuando llega al fondo de la cuestión, no hay forma de defender la falta de perdón en la Palabra de Dios.

El autor de Hebreos nos insta: «Seguid la paz con todos, y la santidad, sin la cual nadie verá al Señor. Mirad bien, no sea que alguno deje de alcanzar la gracia de Dios; que brotando alguna raíz de amargura, os estorbe, y por ella muchos sean contaminados» (Hebreos 12.14, 15). Dejar de alcanzar la gracia de Dios significa que no queremos perdonar.

LA ESENCIA DEL PERDÓN

Debemos permanecer concentrados en el amor de Dios y debemos recordar que Él no nos da lo que merecemos. Cada uno de nosotros merece ser castigado por nuestros pecados, pero Jesucristo fue castigado en lugar nuestro. Gústenos esto o no, también significa que Él no les da a los otros que nos han ofendido lo que ellos se merecen. Igual que ellos son responsables de sus acciones, nosotros lo somos de las nuestras.

Al final nosotros somos los que sufriremos las consecuencias del rencor. No hay duda de que los que han pecado contra nosotros van a sufrir; no obstante, sufrimos también cuando nos negamos a hacer lo que Dios nos manda: a perdonar y a permitir que Él trate con los que nos han ofendido. Puede que nunca veamos la retribución que Él da de parte nuestra. Ese no es el asunto. Si eso se convierte en el asunto, nos estamos condenando a convertirnos en amargados y, antes de que nos demos cuenta, nos estaremos apartando de nuestra devoción al Señor.

La luz y la tiniebla no pueden habitar en el mismo lugar. Las acciones malas como la ira, los celos, la envidia, el resentimiento y el rencor no pueden permanecer en el lugar donde Dios habita por medio de la presencia de su Santo Espíritu. No funcionará, y estoy convencido de que muchos de los problemas emocionales y físicos con los que la gente batalla hoy son el resultado directo del rencor.

Los miembros de la profesión médica están de acuerdo en que muchas de nuestras enfermedades crónicas se producen como resultado de la amargura, el rencor y el estrés emocional. Los consejeros y psicólogos cristianos han informado por mucho tiempo que los sentimientos de hostilidad, ira, desilusión y amargura dan como resultado depresión y ansiedad junto con una serie de problemas físicos. Podemos observar una espiral descendente en la vida de una persona que se niega a perdonar las heridas que ha recibido. Se convierte en cáustica, crítica y sospechosa.

Usted no puede ocultar la amargura. Sale a la luz de una forma u otra. Una vez que usted desarrolla un espíritu crítico, la gente lo capta y se mantiene alejada. Nadie quiere estar con una persona que es iracunda y cáustica. Cuando usted llega a este punto, ya no controla sus emociones, porque el rencor lo controla a usted.

Puede decir: «No, no me controla», pero sí lo hace. Le impide ser la persona que Dios quiere que llegue a ser. No puede pensar con claridad si está obsesionado con desquitarse por lo que le han hecho. Ni tampoco puede funcionar a su mejor capacidad cuando está lleno de temor por ofensas pasadas. La consecuencia más trágica del rencor es la incapacidad de amar.

Una persona amargada no puede amar de forma genuina a nadie, ni puede recibir el amor. Este hecho de por sí tiene un efecto tremendo en las familias y otras relaciones. Si usted no se permite amar ni ser amado por temor a ser herido, está mutilando el aspecto más importante de la vida cristiana. Dios es amor. Su amor por nosotros va más allá de todo lo que podamos imaginar.

Mucha gente que ha sufrido heridas profundas cree con sinceridad que han abierto sus corazones al amor de Dios, pero en realidad no lo han hecho por completo, no del todo. Han sido heridas de un modo tan profundo y tantas veces que incluso cuando abren la puerta al amor, rehusan abrirla de par en par y sin vacilación.

Una mujer admitió que en su mente siempre reservaba un lugar seguro donde pudiera entrar y cerrar la puerta al amor. En otras palabras, si una relación no salía bien, ella cerraba con rapidez la puerta de su corazón para protegerse de ulteriores heridas y desilusiones.

No estoy recomendando que nos precipitemos a tener amistades y relaciones sin la guía de Dios. Sin embargo, muchos matrimonios sufren porque uno o ambos cónyuges no saben cómo amar al otro. De la misma forma las amistades sufren porque el amor es retenido o no es expresado a un nivel piadoso.

Hemos escuchado el dicho «Lo que el mundo necesita es más amor». Aunque eso es cierto, lo que más necesita es el amor de Dios, un amor que es divino y dado sin restricciones, obligaciones ni demandas, un amor entregado de forma tan generosa que nos motive a abrir nuestras vidas, corazones y voluntades para amar y ser amados.

¿Qué hacer con la mina de la falta de perdón? Pídale a Dios que le enseñe todo lo que tiene que saber sobre su amor hacia usted. Una vez que haya tenido al menos un vistazo de eso, querrá experimentar todo lo que pueda, y también hallará que querrá compartirlo con otros. Como la mujer samaritana, va a decir: «Venid, ved a un hombre que me ha dicho todo cuanto he hecho» (Juan 4.29). Y podrá añadir: «Y me ama de forma incondicional, incluso después de todo lo que he hecho».

ANTE EL ALTAR

Hay un sitio donde muchos cristianos terminan pecando contra Dios. Es ante Su altar, el mismo lugar donde el amor y el perdón divinos se hacen uno solo. Jesús nos dice: «Por tanto, si traes tu ofrenda al altar, y allí te acuerdas de que tu hermano tiene algo contra ti, deja allí tu ofrenda delante del altar, y anda, reconcíliate primero con tu hermano, y entonces ven y presenta tu ofrenda» (Mateo 5.23, 24).

Usted puede aprender a tratar de forma correcta con un espíritu de rencor.

Resuelva la ira por medio de una reconciliación piadosa. La mayoría de nosotros conocemos familias que han sido despedazadas emocionalmente durante años. En muchos casos la rencilla ha durado tanto tiempo que nadie sabe en realidad cómo comenzó el problema o quién le dio inicio.

Dos amigas que se habían conocido desde de la universidad terminaron trabajando juntas en una compañía de una gran ciudad. Les gustaba compartir ideas y debatir la mejor forma de alcanzar sus metas en el trabajo. También compartían intereses similares cuando estaban fuera de la oficina. Entonces una serie de malentendidos amenazó su amistad. Una terminó casándose y la otra aceptó un puesto en una firma de la competencia. Cesaron de hablarse y evitaban el contacto, y cuando les preguntaban qué había sucedido, ninguna podía dar una respuesta concreta.

Al final, estas dos amigas decidieron discutir lo que había salido mal. Cuando se dieron cuenta de que la separación había ocurrido como resultado de un solo comentario irreflexivo, quedaron conmovidas y al instante se pidieron perdón la una a la otra por sus acciones impensadas.

Alguna gente no se ha hablado durante años solo porque algo se dijo y nunca se aclaró ni se perdonó. Pero muchas veces los involucrados van a la iglesia cada domingo, se sientan en los mejores puestos, diezman con regularidad y son los primeros en la fila para tomar la comunión.

Si tiene algo contra alguna persona, necesita saber que está reteniendo de forma deliberada el rencor, la amargura y el resentimiento en su corazón. No hay manera de que pueda experimentar el gozo y la paz que Dios tiene para usted mientras permanezca en esa actitud, porque tendrá una mente dividida. Santiago escribió:

> Ningún hombre puede domar la lengua, que es un mal que no puede ser refrenado, llena de veneno mortal. Con ella bendecimos al Dios y Padre, y con ella maldecimos a los hombres, que están hechos a la semejanza de Dios. De una misma boca proceden bendición y maldición. Hermanos míos, esto no debe ser así. ¿Acaso alguna fuente echa por una misma abertura agua dulce y amarga? Hermanos míos, ¿puede acaso la higuera producir aceitunas, o la vid higos? Así también ninguna fuente puede dar agua salada y dulce (Santiago 3.8-12).

No podemos albergar sentimientos oscuros y vivir una vida piadosa y saludable. Podemos tratar de hacerlo, pero nosotros somos los que sufrimos y por lo general el sufrimiento se propagará a otras áreas y a otras personas que amamos.

Tome en serio el perdón admitiendo que usted tiene un problema. Este principio cobró vida de repente, hace unos años, después que regresé a casa tras unas vacaciones de dos semanas. Entré en mi estudio, encendí la luz y no pude creer lo que veía. Los comejenes habían abierto un hueco en la pared y estaban por todo el piso. Salí de forma precipitada y tiré la puerta tras de mí. Durante unos minutos me sentí indefenso. ¿Qué haría?

Todo el tiempo que había estado ausente y en realidad, antes de irme, los comejenes se habían estado comiendo la estructura de una pared de mi estudio. Luego pensé en cómo, semana tras semana, ellos habían estado obrando mientras yo estudiaba la Palabra de Dios y me preparaba para los sermones que iba a predicar.

Usted puede negar que hay un problema y decirse que está bien, pero si tiene un espíritu de rencor residente en usted, entonces en cierto momento habrá una evidencia de la destrucción interna que ocurre en su vida. Tenemos que tomar en serio el perdón, porque es un asunto de capital importancia para cada creyente.

Asuma la responsabilidad por sus acciones. Mientras culpe a otros del problema, Dios no le librará de la culpa que siente. Muchas veces la culpa o un fuerte obstáculo en nuestro espíritu es una señal de advertencia de Dios de que algo no anda bien. Si estamos amargados o furiosos, sentiremos el peso de la mano de Dios sobre nosotros. Alguna gente tiene dificultades para dormir porque Dios está tratando de llevarles a un punto en que desechen su orgullo y le pidan que les muestre lo que han hecho mal y lo que Él quiere que hagan.

RESUELVA LOS PROBLEMAS A LA MANERA DE DIOS

¿Qué hacer cuando la persona que le ha ofendido ya no está viva? Vaya a Dios en oración, pídale que sane las heridas emocionales que ha sufrido. Permítale que le muestre cómo librarse de la amargura y la ira que está alimentando.

Algunos consejeros sugieren escribirle una carta a la persona que ha causado su dolor, pero sin echarla al correo. La sanación sobreviene cuando le admite a Dios que está sufriendo y guarda resentimiento. Él no quiere que continúe viviendo la vida bajo la amenaza del ataque del enemigo debido a los sentimientos de rencor.

Confiese lo que ha hecho. Sea honesto con el Señor: «Estoy sufriendo y me siento abandonado». «Quiero desquitarme de la persona que me ha causado este sufrimiento emocional; por favor, ayúdame a mirar las circunstancias que me rodean desde tu perspectiva». Cuando usted reconoce su actitud rencorosa ante Dios, Él pone manos a la obra para cambiar su visión y ayudarle a entender el bien que puede salir de lo que ha pasado.

Deseche su ira. El salmista nos dice: «Echa sobre Jehová tu carga, y él te sustentará; no dejará para siempre caído al justo» (Salmo 55.22). Igual que escogemos permanecer airados, también podemos elegir perdonar. El perdón requiere rendición, lo que significa que tenemos que depositar nuestras penas a los pies de Cristo y echar también sobre Él nuestros sentimientos de ira y frustración.

Los predicadores de antaño amonestaban a sus congregaciones a «trasladar las cargas de sus corazones al Señor». Hoy seríamos sabios si siguiéramos ese esquema. No importa cuán grande pueda ser el peso de su frustración o pecado, Dios lo compartirá con usted en cuanto deje de tratar de controlar sus circunstancias con la ira y la amargura.

Haga el compromiso de orar por la persona que es objeto de su rencor. Usted puede decir: «No siento deseos de orar por él. Estoy herido y no voy a hablarle más nunca». Yo comprendo esos sentimientos.

Yo no quise pedirle a mi padrastro que me perdonara por el resentimiento que sentía contra él. No obstante, eso era en realidad lo que Dios quería que yo hiciera. Llevaba como un año en mi primera iglesia cuando el Señor me mostró que quería que hablara con mi padrastro. Nunca perdemos cuando obedecemos a Dios. Él nos bendice incluso cuando lo que estamos haciendo es difícil y duro de entender.

El día que perdoné a mi padrastro me senté al lado opuesto de la mesa del comedor, frente a él, y recordé que era el hombre que le había infligido tanto daño a mi madre. «John», le dije, «la razón por la que he venido a casa es para pedirte que me perdones por tener un espíritu rencoroso hacia ti».

De inmediato me dijo: «No tienes que pedirme que te perdone», pero yo insistí. «No, necesito oírte decir que estoy perdonado». Levantó la vista y dijo: «Estás perdonado».

Note lo que *no* le dije. No le dije: «Perdóname por mi actitud hacia ti cuando hiciste sufrir a mi madre, cuando tú y yo peleamos por causa de ella, cuando me heriste, despreciaste y rechazaste». No hubo nada de eso. Si yo hubiera sacado a colación una lista de ofensas del pasado, John hubiera sabido que yo no era sincero.

Después que dejé de hablar, se levantó, dio la vuelta a la mesa y me dio un abrazo. Estaba llorando y me pidió que le perdonara por la forma en que nos había tratado. Está ahora en el cielo, y me alegra poder decir que no ignoré el llamado de Dios a que lo perdonara. A pesar del pasado, lo perdoné, y Dios me liberó de la atadura de la falta de perdón.

Usted puede experimentar la misma liberación cuando confíe en Él:

- Él siempre pule los detalles.

- A Él nunca lo sorprenden las circunstancias.

- Él usa sus penas y su dolor para un propósito más grande.

- Él tiene un plan para su futuro.

Incluso cuando nos enfrentamos a pruebas horribles, podemos confiar en que Él sacará el bien de las mismas circunstancias que aparentan ser oscuras y ominosas. No hay necesidad de luchar con la falta de perdón un día más.

Si yo me hubiera negado a perdonar a mi padrastro, lo más probable es que Dios no me hubiera dado la oportunidad de predicar el evangelio por todo el mundo. El mira la actitud de nuestro corazón para ver si estamos decididos a confiar en Él por completo durante cada prueba y aflicción. Si yo no hubiera estado dispuesto a resolver el punto básico y elemental del perdón, me hubiera perdido mucho en la vida.

Recuerdo que, después de eso, iba a ver a mi padrastro y pensaba en lo agradecido que yo estaba porque los sentimientos de amargura y resentimiento hubieran desaparecido. Puede que usted crea que el rencor no lo va a afectar, pero sí lo hará. Mi padrastro estaba amargado por la forma en que su padre lo había tratado. Como resultado, no tenía amigos. Tenía dificultades en su trabajo: a nadie le caía bien. Llevó una vida miserable desde la época en que era un adolescente hasta el día en que recibió a Jesucristo como su Salvador.

Cuando el rencor le conduce a la animosidad, la amargura, el resentimiento y la hostilidad, usted desperdicia su vida y se pierde lo mejor que Dios tiene para usted. También termina sufriendo las consecuencias de su pecado. Por tanto, no permita que el rencor permanezca en su vida ni un segundo después de lo que le lleve a usted dar los pasos sencillos de este capítulo. Y nunca lo olvide: la distancia más corta entre su pecado y el perdón de Dios es la distancia entre sus rodillas y el piso.

OCHO

LA MINA DE LA DESILUSIÓN

David podía recordar la sensación de asombro que llenó su corazón después que el profeta Samuel lo ungiera como rey de Israel (1 Samuel 16.13). Unos pocos años más tarde, sin embargo, no había asumido aun su puesto como rey. De hecho, desde la perspectiva humana, parecía que estaba más lejos de esa meta que cuando se encontró con Samuel. Estoy seguro de que hubo momentos en que se preguntó: *Si soy el rey ungido, ¿qué hago escondido en una cueva? ¿Se ha olvidado Dios de mí? ¿Por qué espera tanto tiempo para cumplir lo que me prometió?*

La mayoría de nosotros conocemos la historia de cómo David fue obligado a dejar su hogar y su familia en el esfuerzo por escapar a una muerte segura a manos del rey Saúl, un hombre que estaba lleno de celos y envidia. Saúl sabía que David iba a reinar un día sobre Israel y estaba decidido a impedir que aquello tuviera lugar. Dios usó los celos desaforados de Saúl para obligar a David a esperar hasta que estuviera listo para ser rey.

CÓMO DEFINIR LA MINA DE LA DESILUSIÓN

Cada uno de nosotros puede recordar una época en que levantó su voz al cielo y preguntó: «Dios, ¿por qué tengo que esperar? Estoy listo para la relación, la promoción, la nueva casa y el nuevo paso. No quiero esperar. ¡Sé lo que estoy haciendo y quiero hacerlo ahora!».

David, sin embargo, oraba:

> Ten misericordia de mí, oh Dios, ten misericordia de mí;
> Porque en ti ha confiado mi alma,
> Y en la sombra de tus alas me ampararé
> Hasta que pasen los quebrantos (Salmo 57.1).

Estaba aprendiendo a vivir más allá de la desilusión, algo que practicaría por años antes de ascender al trono de Israel. Hay un fuerte tono de aliento en sus palabras, y eso es algo que cada uno de nosotros necesita para nuestra vida. David sabía que su supervivencia y su futuro dependían de una cosa: de la fidelidad de Dios. En el Salmo 139.11, 12 escribió:

> Si dijere: Ciertamente las tinieblas me encubrirán;
> Aun la noche resplandecerá alrededor de mí.
> Aun las tinieblas no encubren de ti,
> Y la noche resplandece como el día;
> Lo mismo te son las tinieblas que la luz.

Dios no es influido por las decepciones. Sus planes no son diferidos ni cambian como resultado de pruebas repentinas ni aflicciones. Él conoce nuestro comienzo y nuestro final. Es omnisciente y todopoderoso.

Aunque David no sabía el futuro, se daba cuenta de que conocía a uno que sí lo sabía. En el transcurso de los años sí hubo momentos en que se sintió desalentado, pero incluso cuando las presiones eran demasiado grandes para él, David sabía que el Dios soberano del universo estaba cuidando de él. Sus promesas eran verdaderas, y un día David sería rey. Por tanto, evitaba pisar una mina devastadora.

Todo lo que nos acerca a Dios es bueno para nosotros. La desilusión, la aflicción y la pena están incluidas aquí. ¿Había Dios olvidado Sus promesas a David? No, pero David no estaba listo para asumir el papel de rey de Israel. Los años que pasó luchando con las dificulatades y las desilusiones fueron tiempos de un tremendo crecimiento y de preparación para el cargo que un día iba a desempeñar.

APRENDER A RESPONDER DE MANERA CORRECTA

¿Qué hace cuando estallan los sentimientos de desilusión? ¿Levanta el teléfono y llama a alguien lo antes posible, o se vuelve al Señor en oración? El salmista se volvió a Dios:

> Como el ciervo brama por las corrientes de las aguas,
> Así clama por ti, oh Dios, el alma mía.
> Mi alma tiene sed de Dios, del Dios vivo;
> ¿Cuándo vendré, y me presentaré delante de Dios?
> Fueron mis lágrimas mi pan de día y de noche,
> Mientras me dicen todos los días: ¿Dónde está tu Dios?
> Me acuerdo de estas cosas, y derramo mi alma dentro de mí;
> De cómo yo fui con la multitud, y la conduje hasta la casa de
>   Dios,
> Entre voces de alegría y de alabanza del pueblo en fiesta.
> ¿Por qué te abates, oh alma mía,
> y te turbas dentro de mí? (Salmo 42.1-5).

Cada uno de nosotros pasará por momentos en que se sentirá desalentado y descorazonado. Muchos querrán abandonar, rendirse y alejarse, pero como creyentes no debemos nunca ceder a estos senti-mientos.

La gente que nunca ha aceptado a Cristo como su Salvador no tiene la esperanza viva que poseen los cristianos. Durante años he visto hasta creyentes que se han sentido tan desalentados que han querido apar-tarse y alejarse de lo que Dios les ha dado. Cuando lo hacen, detonan una mina.

Mi advertencia a los que leen estas palabras es sencilla: Cuando lle-gue la desilusión, no se rinda ni ceda a los pensamientos de desaliento. Uno nunca sabe lo que Dios tiene en espera para uno. Como David, puede pasar por una larga temporada de espera en que el desaliento parece seguir cada uno de sus pasos. Sin embargo, cada secuencia de pruebas preparó a David para algún aspecto del trabajo que iba a tener un día.

Incluso si usted es mayor y el enemigo le ha tentado a creer que su vida casi ha terminado, no lo crea. Dios usa a la gente y nunca hay un lí-mite de tiempo para lo que Él puede hacer en nosotros y por medio de nosotros. Por tanto, cuando lleguen los problemas, vuélvase a Él en oración. Asegúrese de que sea el primero que oiga su grito pidiendo ayuda y comprensión. Aunque necesitamos el apoyo de amigos piado-sos, necesitamos primero el consuelo y la sabiduría de Dios, o nos arriesgamos a ser abrumados por la pena cuando llegue, en especial si es prolongada como en la vida de David.

Recuerdo cuando una situación que enfrentaba parecía tan oscura y desalentadora que no sabía lo que iba a hacer. Me despertaba de no-che y pensaba: *Dios, ¿qué pasará ahora?* Entonces me levantaba, me acostaba en el piso junto a la cama, y oraba. Muchas veces le pedí al Señor que alentara mi corazón, cambiara mi actitud hacia las circuns-tancias que me rodeaban y me ayudara a dejar ante sus pies el peso que llevaba. También le pedía que me ayudara a conciliar de nuevo el sue-ño. Y nunca dejó de hacer eso.

Estoy seguro de que hubo momentos en que me desvelé y di vueltas en la cama, pero aprendí una lección muy importante: Si me mantenía concentrado en Dios, tendría la ayuda, fortaleza y capacidad para seguir en el camino, aunque pareciera que mi mundo se desplomaba alrededor mío. En medio de un tiempo muy oscuro de su vida, David escribió: «Aunque ande en valle de sombra de muerte, no temeré mal alguno, porque tú estarás conmigo» (Salmo 23.4).

Dios es omnisciente, omnipresente y omnipotente. Podemos descansar en su presencia porque sabemos que tiene solo lo mejor para nuestra vida y no dejará que el enemigo nos dañe. Cuando la desilusión, la pena o el problema se presenten, Él nos enseñará a responder y nos guiará a un lugar de bendición y esperanza.

Usted nunca está solo. El enemigo puede querer que usted crea que lo está, pero no es cierto. Incluso antes de su muerte, el Señor les dijo a sus discípulos que volvería a ellos (Juan 14.1-3). Con frecuencia lo que más necesitamos escuchar en tiempos de problemas es a Cristo diciendo esas mismas palabras a nuestro corazón. «No os dejaré huérfanos; vendré a vosotros» (Juan 14.18). También tenemos que recordar que Dios nunca comienza una obra en nuestra vida solo para abandonar Su plan. Una vez que empieza, continuará hasta que esté completa (Filipenses 1.6).

Puede que se sienta como si su vida fuera un desastre. Desde la perspectiva humana puede parecerlo, pero nunca olvide que Dios, que es infinito en conocimiento, puede tomar las circunstancias más problemáticas y darles vuelta para bien. La pregunta que hay que hacerse cuando lleguen las pruebas es esta: «Señor ¿qué es lo que tú quieres que yo aprenda de esta dificultad? ¿Cómo puedo parecerme más a ti por padecer este dolor, por viajar por este camino, por someterme a esta aflicción?».

Dios sabe lo que es el sufrimiento. Él miraba mientras su Hijo moría de una muerte dolorosa en la cruz por algo que no había hecho. Oyó cada respiración, cada grito, cada murmullo que Jesús emitió aquel día. También conoce la profundidad de las desilusiones suyas. Pero de la misma forma que tenía un plan más grande para la vida de Cristo, tiene uno también para usted. Si usted nunca se enfrenta a la desilusión, nunca sabrá cómo confiar en Dios, alentar a otros, ni vivir al cuidado de Su amor.

La desilusión es una respuesta emocional a alguna expectativa fallida o a algún deseo que tenemos. Sobreviene cuando perdemos nuestra motivación e impulso divinos, cuando nuestro corazón se ha vuelto pesado y triste.

Aunque las desilusiones son una parte normal de la vida, pueden rasgar un gran orificio emocional en nuestro corazón y emociones. Habrá momentos en que estemos ajenos a las nubes de tormenta que se están formando y de repente nos vemos abrumados por nuestra situación y anhelamos que nos den aliento.

Recuerde que el salmista escribió: «Como el ciervo brama por las corrientes de las aguas, así clama por ti, oh Dios, el alma mía» (Salmo 42.1). Estaba anhelando al Señor; en el versículo 5 admite su lucha contra sentimientos de desesperación y una profunda necesidad de la ayuda de Dios.

Podemos ignorar el problema y, aunque parezca extraño, terminar por deleitarnos en la atención que recibimos por nuestras condiciones desalentadoras. No recomiendo seguir este plan de acción. Uno de los objetivos principales de Satanás es desalentarle. Quiere que usted abandone, tire la toalla y se aleje de la obra o el plan que Dios le ha dado.

De hecho, puede que usted no esté en un trabajo sobresaliente. Eso no le importa al diablo, en especial porque su deseo es destruirle mediante las minas que siembra en su camino. Si puede deprimirle y crearle ansiedad lo hará, porque cree que va en camino de edificar un baluarte dentro de su vida. Y tendrá razón. Nunca llegará el momento en que sea bueno ignorar los problemas que estamos confrontando ni permitirles crecer hasta el punto en que ya no podamos pensar con claridad en la bondad y la fidelidad de Dios.

Cada uno de nosotros conoce a alguien que está sufriendo y a pesar de eso, entre las expresiones de pena y dolor, también oímos comentarios despectivos y amargos. Ese es un lugar peligroso de estar, porque si no tratamos rápido con la desilusión, se puede convertir en desaliento y más tarde en depresión.

La adversidad es un arma que el enemigo tratará de usar en contra suya. Sin embargo, usted no tiene que permitirle acceder a sus pensamientos ni su vida por medio de la desilusión. Aunque eso es un arma en manos del enemigo, es una herramienta tremenda en las manos de Dios.

Puede que no entienda por qué su jefe le dijo que no a su solicitud, por qué le pasaron por arriba en las promociones ni cómo va a lograr algunas de las metas que se ha propuesto. Dios lo sabe, y eso es todo lo que importa. Él puede cambiar las circunstancias de su vida más rápido de lo que usted puede imaginar. Pero si usted se empantana en ira y frustración como resultado de la desilusión, puede que nunca experimente todo lo bueno que Él tiene para usted.

IDENTIFIQUE LA FUENTE DEL DESALIENTO

Una forma en que dejamos atrás la mina de la desilusión es si identificamos su tipo y origen. Sin duda Satanás es el culpable número uno. Su existencia está dedicada a buscar maneras de dañar nuestro testimonio e impedirnos hacer la voluntad de Dios.

Él quiere que usted se concentre en los aspectos negativos de su situación. Por tanto, le asediará con palabras de desaliento: «Nunca vas a lograr tus metas», «Tu vida nunca va a valer nada», «No eres inteligente ni bien parecido», «Nadie te quiere», «Nadie te valora; si lo hicieran te incluirían en sus planes», «Lo que tienes que hacer es dejar eso». Satanás lanza una mentira tras otra.

Muchas veces su voz encuentra terreno fértil, porque algunas personas han crecido en hogares en que esos mensajes eran barrenados dentro de sus mentes. Después de un tiempo, los mensajes quedan impresos en su cerebro. Luego cuando llega la desilusión, lo primero que viene a la mente es: «En verdad eso debe ser cierto. Mi vida es un desastre, como me decía Papá».

Un espíritu negativo y crítico destruirá la esperanza del niño para el futuro. Quebrantará su espíritu y le dejará desorientado en la duda, a menos que llegue a un punto en que pueda beber de la verdad de Dios para su vida. No ceda a los pensamientos negativos ni se permita trasladar actitudes incorrectas a los demás solo porque haya sufrido desilusiones. Dios todavía tiene un plan para usted.

Otras causas de desilusión incluyen situaciones que puede que quizás no hayamos considerado antes, por ejemplo:

- *Áreas débiles.* Pueden incluir el chisme, la falta de perdón, la ira, amargura o deseos lujuriosos.
- *Metas no realistas.* Tenemos que proponernos metas saludables. Esto significa ser realistas, pero no negativos. Alguna gente no puede imaginar que Dios les bendiga en sus vocaciones o vidas personales, pero Él lo hace y lo hará. Tenemos que proponernos metas que nos alienten a confiar en Él para cada área de nuestra vida. Si nos proponemos metas demasiado grandiosas, puede que nos hallemos luchando contra la desilusión y un sentimiento de fracaso.

La desilusión tiene muchas consecuencias. La que encabeza la lista es la *falta de oración*. Apenas la desilusión se convierte en desaliento, la persona por lo común cesa de orar. Se vuelve cínica, crítica y airada contra Dios. Es probable que diga algo así como: «Él es Dios, ¿verdad? O sea, Él podía haberlo evitado».

Nada bloquea la oración tanto como la ira. Si usted ha quedado desilusionado de Dios, necesita obligarse a ir ante Él en oración. Póstrese sobre su rostro y pídale que le perdone por dudar y por creer que Él no es el que controla todas las cosas.

María y Marta no entendían por qué Jesús no había acudido cuando ellas le enviaron a decir la primera vez que su hermano se estaba muriendo. Él era amigo de ellos. Su falta de respuesta no tenía sentido. Sin embargo, Jesús tenía un plan más grande en mente: levantó a su hermano de la tumba. Aunque la desilusión pueda herir las emociones, Dios siempre obra para traer una esperanza fresca a nuestra vida.

Otra consecuencia de la desilusión es una *mente dividida*. No podemos pensar con claridad cuando nos enfocamos en las mentiras y palabras negativas de Satanás.

Un hombre pasó toda su vida en el temor y la desilusión porque se veía a sí mismo como un fracasado. Su mente estaba dividida y no se podía concentrar en la verdad de la Palabra de Dios. Si lo hubiera hecho, enseguida hubiera aprendido que todas las cosas son posibles cuando creemos en el Hijo de Dios.

Con frecuencia, al enfrentarnos a la desilusión, queremos *culpar* a alguien de nuestros problemas, o culpamos a Dios. Hay veces que nadie tiene la culpa. Los problemas llegan porque son parte de la vida. Sin embargo, la reacción de usted ante ellos es lo importante.

También nos volvemos *iracundos* y si esto no se controla con rapidez, nos tornaremos *deprimidos* y *egocéntricos*. La definición de la depresión es sencilla: la ira vuelta hacia adentro. Cuando retenemos una ira destructiva dentro y no se la entregamos a Dios, sufrimos de depresión, de ansiedad y de una serie de problemas físicos. Dios no nos creó para que viviéramos y padeciéramos de frustración, ira, ni resentimiento; nos creó para que experimentáramos Su gozo y bondad. Si nuestra mente está concentrada en nuestros problemas, jamás conoceremos las muchas bendiciones que Dios tiene para nosotros.

La desilusión conduce al aislamiento. Nos retraemos de los demás y nos enfurruñamos en nuestro dolor. En vez de regocijarse en que Dios perdonara a la gente de Nínive, Jonás terminó deprimido, sentado debajo de una calabacera (Jonás 4). Estaba airado y frustrado con el Señor porque la situación no había resultado como él lo deseaba. Los ninivitas eran enemigos acérrimos de Israel. Sin embargo, Dios le había mandado a ir y predicarles arrepentimiento. Jonás quería ver destruida esta nación malvada, pero Dios quería salvarla. Por tanto, extendió Su misericordia a los que vivían en la región.

Como Jonás, podemos volvernos críticos, exigentes y despreciativos de los demás. Nos damos cuenta de que los que nos rodean son felices y prosperan y, en vez de unirnos al grupo para pasarlo bien, nos distanciamos de los amigos, compañeros de trabajo y familiares.

PASOS PARA SUPERAR LA DESILUSIÓN

En un principio, un joven que había perdido su trabajo pensó que nunca superaría la desilusión. No estaba preparado para el sentimiento de pérdida que sufrió cuando le dijeron que despejara su escritorio. No obstante, una semana después, pudo meditar en las circunstancias que habían conducido al momento en que había sido despedido. Había estado trabajando de diez a doce horas diarias, a veces seis o siete días a la semana. Solo llevaba un corto tiempo de casado y su relación con su esposa se había vuelto tensa.

El hecho de que lo despidieran de su trabajo le dio la oportunidad adecuada para detenerse y pedirle a Dios que le ayudara a tener una perspectiva correcta del futuro. A veces, Dios permite la desilusión para corregir nuestra posición. Pero el objetivo de toda decepción es el mismo: aguzar nuestro enfoque en Dios y prepararnos para una mayor bendición. Verlo de otra manera es rechazar la fe que Dios nos llama a mantener.

¿Cómo manejar los sentimientos de desilusión y desaliento?

Dése cuenta de que Dios está al tanto de sus circunstancias. Nada lo toma desprevenido. Él sabía que la adversidad le golpearía a usted. Por lo tanto, que su primera reacción sea volverse en dirección a Él: «Señor, ayúdame a encontrarle sentido a todo esto. Estoy dolido y no entiendo lo que está pasando. Sé que estás al tanto de mi situación y de cómo mi corazón está quebrantado. Por favor, muéstrame el camino a través de este tiempo de desilusión».

He visto gente mayor, que ha trabajado muchos años en una compañía, quedar cesantes o sufrir una degradación. Por lo general, una de las primeras cosas que preguntan es: «¿Qué pasará conmigo? ¿Cómo enfrentaré el día de mañana?». En épocas de adversidad, debe recordar que aunque usted esté en extremo anonadado por la desilusión, Dios nunca lo está.

Vivimos en un mundo caído en el que las decisiones a menudo se toman sin pensar mucho en lo que van a resultar afectadas nuestras vidas. Es entonces cuando la gracia y la misericordia de Dios entran en juego. Si usted confía en Él durante una temporada difícil, verá cómo le ayuda a superar la herida y a llegar a un estado de extrema bendición.

Entienda que la desilusión es parte de la vida. Por mucho que quiera aislarse del sufrimiento de cualquier tipo, no podrá. Las desilusiones van a llegar. Tendrá que tomar una decisión con respecto a si estará airado y abrumado por la situación o si le permitirá a Dios obrar en sus circunstancias.

Aparte de que necesita reconocer los sentimientos que se han acumulado en usted, también necesita mantenerse firme en su fe. ¿Le ha fallado Dios alguna vez? Nunca. Puede que haya permitido que algunas cosas salgan diferentes a como usted planeaba o quizás deseaba, pero todas y cada una de las veces que usted se ha enfrentado a un instante de desaliento, Él ha estado ahí mismo al lado suyo, con deseos de que usted le pidiera Su fortaleza, sabiduría y visión.

Muchas veces la gente no hace eso porque quiere sentirse un poco deprimida para llamar más la atención. En otras palabas, disfrutan la autocompasión. Aquí hay un problema que con frecuencia pasa inadvertido hasta que es demasiado tarde. Satanás está tramando y planificando su desaliento.

Dios no quiere que suframos. Sin embargo, hay momentos en que Él permite que la desilusión toque nuestras vidas con vistas a un propósito mayor. Nos acerca a Él. Santiago escribió: «Acercaos a Dios, y él se acercará a vosotros» (Santiago 4.8). Si le resiste, la carga de su corazón lo que hará es ponerse más grande y pesada.

Las personas que recibieron la carta de Santiago no llevaban vidas de ocio, comodidad ni placer. La mayoría formaban parte de lo que se conoce como la Dispersión, o la Diáspora. Muchos creyentes judíos habían sido forzados por el gobierno romano a abandonar sus casas y familias. Algunos se marcharon de forma voluntaria y otros bajo la amenaza de la maldad y violencia de Nerón contra los cristianos. El asunto que Santiago está señalando es que, a pesar de sus circunstancias, usted puede tener una sensación eterna de gozo y paz en lo profundo de su corazón.

También les exhortó: «Tened por sumo gozo cuando os halléis en diversas pruebas, sabiendo que la prueba de vuestra fe produce paciencia. Mas tenga la paciencia su obra completa, para que seáis perfectos y cabales, sin que os falte cosa alguna» (Santiago 1.2-4).

El gozo de Dios no está basado en nada que este mundo tenga que ofrecer. Está arraigado en la promesa eterna que usted ha recibido por medio de Jesucristo. Es decir, si deposita su fe en Él, le salvará de sus pecados y de la muerte eterna. También le dará la gracia de vivir con esperanza a pesar de sus circunstancias. Aquellos creyentes judíos necesitaban que se les recordaran los caminos de Dios:

Él es fiel.

Él le ama con amor eterno.

Él está cercano a cualquiera que cree en Él.

Él proveerá una salida para cualquier dificultad.

Él lleva sus cargas.

Tenga esperanza, porque la esperanza es contagiosa. Piense por un momento en todas las personas que conoce y que están sufriendo alguna clase de desilusión. Como cualquiera de nosotros, con toda probabilidad podrá nombrar unas cuantas. En una escala más amplia, sabemos que hay tremendo sufrimiento y desaliento en nuestro mundo. Cuando alentamos a alguien que está sufriendo, también recibimos una bendición.

Primero, debemos recordar que Dios nunca ha dejado de cumplir ni una sola de sus promesas. Hay esperanza incluso para la situación más tenebrosa, porque Jesucristo es nuestra luz eterna. Por tanto, cuando aprendemos a ofrecer esperanza a otros que sufren, estamos haciendo lo que Él hizo por nosotros. Estamos ofreciendo una esperanza que no avergüenza (Romanos 5.5). El hecho es que la esperanza y la desilusión no pueden coexistir.

El salmista preguntaba:

> ¿Por qué te abates, oh alma mía,
> Y por qué te turbas dentro de mí?
> Espera en Dios; porque aún he de alabarle,
> Salvación mía y Dios mío (Salmo 42.11).

En segundo lugar, igual que la esperanza es contagiosa, la desilusión puede engendrar lo mismo en los que le rodean. El desaliento, el cinismo y la ira pueden afectar a los amigos, familiares y compañeros de trabajo.

La mayoría de nosotros hemos experimentado esto alguna vez. Tomamos el teléfono y llamamos a un amigo o familiar, solo para preguntarnos después por qué hicimos la llamada. Después de escuchar durante unos pocos minutos todo lo malo que está sucediendo en su vida, de repente nos sentimos desalentados con nuestra propia situación.

Cuando esto ocurra, es bueno recordar que la desilusión solo dura un tiempo. Si usted está pasando por una grave enfermedad puede sentirse como si durara toda la vida. He visto a creyentes que han tenido cáncer y han permanecido firmes en su fe. Por otro lado, he visto con pena cómo otros se han hundido en la depresión y han deseado abandonar esta vida.

El apóstol Pablo nos recuerda: «No os ha sobrevenido ninguna tentación que no sea humana; pero fiel es Dios, que no os dejará ser tentados más de lo que podéis resistir, sino que dará también juntamente con la tentación la salida, para que podáis soportar» (1 Corintios 10.13). En este contexto Pablo usó la palabra *tentación* para decir sufrimiento, desilusión y prueba.

La palabra griega *peirasmos* significa prueba con un propósito y efecto beneficiosos. Dios las permite, pero solo con el expreso propósito del refinamiento espiritual, mediante el cual usted se hace más parecido a Su Hijo. El objetivo de Dios siempre es acercarle a Él. Quiere formar su vida de modo que refleje ante los demás Su amor, misericordia, gracia y fidelidad.

Una vez que usted conoce los motivos de la desilusión, también comprende que hay una forma correcta y otra incorrecta de responder a las pruebas de la vida. La forma incorrecta es convertirse en crítico, cínico y deprimido. Esas son evidencias de la obra de Satanás y no tienen lugar en la vida de un creyente.

Reconozca que las desilusiones se pueden superar. Cuando sobreviene la adversidad, usted tiene una alternativa. Puede decir: «Un momento. Yo no escogí estar deprimido. ¡La depresión me escogió a mí!» Cómo llegó la depresión a su vida no es el asunto, pero su reacción sí lo es. Usted puede sentirse conmocionado, herido y airado, y puede querer huir. Está bien. Pero si se aferra a cualquiera de esos sentimientos, le atará y lo alejará de la bondad de Dios y las circunstancias en las que se encuentre serán más tenebrosas.

El autor de Hebreos nos anima a no darnos por vencidos: «Ninguna disciplina al presente parece ser causa de gozo, sino de tristeza; pero después da fruto apacible de justicia a los que en ella han sido ejercitados» (Hebreos 12.11). Se nos disciplina o entrena mediante la desilusión, para confiar en Dios con un corazón y una mente indivisos. Vencemos la desilusión si nos mantenemos fuertes en nuestra fe y no fluctuamos en dudas ni autocompasión.

Pablo alienta nuestra confianza con este recordatorio:

¿Quién nos separará del amor de Cristo? ¿Tribulación, o angustia, o persecución, o hambre, o desnudez, o peligro, o espada?.... Antes, en todas estas cosas, somos más que vencedores por medio de aquel que nos amó. Por lo cual estoy seguro de que ni la muerte, ni la vida, ni ángeles, ni principados, ni potestades, ni lo presente, ni lo porvenir, ni lo alto, ni lo profundo, ni ninguna otra cosa creada nos podrá separar del amor de Dios, que es en Cristo Jesús, Señor nuestro (Romanos 8.35, 37–39).

Muchas veces nos sentimos tentados a pensar: *Bueno, ese es Pablo el que habla. Seguro que él no pasó por las pruebas y tentaciones que tenemos que enfrentar hoy en día.* Lo cierto es que, en la mayoría de los casos, soportó situaciones que fueron mucho más severas que las que encontramos hoy. De ellas nos habla en 2 Corintios 11.24-28:

De los judíos cinco veces he recibido cuarenta azotes menos uno. Tres veces he sido azotado con varas; una vez apedreado; tres veces he padecido naufragio; una noche y un día he estado como náufrago en alta mar; en caminos muchas veces; en peligros de ríos, peligros de ladrones, peligros de los de mi nación, peligros de los gentiles, peligros en la ciudad, peligros en el desierto, peligros en el mar, peligros entre falsos hermanos; en trabajo y fatiga, en muchos desvelos, en hambre y sed, en muchos ayunos, en frío y en desnudez; y además de otras cosas, lo que sobre mí se agolpa cada día, la preocupación por todas las iglesias.

Pablo tuvo una oportunidad tras otra de desalentarse, pero nunca lo hizo. En lugar de eso, escribió en Filipenses 4.13: «Todo lo puedo en Cristo, que me fortalece».

Cuando llega la desilusión ¿qué hace usted? ¿Le pide a Dios que le dé Su perspectiva? ¿O piensa: *La vida es muy mala. No voy a salir adelante nunca*? ¿O usted ora: «Señor, esto de verdad que es difícil. Por favor, muéstrame cómo responder a la prueba por la que estoy pasando. Ayúdame a aprender lo que quieres que yo aprenda de esta dificultad»? Un corazón abierto a Dios es un paso fundamental para obtener fortaleza y libertad durante las desilusiones profundas.

DIOS TIENE UN PLAN MARAVILLOSO

Cuando la vida de una persona ha sido destruida por la desilusión, no está capacitada para pensar con claridad ni con los principios de Dios en mente. En vez de superar un problema en oración con el Señor, puede reaccionar diciendo cosas que más tarde preferirá no haber dicho. O puede tomar una decisión necia que solo le producirá más desilusión.

Cuando nos sentimos abandonados por Dios, tenemos que arreglar de inmediato nuestros sentimientos. Demasiadas personas se apartan de la devoción a Dios por albergar el desaliento en sus corazones. Hay un momento en que van a la iglesia, estudian sus Biblias y adoran al Señor con la alabanza, el canto y la oración, pero nada más. Han quedado desilusionadas con la vida y con Dios.

La desilusión puede ser un caldo de cultivo para la amargura y el resentimiento. Estos pueden abrir un hueco emocional en su alma si usted no es diligente en sus pensamientos y su devoción a Dios. Una mujer que luchaba con la depresión comentaba: «Es que ya no tengo deseos de levantarme para ir a la iglesia». Sin embargo, la iglesia era el lugar donde debía estar. Si está luchando en cualquier área, lo más inteligente que puede hacer es pedirle a Dios que le guíe a una iglesia bíblica en la cual pueda escuchar Su Palabra predicada sin compromisos.

El mundo no le puede alentar. Solo le llevará a más cinismo y desesperación. Satanás es el príncipe de este mundo, pero usted no quiere caer bajo su influencia. Sin importar lo que le cueste, vaya a la Palabra de Dios y pídale a Él que le guíe a través de las tinieblas que usted está atravesando. Cuando lo haga, Él responderá sus oraciones y también le dará una luz de esperanza para su situación.

¿Cómo supera la desilusión? Es probable que usted haya leído el Salmo 23 muchas veces. No obstante, quiero que vea algunos principios importantes escritos en este salmo.

Primero: dése cuenta de que David escribió esas palabras durante un tiempo de dura prueba. Se hallaba en un valle emocional, pero también tenía que vérselas con una amenaza física extrema. Cuando llega la desilusión, lo primero que tenemos que hacer es lo mismo que hizo David. Se volvió a Dios. La evidencia está en la oración inicial del salmo: «Jehová es mi pastor; nada me faltará» (v. 1).

Con esas pocas palabras obtenemos un cuadro preciso de la inconmovible fe de David en Dios. Cuando llegan los problemas, mucha gente se pregunta: «¿Qué voy a hacer?». Buscan dentro de sí mismas la respuesta, pero David sabía quién era la fuente de su fortaleza. Dios le mostraría cómo resolver no solo la situación, sino también cualesquiera sentimientos de desilusión.

Sigue diciendo: «En lugares de delicados pastos me hará descansar; junto a aguas de reposo me pastoreará» (v. 2). Cuando nuestros corazones están en sintonía con el Señor tenemos una sensación quieta y reposada de paz. Aunque quizás estemos en medio de momentos de pruebas tremendas, podemos hacer lo que hizo David: andar derecho a través del valle sin sentirse abrumado por el temor.

La paz es un flujo natural de un corazón que está concentrado en Cristo. Puede que sepa por qué Dios le ha permitido llegar a la desilusión, la frustración o a una profunda pena, o puede que no. No obstante, lo más importante es el objeto de su fe. ¿Está centrada en Dios o en la capacidad que usted tiene? El corazón de David estaba centrado en Dios, por tanto pudo decir:

> Confortará mi alma;
> Me guiará por sendas de justicia
> por amor de su nombre.
> Aunque ande en valle de sombra de muerte,
> No temeré mal alguno, porque tú estarás conmigo;
> Tu vara y tu cayado me infundirán aliento (vv. 3-4).

Si usted realmente quiere tener paz en su vida, confíe a Dios sus problemas, su futuro y su vida entera. Él tiene solo planes buenos para usted, pero usted tiene que estar dispuesto a andar junto a Él tanto por los valles como en los tiempos de gozo despreocupado.

Segundo: David admitió que había un problema. No trató de negarlo ni de desatenderlo. Fuera lo que fuera lo que enfrentaba, se sentía en tinieblas y presionado. Recuerde: había sido ungido como rey de Israel, pero Dios todavía no le había colocado en el trono. Cada día lo vivía con una promesa de Dios guardada en lo profundo de su corazón.

Tenemos que preguntarnos cuántas veces Satanás no le susurraría: «Nunca vas a ser rey» o «Morirás en batalla antes de ascender al trono». La existencia del enemigo está basada en su capacidad de alejarnos de Dios mediante la duda. Sin embargo, David no dudó. Tenía una relación personal y amorosa con el Dios del universo y sabía que, a su debido tiempo, cada promesa que el Señor le había hecho se cumpliría.

David llevó esto un paso más adelante: incluso si no pasaba nada continuaría confiando en el Señor su Dios. Había aprendido un principio clave: «Sin fe es imposible agradar a Dios, porque es necesario que el que se acerca a Dios crea que le hay, y que es galardonador de los que le buscan» (Hebreos 11.6; ver también los vv. 32-33).

Tercero: David comprendia que Dios no había enviado la prueba a la que se enfrentaba. El Señor la había permitido con un propósito. En vez de sumirse en lo profundo de la desesperación, David reaccionó según los principios que le habían enseñado a obedecer: de inmediato se volvió a Dios, admitió que tenía un problema, una prueba, y que no tenía la capacidad de enfrentarla por sus propios medios. Después, se negó a dejarse vencer por el ataque del enemigo. Tenía el suficiente discernimiento como para darse cuenta de que Dios tenía algo que quería que él aprendiera.

Lo mismo es válido para usted. Cuando llegue el problema, sepa, sin la menor duda, que hay algo en la prueba que Dios quiere enseñarle. La pregunta es: ¿quiere aprenderlo? David quiso aprender más sobre Dios y Sus caminos y confío en que ese sea también el propósito suyo.

Cuarto: David no desvió su atención, la mantuvo en Dios. Llegarán momentos en que usted reciba información contradictoria. Una persona le dice una cosa, pero su mente le guía en otra dirección. Si hay un conflicto dentro de usted, pídale a Dios que le muestre con toda claridad Su camino y Su voluntad.

Lo más prudente que puede hacer es ir a sus rodillas con la Palabra de Dios y clamar: «¡Oh, Dios, habla a mi corazón! Muéstrame lo que tengo que hacer. Ayúdame a escuchar tu voz para que pueda tener una guía clara a través de este tiempo de problemas».

A veces, cuando usted hace esto, Dios le catapultea de la desilusión, porque se ha vuelto a Él en fe. Usted confía en Él, y no hay forma de que pase por alto sus oraciones (Jeremías 33.3).

David recordaba a menudo los momentos en que Dios le había librado en el pasado. La piedra angular de su fe era la fidelidad de Dios.

Una y otra vez había presenciado la bondad de Dios obrar en su vida, por tanto, podía decir: «Aderezas mesa delante de mí en presencia de mis angustiadores; unges mi cabeza con aceite; mi copa está rebosando» (Salmo 23.5).

Por último: David confesó con su boca que Dios haría exactamente lo que había prometido. Era Dios y no había nadie como Él. Dios tenía el control completo de la vida de David: «Ciertamente el bien y la misericordia me seguirán todos los días de mi vida, y en la casa de Jehová moraré por largos días» (Salmo 23.6). En lo que se refería a devoción, no había dudas en la vida de David. Estaba comprometido por completo con Dios.

Usted puede desactivar la mina de la desilusión si confiesa la verdad de Dios. Vuélvase a Su Palabra y estudie su fidelidad, atributos y promesas personales para usted. Profundice y obtendrá una tremenda perspectiva de Su naturaleza, quién es Él y la profundidad de Su amor íntimo hacia usted. Él siempre escucha cuando usted le ora, e irá en ayuda suya de la misma forma en que lo hizo con David.

NUEVE

LA MINA DEL TEMOR

Teniendo como trasfondo en su mente los edificios de Londres, destruidos por los bombardeos, Winston Churchill sacudió la fe vacilante de su nación con estas palabras: «Nunca cedan, nunca cedan, nunca, nunca, nunca, nunca; en nada, grande ni pequeño, largo ni corto; nunca cedan, excepto a los llamados del honor y del sentido común. Nunca se sometan a la fuerza, nunca se sometan al poder del enemigo, por abrumador que parezca».

Inglaterra estaba al borde del desastre. El pueblo había sufrido meses de incursiones aéreas y bombardeos diarios. Muchos niños de la ciudad habían sido enviados a vivir con familias del campo, extraños que se habían ofrecido para recibirlos y cuidarlos. El temor llenaba el corazón del pueblo y les hubiera vencido, a no ser por dos cosas: su voluntad y su fe.

En 1942 Churchill dijo: «Ahora, este no es el fin. No es ni siquiera el principio del fin». El pueblo británico y sus aliados siguieron adelante hasta ganar la Segunda Guerra Mundial, pero no sin sufrir serias pérdidas e intensos padecimientos. En cualquier momento podían haber cedido al temor y haber renunciado la libertad que les era tan preciada.

UNA AMENAZA APARENTE

La mina del temor es un arma poderosa. Como las otras minas que se mencionan en este libro, tiene la capacidad de impedirnos experimentar las bendiciones de Dios. Sin embargo, la mina del temor lleva este concepto a un nivel más profundo. Puede paralizarnos hasta el punto de hacernos perder la perspectiva divina de las circunstancias que nos rodean. Nubla nuestra visión del futuro y nos deja enfrentados con las dudas. Cuando nuestra vida está envuelta en el temor, no podemos imaginar la bondad que Dios tiene para con nosotros

Los británicos se enfrentaron a una amenaza muy real. No obstante, aunque soportaron ataques noche tras noche durante muchos meses, la luz de su esperanza no se extinguió. De hecho, una cosa notable comenzó a suceder. Mientras más los bombardeaban, más resueltos se volvían a no ceder al enemigo.

Hay momentos en nuestras vidas en que la batalla con el temor parece intensificarse hasta un punto en que nos sentimos tentados a darnos por vencidos. Lo que puede haber comenzado como una amenaza sutil se incrementa con rapidez hasta convertirse en una guerra en regla. Como los británicos, tenemos una opción: podemos sucumbir al temor o usarlo para fortalecernos en nuestro andar con Cristo. ¿Cómo se hace esto? Siempre que ponga su fe en Cristo y resuelva no ser víctima de la mina del temor ni de ninguna otra, verá que Dios le dará la fortaleza para la batalla. El profeta Isaías escribió:

El da esfuerzo al cansado, y multiplica las fuerzas al que no tiene ningunas.... pero los que esperan a Jehová tendrán nuevas fuerzas; levantarán alas como las águilas; correrán, y no se cansarán; caminarán, y no se fatigarán (Isaías 40.29-31).

¿Cuál es su mayor temor? Algunos de los que leen estas líneas ni siquiera lo sabrán. Hay una tensión interior, un temor residente, pero no hay forma de definirlo. Está ahí la mayor parte del tiempo y usted se pregunta si alguna vez se verá libre de su garra. La respuesta es: ¡Sí! La liberación llegará; sin embargo, antes debe creer que Dios tiene la capacidad de liberarle.

Debe llegar a un punto en que sepa que Dios es quien dice ser y que el futuro de usted y de todo lo que le concierne está envuelto en Su amoroso cuidado. No puede haber dudas. Cuando usted se dé cuenta de esto, incluso aunque las tormentas de la vida lo azoten, no se desviará de su rumbo.

Si Inglaterra hubiera cedido ante el enemigo, el mundo tendría hoy un aspecto muy diferente. Lo mismo es válido para nosotros. Si cedemos a las palabras de ansiedad y temor de Satanás, nuestras vidas cambiarán de forma dramática. Tomarán una nueva apariencia y se convertirán en algo diferente de lo que Dios quiere que experimentemos.

Una persona temerosa se pregunta qué dificultad o situación de prueba le está aguardando en el siguiente recodo del camino. Le preocupa que algo salga mal y que esté mas allá de su capacidad resolverlo. No se da cuenta de que al entregarse al miedo ha pisado uno de los artefactos más destructivos que existen: la mina del temor.

Aunque algunas pruebas pueden parecer más de lo que podemos manejar, nunca serán más de lo que Dios puede manejar. El apóstol Pablo nos recuerda: «Así que la fe es por el oír, y el oír, por la palabra de Dios» (Romanos 10.17). Nunca debemos olvidar que el primer paso para vencer el temor es ganar la verdad y el conocimiento. Cuando nos lleguen pensamientos de temor, debemos tomar una decisión basada en la verdad que conocemos. Si nuestra mente está programada con la Palabra de Dios podremos discernir la realidad de la ficción, y una amenaza real de un peligro aparente.

Alguna gente escucha la Palabra de Dios que se enseña en la iglesia, pero nunca aplica sus principios a su vida, de modo que cuando llega una amenaza se sienten indefensos. Pero no lo están. Jesús dijo a sus seguidores: «¿No se venden dos pajarillos por un cuarto? Con todo, ni uno de ellos cae a tierra sin vuestro Padre. Pues aun vuestros cabellos están todos contados. Así que, no temáis; más valéis vosotros que muchos pajarillos» (Mateo 10.29–31).

Habrá momentos en que nos preguntemos si Dios comprende en realidad lo que estamos pasando. Podemos estar seguros de que sí. Él nunca nos abandona y siempre provee la fortaleza y la sabiduría que necesitamos para cada situación.

El enemigo también está observando. Está presto a lanzar un ataque temible contra su corazón, pero usted no tiene que ser su víctima. Usted tiene un arsenal poderoso a su disposición a través de Jesucristo.

En el libro de Nehemías, en el Antiguo Testamento, leemos que las murallas que rodeaban la ciudad de Jerusalén habían sido derribadas por un ataque enemigo. La mayoría del pueblo había huido o había sido llevado en cautiverio. Parecía que no había esperanza de reconstruir el muro. Pero Dios motivó al corazón de Nehemías a hacer la obra.

En aquellos días, un muro alrededor de una ciudad significaba protección y seguridad. Sin muros fortificados, los residentes eran vulnerables a un ataque enemigo. Mientras Nehemías ponía manos a la obra en la reconstrucción de los muros, sus enemigos se pusieron también en movimiento. Profirieron una amenaza temible tras otra. Sin embargo, Nehemías se negó a detener las obras (Nehemías 4). Dios le había dado una misión y él no iba a ceder al miedo.

El enemigo de su alma es implacable. Arremeterá contra usted con palabras de duda, tratando de hacerle pensar que es incapaz de hacer la obra que Dios le ha llamado a hacer, o que ha malinterpretado al Señor de alguna forma.

Cuando sus enemigos conspiraron contra él, la fe de Nehemías se mantuvo firme. Escribió:

Entonces oramos a nuestro Dios, y por causa de ellos pusimos guarda contra ellos de día y de noche.... Y nuestros enemigos dijeron: No sepan, ni vean, hasta que entremos en medio de ellos y los matemos, y hagamos cesar la obra.

Pero sucedió que cuando venian los judíos que habitaban entre ellos, nos decían hasta diez veces: De todos los lugares de donde volviereis, ellos caerán sobre vosotros.

Entonces, por las partes bajas del lugar, detrás del muro, y en los sitios abiertos, puse al pueblo por familias, con sus espadas, con sus lanzas y con sus arcos.

Después miré, y me levanté y dije a los nobles y a los oficiales y al resto del pueblo: No temáis delante de ellos; acordaos del Señor, grande y temible, y pelead por vuestros hermanos, por vuestros hijos y por vuestras hijas, por vuestras mujeres y por vuestras casas.

Y cuando oyeron nuestros enemigos que los habíamos entendido, y que Dios había desbaratado el consejo de ellos, nos volvimos todos al muro, cada uno a su tarea (Nehemías 4.9, 11-15).

Vea lo que Nehemías *no* hizo. No se llenó de pánico, ni se volvió temeroso ni cínico, ni empacó y se fue a casa. Ignoró las amenazas del enemigo, porque había recibido un mandato de Dios para reconstruir los muros de la ciudad.

Usted puede pensar: *Él sabía lo que Dios quería que hiciera.* Pero usted puede saberlo también. La voluntad y el propósito de Dios para su vida no están ocultos. No tiene que adivinar el futuro. Si usted ora y busca la dirección de Dios, Él se la dará.

Por lo común, el temor llega cuando nos sentimos inseguros de nuestra situación. ¿Recuerda como los discípulos reaccionaron ante la tormenta que amenazaba sus vidas en el Mar de Galilea? Marcos nos cuenta que Jesús había estado enseñando parábolas la mayor parte del día. Aunque era Dios por completo, también era un hombre que estaba sujeto a algunas de las mismas limitaciones físicas que nosotros. Estaba cansado, y cuando se montó en el bote en la costa de Galilea, dijo a sus discípulos: «Pasemos al otro lado» (Marcos 4.35).

Marcos continúa: «Y despidiendo a la multitud, le tomaron como estaba, en la barca; y había tambien con él otras barcas. Pero se levantó una gran tempestad de viento, y echaba las olas en la barca, de tal manera que ya se anegaba. Y él estaba en la popa, durmiendo sobre un cabezal» (vv. 36-38).

Imagínese lo que es tener al Hijo de Dios dormido en su bote. Pero aquellos hombres olvidaban el poder del Hombre que estaba con ellos. Se llenaron de pánico. En el momento en que se sientieron en extremo amenazados se volvieron temerosos. Eran pescadores curtidos. Conocían lo que era estar en medio de una tormenta en el Mar de Galilea y sabían que aquella no era una tormenta ordinaria. Pero eso no amenazaba al Salvador.

Algunas de las tormentas que lo azotan serán más grandes de lo que usted pueda imaginar. Querrá clamar, igual que los discípulos: «¿No tienes cuidado que perezco?».

Dios sí tiene cuidado, y quiere que aprendamos a responder al temor cuando sobrevenga. Su plan no es que nos derrumbemos llenos de ansiedad; en lugar de eso, quiere que sepamos que Él está al tanto de lo que acontece. Y también tiene en mente lo mejor para nosotros. Aunque lleguen los problemas, promete sacar un bien de cada uno de ellos (Romanos 8.28).

¿Cómo quería Jesús que aquellos hombres respondieran a esa situación pavorosa?

Quería que supieran que Él estaba al tanto de la situación, aunque pareciera que estaba dormido. Su cuidado eterno, soberano, infinito y amoroso por ellos no estaba limitado en manera alguna por las circunstancias. Tenía el control del viento, la lluvia y el mar. Era Dios en la carne y sabía muy bien lo que estaba pasando alrededor de su pequeño bote. Lo mismo es válido con respecto a la vida de usted.

Quería que se le acercaran con fe, no con temor. No estaba sorprendido por el temor de ellos, y por supuesto que dejó en claro que era Dios. Marcos continúa: «[Los discípulos] le despertaron y le dijeron: Maestro, ¿no tienes cuidado que perecemos? Y levantándose, reprendió al viento, y dijo al mar: Calla, enmudece. Y cesó el viento, y se hizo grande bonanza. Y les dijo: ¿Por qué estáis así amedrentados? ¿Cómo no tenéis fe?» (Marcos 4.38-40). ¿Cuántas veces cada uno de nosotros no ha querido clamar: «Dios, ¿no te importa que estoy herido y temeroso?».

Puede que la tormenta ruja alrededor suyo. Puede haber perdido su trabajo, o acabar de recibir noticias de que tiene una enfermedad grave. Su corazón se acelera de solo pensarlo y no sabe lo que va a hacer. Pero Dios sí, y aunque parezca que está callado o «dormido», no lo está. El salmista nos asegura: «Ni se dormirá el que te guarda» (Salmo 121.3). Por lo tanto, puede confiar en Él para que le mantenga firme cuando las tormentas de la vida soplen duro contra usted. La victoria sobre el miedo la obtendrá cuando aprenda a enfocarse en el Salvador y en las enseñanzas que tiene para usted.

Antes de la jornada, Jesús dijo a los discípulos que iban a «pasar al otro lado» del lago. Tenía un destino en mente y también un principio que Él quería que ellos aprendieran y obedecieran.

Jesús puede haberse acostado a dormir, pero también permitió que la tormenta se desarrollara para que los hombres admitieran que su único auxilio era Él. Una vez que esto sucedió, se levantó y le ordenó al viento y las olas que callaran y enmudecieran (Marcos 4.39). Quizás usted necesite que el Salvador haga lo mismo para usted. Si es así, Él lo hará.

ATRAVESAR EL VALLE

David escribió: «Aunque ande en valle...» (Salmo 23.4).

Jesús les dijo a sus discípulos: «Pasemos al otro lado» (Marcos 4.35).

Dios le instruyó a Josué: «Esfuérzate y sé valiente, porque tú repartirás a este pueblo por heredad la tierra» (Josué 1.6).

Palabras como *pero* y *qué pasa si* no encajan en expresiones como estas. Josué era demasiado listo como para discutir con Dios. Cuarenta años antes había visto los resultados del razonamiento negativo, el pensamiento vacilante y los pronósticos medrosos (Números 13-14). Fue cuando Israel estaba por primera vez a las puertas de la tierra que Dios había prometido darles. En esa época, el temor desbordaba sus corazones. En vez de entrar y reclamar lo que Dios les había dado, se volvieron medrosos y rehusaron obedecer al Señor. ¿Qué había en el centro de su miedo infundado?

- falta de fe en Dios

- falta de confianza en Su provisión

- ignorancia de Su presencia

- rechazo de Su protección eterna

- inadvertencia de Su amor incondicional

Cuando usted ignora la soberanía y el tremendo cuidado providencial de Dios, termina por enfrentarse al miedo. Puede preguntarse: «¿Sabía Dios que yo iba a quedar cesante en el trabajo?». La respuesta es sí. Entonces la pregunta cambia: «¿Por qué no hizo nada para impedir que eso ocurriera?».

Nunca debemos olvidar una sencilla verdad: aunque los problemas lleguen de vez en cuando y cambien el paisaje de nuestra vida, Dios nunca cambia (Hebreos 13.8). Él es fiel, y podemos superar los temores porque Él tiene el control. Está con nosotros, junto a nosotros y dentro de nosotros por medio de la presencia del Espíritu Santo (Mateo 28.20). Ha prometido guiarnos, dirigirnos y llevarnos a través de todas las pruebas.

El profeta Isaías escribió:

> Jehová te pastoreará siempre, y en las sequías saciará tu alma, y dará vigor a tus huesos; y serás como huerto de riego, y como manantial de aguas, cuyas aguas nunca faltan (Isaías 58.11).

El temor no le asienta a usted. Puede haber momentos en que sienta pánico; por ejemplo, está manejando y de repente un auto se dirige directo hacia usted, o recibe la noticia de que un ser querido ha fallecido. Es entonces cuando necesita reclamar las más preciosas promesas de Dios.

Una está en Romanos 8.28: «Y sabemos que a los que aman a Dios, todas las cosas les ayudan a bien, esto es, a los que conforme a su propósito son llamados». Su llamado es a que confiemos en Él, vivamos para Él, dediquemos nuestras vidas a Él y le permitamos guiarnos a un lugar donde nos pueda usar para gloria suya. Cuando andamos conforme a su voluntad, Él no permitirá que los problemas nos venzan.

¿Como es que el temor se convierte en un problema en la vida de una persona?

El temor sobreviene como resultado de nuestra crianza. Sin darse cuenta del daño que están haciendo, los padres pueden provocar una respuesta temerosa en nuestro corazón.

Cuando yo era un jovencito, mi madre siempre me estaba advirtiendo que tuviera cuidado. Como la mayoría de los padres, ella solo estaba tratando de enseñarme a ser cuidadoso, en especial mientras repartía periódicos. Con regularidad me gritaba que tuviera cuidado con los autos para que «no me dieran». Como ella no había aprendido nunca a nadar, me decía también: «No vayas muy cerca de lo profundo». Me llevó mucho tiempo aprender a nadar porque le tenía miedo al agua. Usted podría hacer una lista de las cosas que los demás le han dicho que no haga como resultado del miedo que ellos mismos tienen.

Cuando yo era niño, tenía miedo a la oscuridad. En algún momento alguien me debe haber dicho algo que me hacía sentir temeroso cuando las luces se apagaban. Recuerdo las noches en que me iba a dormir tapado hasta la cabeza con las colchas.

Hubo un momento en que me cansé de estar acobardado, lleno de temor. Cuando me sentía temeroso, oraba. Si estaba oscuro y tenía que repartir periódicos, oraba pidiendo la seguridad y protección de Dios. Pronto el miedo empezó a desvanecerse. Con el tiempo, aprendí a confiar en Dios aún más. Ni siquiera pensaba si estaba oscuro o claro. Me hallaba concentrado en el Señor.

Este solo hábito me ayudó a establecer un patrón para mi vida, que es el de levantarme y orar cada mañana antes de comenzar mis actividades. Nunca podré estar agradecido lo suficiente a Dios por mi lucha contra el temor, porque fue el catalizador que me llevó a una relación más cercana con Él. Considere esta posibilidad: Dios puede haber permitido que usted sintiera miedo para revelarle más de sí.

Luchamos contra el temor porque permitimos que nuestras ideas vayan a lugares que Dios no quiere. La mayoría de los eventos que tememos nunca se realizan. Nuestros temores son infundados. Mientras nos preocupamos por el próximo fracaso, muerte y destrucción, Satanás se sonríe, porque sabe que tiene toda nuestra atención. Lo que cautiva su atención le cautiva a usted.

Nuestra imaginación es uno de los dones más poderosos que Dios nos ha dado. Cada puente, edificio o gran estructura que se haya diseñado comenzó como un pensamiento en la imaginación de alguien.

Dios le sostiene por completo a usted y su vida en Su puño, y no permitirá que le ocurra nada que no sea parte de Su voluntad o propósito.

El salmista escribió:

Me diste asimismo el escudo de tu salvación;
Tu diestra me sustentó,

Y tu benignidad me ha engrandecido.
Ensanchaste mis pasos debajo de ti,
Y mis pies no han resbalado (Salmo 18.35-36).

A veces tomamos decisiones que están fuera de la voluntad y el propósito de Dios para nuestra vida. Cuando hacemos eso, por lo general nos enfrentamos a las consecuencias de nuestras decisiones. Pero incluso entonces Dios está obrando en nuestra vida. Cuando nos volvemos a Él y admitimos lo que hemos hecho mal, nos levanta nuestras emociones y empieza a darnos el aliento para salir del problema.

La ignorancia de las promesas de la Palabra de Dios nos conduce al temor. Demasiadas personas han olvidado el poder emocional que tienen disponible a través de las promesas de Dios. Por ejemplo, muchos batallan contra el temor en lo que respecta a su salvación. Han basado su vida en sentimientos y a veces se pueden sentir como si ya no fueran salvos por la gracia de Dios.

Yo crecí en una iglesia en la que se me enseñó a confiar en el Señor Jesucristo como Salvador. Sin embargo, si usted pecaba, perdía la salvación y era posible que muriera y fuera al infierno. Tenía que resolver su pecado con rapidez o pagar el precio de ser pecador una y otra vez.

Un día Dios empezó a hablar a mi corazón y me mostró que Él había muerto por mis pecados de una vez por todas. En otras palabras, me había salvado en base a mi fe en Él y en mi deseo de que fuera mi Salvador. Mi salvación estaba asegurada porque Él había pagado el precio eterno de mi pecado: pasado, presente y futuro. El autor de Hebreos escribió: «Por lo cual puede también salvar perpetuamente a los que por él se acercan a Dios, viviendo siempre para interceder por ellos» (Hebreos 7.25).

Pablo nos instruyó con estas palabras: «Porque todas las promesas de Dios son en él Sí, y en él Amén, por medio de nosotros, para la gloria de Dios. Y el que nos confirma con vosotros en Cristo, y el que nos ungió, es Dios, el cual también nos ha sellado, y nos ha dado las arras del Espíritu en nuestros corazones» (2 Corintios 1.20-22). Y también escribió: «Al que no conoció pecado [Jesús], por nosotros lo hizo pecado, para que nosotros fuésemos hechos justicia de Dios en él» (2 Corintios 5.21). Jesús en realidad tomó nuestro lugar en la cruz. Dios exige un pago por el pecado, y el único que podía hacer el pago era su Hijo, el santo Cordero de Dios (Juan 1.29).

El Espíritu Santo es la promesa de salvación personal de Dios para nosotros (2 Corintios 1.20-22; 5.5). De hecho, su presencia por medio del Espíritu demuestra su compromiso eterno con nosotros. También reafirma que Él planea completar la buena obra que ha comenzado en nuestra vida (Filipenses 1.6). Es una promesa que podemos reclamar. Dios nunca enviaría Su Espíritu para vivir en nuestra vida solo para rescindir la decisión. Una vez que usted ha aceptado a Jesucristo como su Salvador, usted está salvo y sellado con Su Espíritu para siempre.

Por último, el temor a menudo es resultado de una pobre autoimagen. Cuando una persona se siente inadecuada o mal preparada, o que no está a la altura de los demás, un sentimiento de temor rodeará su vida. El temor se disipa cuando comprendemos unas cuantas cosas acerca de Dios:

- Él no está buscando que actuemos de cierta manera. Dios no busca que hagamos ciertas cosas para que experimentemos Su bondad, amor y misericordia. Esos son dones que Él da con libertad a los que llegan a conocerle como Salvador y Señor. Él nunca sacará una cinta métrica para medir el contexto de su vida. Él le conoce y le ama con un amor eterno que no está basado en nada aparte de lo que Su Hijo hizo por usted en la cruz del Calvario. Puede servir en comités, visitar a los enfermos y llevar frazadas a los refugios de desamparados, pero si no conoce el amor personal de Dios por medio de Su Hijo, nada de eso valdrá.

Lo mismo se aplica a los que ya le conocen. Hoy, en especial en nuestra sociedad orientada a las obras, la gente quiere hacer cosas para obtener la entrada al cielo. El don de la salvación de Dios no llega de esa forma. Es un regalo de gracia, uno que no nos merecemos, sino que es otorgado gratis por Dios a los que creen en Su Hijo. El servicio y la adoración son dos aspectos muy importantes de su caminar cristiano, pero practicar más el uno o la otra no significa que su recompensa en el cielo ni su estatus en la tierra será mayor.

- Somos adecuados por medio de Jesucristo. Él es la fuente de nuestra fortaleza y nuestra esperanza viva. Cuando nos llama a hacer cierta tarea, nos equipa. Moisés no tenía ni idea de que pudiera en realidad guiar al pueblo de Israel a salir de la esclavitud en Egipto. Por sí solo no podía. No obstante, Dios le prometió que estaría con él durante toda la jornada: «Y él [el Señor] respondió: Vé, porque yo estaré contigo; y esto te será por señal de que yo te he enviado: cuando hayas sacado de Egipto al pueblo, serviréis a Dios sobre este monte» (Éxodo 3.12). Dios no nos dirige a alcanzar cierto objetivo y luego nos abandona en medio del proceso. Si Él nos llama, asume responsabilidad por que terminemos la misión.

- Necesitamos pedirle a Dios que nos dé la perspectiva correcta. Una autoimagen pobre es el resultado de no verse de la forma en que Dios lo ve. Desde su punto de vista no hay causas perdidas, ni situaciones sin esperanza ni nadie más allá de Su alcance.

¿Cómo cambia usted la forma en que se ve a sí mismo? Pídale a Dios que le muestre mediante Su Palabra la visión que tiene de usted. Quedará sorprendido y alentado al saber que, a pesar de sus pecados pasados, su educación limitada o cualquier cantidad de obstáculos que tenga su autoestima, Dios está interesado solo en su amor y devoción.

Él no le ama en base a lo que haya o no haya hecho. Su amor está basado en una cosa: la muerte de Su Hijo en la cruz del Calvario. Fue allí donde se pagó el castigo por sus transgresiones y donde se quebró el poder del pecado sobre su vida. Puede decir que no a las ideas derrotistas, porque Dios es el que obra a través de usted. Su responsabilidad es decirle que sí y después estar presto a seguirle.

Para cambiar su perspectiva debe aprender a verse a la luz del poder y las posibilidades de Dios. Pedro no era más que un pescador cuando Jesús lo llamó para que fuera uno de Sus discípulos. Mateo era un recaudador de impuestos, que en esa época era uno de los personajes más odiados en la sociedad judía, por su vinculación con el gobierno romano. Además, los recaudadores de impuestos eran notorios por añadir tarifas adicionales para engrosar sus propios bolsillos. Pero cuando Mateo se encontró con el Salvador, dejó atrás aquel estilo de vida y asumió un nuevo papel, uno que le cambió la visión de sí mismo.

Si usted está batallando con sentimientos de baja autoestima, pídale a Dios que le ayude a aplicar a su vida la verdad que se halla en los Evangelios para poder andar en victoria y esperanza como anduvieron esos hombres.

CONSIDERE LAS CONSECUENCIAS

El pecado tiene muchas consecuencias, y un resultado obvio del temor es *una mente dividida*. El centro de nuestros pensamientos ya no está seguro y firme, fijo en Cristo. Al contrario, está fragmentado por ideas sobre nuestras circunstancias, y hallamos difícil concentrarnos en lo que Dios nos ha llamado a hacer.

Si usted tiene temor, no estará dispuesto a correr riesgos. Y si vive una vida piadosa, habrá momentos en que la única opción que le quede será dar un paso de fe y confiar en que Dios le provea una forma de continuar. El temor le grita: «¿Y qué pasa si fallas? ¿No se van a reír todos?».

Dios permitirá que durante su tiempo de vida le lleguen retos y bendiciones que requieran nada más que pura fe. No podrá ver el siguiente peldaño enfrente suyo. De hecho, puede que ni sepa lo que le espera tras la próxima vuelta del camino. La única opción es confiar en la persona que lo sabe todo acerca de usted y de lo que se va a encontrar.

La procrastinación es otra consecuencia del temor. La gente se vuelve temerosa de no hacer algo bien, por tanto, ¡lo aplazan todo! He oído a hombres adultos describir cómo sus padres les decían que no iban a llegar nunca a nada. Por dentro se creyeron esta mentira, y en el transcurso de sus vidas empezaron a aplazar las actividades más insignificantes. Sí, había en esto cierto temor de fracasar, pero tampoco creían que podían tomar una decisión que fuera correcta o significativa, por eso, en vez de tomarla, vacilaban entre cualquier cantidad de opciones.

Quizás, en vez de alentar a un niño a emprender una nueva actividad, un padre persuadió a su hijo a no intentar una tarea porque podía fallar o no tenía la capacidad adecuada. Si le dice a su hija: «Nunca llegarás a ser nada», está colocando los cimientos para que el miedo se desarrolle en su vida. También le ha abierto una puerta ancha a Satanás para que entre y la tiente a estar temerosa de cualquier nueva aventura.

Una joven me contó que su padre le había dicho en repetidas oportunidades que ella no lograría nada en la vida. Durante sus años de secundaria y preuniversitario cumplió con esta profecía de él. Sus notas fueron bajas y los amigos que elegía eran cuestionables. Se casó en cuanto concluyó los estudios y a los pocos años se divorció. En cada momento de fracaso las palabras de su padre aparecían frescas en su memoria. Al final, clamó a Dios en desesperación. Aceptó a Jesucristo como su Salvador y su vida cambió de forma dramática. Al poco tiempo ya estaba involucrada en la obra cristiana. Fue a la universidad, se graduó de primera en su clase y terminó por tener una carrera exitosa trabajando con misioneros que se preparaban para salir a sus campos.

«Me despojé de esa manera de pensar negativa hace mucho tiempo. Nunca he dudado del amor de mi padre, aunque estuviera muy mal dirigido. Después que Cristo llegó a mi vida todo cambió para bien. Mediante el estudio de Su Palabra he aprendido que puedo hacer cualquier cosa que Él me mande a hacer. Creo que las palabras de Pablo son acertadas: "Todo lo puedo en Cristo que me fortalece"» (Filipenses 4.13).

Esta joven podía haberse dado por vencida en cualquier momento. Los comentarios negativos nos pueden dejar temerosos e incapaces de lograr ni el menor resultado. La forma de superar los pensamientos que tratan de paralizarle con temor, duda y desaliento es mantener los ojos fijos en Cristo. Él cree en usted incluso cuando los demás dudan de su capacidad.

En vez de trazarles un camino de temor a nuestros hijos para que transiten por él, tenemos que hallar formas de alentarlos a creer que con la ayuda de Dios pueden hacer cualquier cosa. Limitamos la obra de Dios en sus vidas cuando transferimos nuestras creencias negativas a nuestros hijos. También nos arriesgamos a sofocar la creatividad que Dios les ha puesto en el corazón.

Un hombre admitió que nunca había pensado que podría lograr mucho en la vida. Aunque había tenido la oportunidad de recibir una buena educación, no la había aprovechado. En vez de eso, regresó a casa, se casó y después comenzó la obra de programar la mente de sus hijos con pensamientos negativos. A menudo le decía a su hijo: «¿Sabes? Nunca me fue bien en los estudios, y tú eres igual que yo». Como si fuera una copia perfecta, el hijo creció, fue a la universidad y regresó a casa al cabo de un año.

Cuando nuestro corazón está lleno de temor no intentamos nuevas aventuras. Esto sucede porque el temor limita nuestra capacidad de lograr las metas que Dios quiere que alcancemos y disfrutemos. Incontables personas jamás han corrido un riesgo, porque son temerosas y se preocupan por lo que otros dirán en caso de que fallen. He aquí la antigua verdad sobre el actuar en fe: es mucho mejor intentarlo y fracasar, que retraerse y vivir muy por debajo del nivel que Dios tiene para su vida.

El temor socava la confianza en uno mismo. Es esclavizante y puede abarcar su vida entera. Un hombre anciano admitió que había pasado toda su vida luchando contra un temor invisible. No sabía en realidad cómo había comenzado, pero sabía que estaba ahí. Sentía una vaga sensación de ansiedad que le impedía intentar nada nuevo. Cuando era joven creía que Dios deseaba que entrara al ministerio, pero sus padres no querían que les dejara para ir a la escuela. El mayor temor de ellos era que Dios lo llamara al campo misionero y que ellos no tuvieran a nadie. Lo que tuvieron entonces fue un hombre adulto temeroso, que nunca había alcanzado todo su potencial.

La mayoría de nosotros sabemos cuando estamos cediendo ante el temor. Cada vez que el enemigo nos dice que necesitamos sentir temor, tenemos que recordar en alta voz las promesas de Dios, empezando por 2 Timoteo 1.7: «Porque no nos ha dado Dios espíritu de cobardía, sino de poder, de amor y de dominio propio».

No puede permitir que el temor al fracaso, el rechazo o la vergüenza le impida vivir la vida en su plenitud. Si se está enfrentando a un desafío que parece mayor que su capacidad de manejarlo, pídale al Señor que le ratifique Su voluntad para su vida mediante la Palabra. Él le guiará, y si quiere que usted siga adelante, entonces puede estar tranquilo al saber que Él nunca le llamará a hacer algo sin equiparle para la tarea.

Cuando la gente pregunta: «¿Qué pasa si Dios no cumple Sus promesas?» yo lo que hago es mover mi cabeza sorprendido. Quiero preguntarles: «¿Quiere decir que está preocupado por que Dios no cumpla una promesa?». Nunca tenemos que preocuparnos por eso. Él nos da Sus promesas para alentarnos y ayudarnos a que nos mantengamos concentrados en alcanzar todo nuestro potencial.

LA PROMESA DE DIOS PARA USTED

En el libro de Isaías, el Señor nos da una promesa maravillosa de esperanza. Para apreciarla tenemos que entender que la nación de Israel se hallaba en una condición desesperada. El pecado del pueblo les había apartado lejos de Dios. Les había dejado expuestos a un ataque enemigo y a sentimientos descontrolados de temor.

Sin embargo, Dios tenía una fuerte palabra de aliento y una promesa para ellos. Por medio del profeta Isaías le recordó al pueblo que no los había olvidado:

> No temas, porque yo estoy contigo; no desmayes, porque yo soy tu Dios que te esfuerzo; siempre te ayudaré, siempre te sustentaré con la diestra de mi justicia.
>
> He aquí que todos los que se enojan contra ti serán avergonzados y confundidos; serán como nada y perecerán los que contienden contigo.
>
> Buscarás a todos los que tiene contienda contigo, y no los hallarás; serán como nada, y como cosa que no es, aquellos que te hacen la guerra.
>
> Porque yo Jehová soy tu Dios, quien te sostiene de tu mano derecha, y te dice: No temas, yo te ayudo (Isaías 41.10-13).

El temor es una terrible mina. Es una sensación incómoda de que algo no está bien, aparte de que lo esté o no. Los sentimientos de temor disparan una alarma dentro de nosotros que grita una fuerte advertencia. También crean una sensación rápida de ansiedad al decirnos que estamos a punto de enfrentarnos a algo que puede que no sepamos manejar. Hay temores reales, temores aparentes, y el temor de Dios, que es un temor reverente.

Cuando estoy caminando por los bosques, cosa que hago con frecuencia a causa de mi pasatiempo como fotógrafo, la última cosa que quiero escuchar es el sonido inconfundible de una serpiente de cascabel. Si alguien me preguntara: «¿Le tiene miedo a las cascabeles?» le respondería que sí sin vacilar un momento. Tambien les tengo miedo a las arañas viudas negras. Esos son temores reales. Sin embargo, no controlan mi vida. Sé que puedo reaccionar de forma saludable para evitar situaciones que me pongan en contacto con esas criaturas.

Algunas personas llevan la precaución al extremo y el temor crece en su corazón hasta el punto en que ya no se arriesgan a emprender cosas nuevas y emocionantes. De ninguna manera permitiré que la precaución me impida disfrutar de mi pasatiempo y lo mismo podría ser cierto para usted.

Si tiene un temor que le debilita en cierta área, pídale a Dios que le enseñe a mantenerlo controlado. Recuerde: aun cuando la vida dé un vuelco hacia lo peor, Dios es soberano y Él promete protegernos (Judas 24). Puede que usted no se dé cuenta, pero Dios está cerca, en especial, cuando llegan los problemas, y quiere calmar su temor más inquietante, de manera que, como David, pueda caminar a través del valle y saber que Él está justo al lado suyo.

Nos imaginamos que algo terrible nos va a suceder y no podremos sobrevivir. O nos decimos que nos va a causar tal dolor y pena que no podremos soportar el sufrimiento. Dios no quiere que vivamos en temor. Juan nos recuerda: «En el amor no hay temor, sino que el perfecto amor echa fuera el temor; porque el temor lleva en sí castigo. De donde el que teme, no ha sido perfeccionado en el amor» (1 Juan 4.18).

Para vencer el temor usted debe aprender un sencillo principio que he mencionado una y otra vez en este libro, y que es el principio de la atención. Cuando mantenemos nuestra atención en Jesucristo, las luchas de la vida disminuyen y nuestra fe se fortalece.

Cuando los hermanos de José lo traicionaron y lo vendieron al cautiverio en Egipto, él se concentró en las promesas que Dios le había hecho. Cuando David se enfrentó a Goliat no escuchó las palabras medrosas de sus hermanos y de los que estaban en el ejército de Israel. Se concentró en Dios y obtuvo una tremenda victoria.

Daniel salió ileso del foso de los leones porque se había pasado la noche orando a Dios por protección y liberación. Estaba enfocado solo hacia Dios y no en los leones que seguían con la vista cada uno de sus movimientos.

Pablo, mientras estaba prisionero en Roma, se enfocó en hacer la voluntad de Dios y un regimiento completo del ejército romano llegó a conocer a Jesús como Salvador, porque estuvo absorto en su misión y no en las circunstancias. No tenía fijación con sus incomodidades ni en el hecho de que estaba encadenado a un soldado romano. Su único objetivo era hacer la voluntad de Dios.

A menudo, cuando cedemos al temor, se debe a que nuestra atención ha cambiado. Clamamos como los discípulos durante la furiosa tormenta en el Mar de Galilea.

Dios le ha escogido para cumplir Su voluntad. No hay nadie que pueda hacer lo que Él le ha llamado a usted a hacer. Pero el temor con frecuencia nos impide hacer esto, porque estamos preocupados por nuestras circunstancias. «¿Qué pasa si esto sale mal?» «Me siento tan mal y tan asustado, que no debo intentarlo. Me puede pasar algo a mí o a algún ser querido. ¿Y entonces qué haré?». Pero Jesús dijo: «No temáis, manada pequeña, porque a vuestro Padre le ha placido daros el reino» (Lucas 12.32).

Aunque el temor no pueda matarle desde el punto de vista físico, puede paralizarle y crearle tal sensación de ansiedad que adquirirá una enfermedad, emocional y física. Esta es una de las armas más poderosas de Satanás, y a él le agrada usarla contra nosotros en cada oportunidad. Vigila cada uno de nuestros pasos, buscando una brecha en nuestras emociones. Cuando ve una, reacciona con rapiez: «Tienes que tener cuidado». «No hagas eso. Que otro lo intente. Tú sabes lo que pasa por lo general. Si algo sale mal, te pasará a ti». Sus mentiras siguen y siguen y las minas ya están sembradas.

UNA NUEVA PERSPECTIVA

Josué era un joven cuando Dios lo escogió para remplazar a Moisés y guiar al pueblo de Israel hacia la Tierra Prometida. ¡Qué tremenda responsabilidad recibió! Era también una oportunidad potencial para el temor. Moisés no estaría con él ni con el pueblo cuando entraran a la tierra. Israel tenía un nuevo líder y él necesitaba que lo alentaran y prepararan para lo que tenía por delante. Por eso fue que Dios le instruyó: «Esfuérzate y sé valiente» (Josué 1.6).

Solo había una forma en que Josué pudiera realizar eso, y era mediante la fe en Dios. Si permitía que sus emociones o pensamientos se apartaran de Dios, se vería abrumado por la tarea. Hay veces en que tenemos algo que debemos hacer y la única forma de salir adelante es concentrar la atención de nuestro corazón en Dios y no en nuestras circunstancias. No había forma de que Josué pudiera guiar al pueblo a la tierra sin la ayuda de Dios.

El Señor le dijo: «Solamente esfuérzate y sé muy valiente, para cuidar de hacer conforme a toda la ley que mi siervo Moisés te mandó; no te apartes de ella ni a diestra ni a siniestra, para que seas prosperado en todas las cosas que emprendas.... Mira que te mando que te esfuerces y seas valiente; no temas ni desmayes, porque Jehová tu Dios estará contigo en dondequiera que vayas» (Josué 1.7, 9).

Si quiere desactivar la mina del temor debe cambiar la forma de ver los eventos y luchas de la vida. Necesita pedirle a Dios que le enseñe a ver su vida y sus circunstancias desde Su perspectiva.

Dios quería que Josué se concentrara en:

- el plan que Él tenía para el pueblo de Israel.

- el coraje y la fortaleza que tenía disponibles por medio de la fe en Dios.

Muchas veces, derrotar el temor es así de sencillo: cuando le llegue un desafío, mantenga su atención en Cristo y no en las circunstancias. Note que Dios no pronunció un largo discurso para decir todo lo que le esperaba a Josué en la tierra que pronto sería su hogar permanente. No le habló al nuevo lider de la nación de ninguna amenaza futura. Le recordó a su siervo que permaneciera fiel al llamado que había recibido. Más nada importaba.

Si Dios le ha colocado en una posición determinada, Él se hará cargo de los detalles concernientes a ella y a su vida. Su única responsabilidad es obedecerle y dejarle las consecuencias a Él.

En el Salmo 61 el salmista escribió:

> Llévame a la roca que es más alta que yo,
>
> Porque tú has sido mi refugio,
>
> Y torre fuerte delante del enemigo.
>
> Yo habitaré en tu tabernáculo para siempre;
>
> Estaré seguro bajo la cubierta de tus alas (vv. 2-4).

Más tarde, en el Salmo 91, nos recuerda el cuidado protector de Dios:

> El que habita al abrigo del Altísimo
>
> Morará bajo la sombra del Omnipotente.
>
> Diré yo a Jehová: Esperanza mía, y castillo mío;
>
> Mi Dios, en quien confiaré.
>
> El te librará del lazo del cazador,
>
> De la peste destructora.
>
> Con sus plumas te cubrirá,
>
> Y debajo de sus alas estarás seguro;
>
> Escudo y adarga es su verdad,
>
> No temerás el terror nocturno,
>
> Ni saeta que vuele de día,

Ni pestilencia que ande en oscuridad,

Ni mortandad que en medio del día destruya.

Caerán a tu lado mil,

Y diez mil a tu diestra;

Mas a ti no llegará.

Ciertamente con tus ojos mirarás

Y verás la recompensa de los impíos.

Porque has puesto a Jehová, que es mi esperanza,

Al Altísimo por tu habitación,

No te sobrevendrá mal,

Ni plaga tocará tu morada.

Pues a sus ángeles mandará acerca de ti,

Que te guarden en todos tus caminos (vv. 1-11).

Una mujer anciana admitió que no salía mucho de noche: «Suceden cosas», dijo con un suspiro, «y hay muchas cosas malas que pueden ocurrir». Tener precaución es bueno, pero estar temeroso no está de acuerdo con el plan de Dios para su vida. Las cosas malas pueden suceder y le suceden a cualquiera, en cualquier momento. Pero el temor se vuelve un problema de verdad cuando nos concentramos en él. Juan escribió: «El perfecto amor [el amor de Dios] echa fuera el temor» (1 Juan 4.18). Cuando usted tiene el amor de Dios en su corazón, puede vencer la mina del temor porque tiene la mayor fuente de aliento, esperanza y fortaleza morando dentro.

Hay también un sentido de temor protector que Dios provee. Recuerdo una vez que estaba solo con un amigo en las montañas y de repente me sentí muy incómodo con lo que nos rodeaba. Nos habíamos enfrascado tanto en fotografiar el paisaje que nos habíamos olvidado de todo lo demás. Estudiamos el área alrededor nuestro y nos pareció seguro, pero de cierto que sentimos que debíamos regresar al auto. Así lo hicimos y manejamos hasta otro lugar. No estoy seguro de por qué Dios me motivó a empacar y alejarme, pero estuve más que dispuesto a actuar según su guía. Sin embargo, no sentí que debíamos concluir la jornada. En lugar de eso, nos movimos a la siguiente parada y continuamos con nuestros planes.

Era obvio que la mujer antes mencionada no había aprendido a confiar en Dios de la manera que el salmista dice en los versículos que acabamos de citar. Aunque tenemos que ser precavidos y tener discernimiento, muchas veces el enemigo puede usar pensamientos de temor para impedirnos salir a disfrutar de las buenas cosas que Dios da.

El enemigo está buscando un lugar de su vida para ocultar su mina. Sin embargo, si usted es previsor en la forma de enfrentar situaciones peligrosas, él no tendrá oportunidad de hacer eso. Usted no puede ser descuidado. En vez de eso, escuche la voz del Espíritu, no la voz del temor, para que le dirija. Hay una enorme diferencia. El temor es algo de lo que el enemigo parlotea. Dios nunca usará el temor para instruirle. Él puede querer que usted le tema, que es un temor reverente que honra y ama, pero nunca le llevará a volverse ansioso ni inquieto.

El Espíritu de Dios puede advertirle que sea cuidadoso, pero cuando lo hace, provee la sabiduría para evitar una situación peligrosa. El temor envía un pánico por nuestro corazón y emociones, que nos paraliza y nos aísla.

En 1 Juan 4.18-19, Juan escribe: «En el amor no hay temor, sino que el perfecto amor echa fuera el temor; porque el temor lleva en sí castigo. De donde el que teme, no ha sido perfeccionado en el amor. Nosotros le amamos a él, porque él nos amó primero». Cuando andamos en la luz del amor de Dios y no en la tiniebla del temor sentiremos la diferencia. De vez en cuando Dios permitirá que olas de temor rompan en nuestra proa. Lo hace para demostrar Su amor y fortaleza para con nosotros, pero también nos permite encontrar dificultades para revelar el nivel de nuestra fe.

Hay un camino seguro para atravesar los valles oscuros y amedrentadores, y es andar por fe, no por vista (2 Corintios 5.7). De hecho, cuando usted mantiene su corazón fijo en Cristo, podrá decir, junto con muchos de los santos piadosos que fueron antes de usted, que las pruebas y las dificultades son evidencia de la cercanía de Dios y de Su ardiente deseo de acercarnos a Él.

Recuerde, Satanás planta la mina del temor con un solo propósito, que es dividir nuestra mente para que fallemos en nuestra fe. La fe, sin embargo, nos mantiene unidos a Dios y nos fortalece en tiempos de emergencias, pruebas y penas. No hay temor, no hay amenaza ni reto que esté por encima de su capacidad de derrotarlo. Y su poder está vivo dentro de la vida de cualquiera que crea en Él.

TIEMPO DE AVANZAR

Para muchas personas el temor es una adicción. Algunas incluso llaman la atención al contarles a los demás sus temores. Temen por el futuro, así como por su salud, finanzas y trabajos. Están atascadas, y solo hay una manera de salir de la desastrosa rutina en que están metidas: deben admitir que tienen un gran problema. Pero hacer esto puede resultar difícil, pues el temor es fuente de seguridad para algunas personas.

Si está temeroso no tiene que intentar asumir un nuevo reto. Puede proclamar nada más que lleva la vida de manera sencilla y que está contento de ser quien usted es, encerrado en su ambiente seguro. Aunque no necesitamos asumir de forma compulsiva un nuevo desafío tras otro, tenemos que buscar vías para que Dios nos use en llevar a otros a una relación personal con Su Hijo. Ceder al miedo nos impedirá salir de nuestra zona de comodidad para servir mejor a Dios.

«Es que soy una persona temerosa», me dijo un hombre. El consejo que le di fue que admitiera sus temores ante el Señor y le pidiera Su ayuda para vencer a cada uno.

No hace mucho, un programa vespertino de noticias reportó que un joven soldado había perdido un pie en un incidente con una mina en Iraq. Regresó al país para sanarse, pero pronto se dio cuenta de que la sanación emocional solo podría alcanzarla en el campo de batalla. Por tanto, después de su recuperación física pidió que lo enviaran de vuelta a Iraq. Fue el primer soldado que regresó a un puesto de combate después de perder un miembro. Más tarde le contó a un reportero: «Quería enfrentar mis temores, y este era el lugar para hacerlo». Esto tiene que ser una regla que cada uno de nosotros obedezca. En realidad, Dios quiere que saquemos provecho de nuestros temores al no permitirles que nos controlen. En lugar de eso, podemos aprender a usarlos como peldaños para ascender a un nivel mayor de fe en Cristo al confiar en Él para que nos guíe, nos mantenga seguros y supla nuestras necesidades.

Comenzamos cada día en el campo de batalla de la vida. El enemigo siembra una serie de minas en nuestro camino, con la esperanza de que pisemos alguna que estalle y nos impida cumplir la voluntad y el propósito de Dios. Usted puede vencer al miedo si hace lo siguiente:

- *Admite que hay un problema y que necesita la ayuda de Dios.* Hay algo con inmenso poder en eso de admitir: «Dios, estoy herido. Me siento temeroso, y sé que el deseo del enemigo es que deje de tener éxito. Por favor, ayúdame a escuchar tu voz y tus palabras de aliento».

- *Confiesa que cree en el cuidado soberano de Dios.* Cualquier temor es desbaratado por una verdad sencilla: Dios es soberano y no nos dejará en lo que parezca ser una situación sin salida. Tiene la ventaja de saber todas las cosas y de ver todos los problemas y todos los retos desde todos los ángulos. Es todopoderoso y nunca vacila en darnos la sabiduría que necesitamos para cada situación.

Después de la crucifixión, los discípulos se ocultaron. El terror atenazaba sus corazones. Estaban seguros de que los iban a arrestar por seguir a Jesús y los iban a crucificar por su fe. El temor nos tienta a ir más allá de un punto racional en nuestra mente en que sabemos que Dios cuida de nosotros. Jesús había dejado claro que tenía que morir, pero que regresaría a ellos. En el fragor de la batalla contra el temor olvidaron la promesa que les había hecho y huyeron al aposento alto, donde permanecieron hasta que Él se les apareció (Lucas 24.36-39; Juan 14.3-4, 18-21).

• *Dedíquese a pasar tiempo cada día con Dios en oración.* La actividad más importante que usted puede hacer cada día es orar. Nada tiene tanto valor como eso. La lectura y el estudio de la Palabra de Dios son igual de importantes, pero es en la oración donde aprende a adorar a Dios y a escuchar su voz que le habla a través de la Palabra y la presencia del Espíritu Santo.

Cada uno de nosotros necesita mantener un sentido piadoso de temor. Es un temor reverente a Dios que refleja nuestro deseo de adorarlo, honrarlo y obedecerlo. Reconocemos que es santo y digno de toda nuestra alabanza. El salmista escribió: «Temed a Jehová, vosotros sus santos, pues nada falta a los que le temen» (Salmo 34.9). Y el autor de Proverbios nos recuerda: «El temor de Jehová es el principio de la sabiduría, y el conocimiento del Altísimo es la inteligencia» (Proverbios 9.10).

• *Medite en la Palabra de Dios, que contiene Sus promesas personales para usted.* Puede sellar el destino del temor en su vida al estudiar y meditar en la Palabra de Dios. La verdad que se encuentra en la Biblia desmantela el temor y produce una sensación inmensa de esperanza. Dios le dijo a Josué:

Yo os he entregado, como había dicho a Moisés, todo lugar que pisare la planta de vuestro pie.... Nadie te podrá hacer frente en todos los días de tu vida; como estuve con Moisés, estaré contigo; no te dejaré, ni te desampararé. Esfuérzate y sé valiente; porque tú repartirás a este pueblo por heredad la tierra (Josué 1.3, 5, 6).

Josué tenía esta promesa de Dios y la guardaba en su corazón. Cuando llegaba el problema, podía recordar al Señor lo que Él le había prometido.

Las personas que no leen ni estudian la Palabra de Dios son como barcos sin timón. Puede que estén flotando, pero no tienen un sentido real de dirección en su vida. Cuando uno tiene la Palabra de Dios oculta en el corazón, al llegar la pena, la desilusión o el temor, el Espíritu de inmediato le recordará las palabras del Salmo 27:

> Jehová es mi luz y mi salvación; ¿de quién temeré?
> Jehová es la fortaleza de mi vida, ¿de quién he de atemorizarme?...
> Aunque un ejército acampe contra mí,
> No temerá mi corazón.
> Aunque contra mí se levante guerra,
> Yo estaré confiado (vv. 1, 3).

O bien puede reclamar las palabras escritas en el Salmo 18:

> Te amo, oh Jehová, fortaleza mía.
> Jehová, roca mía y castillo mío, y mi libertador;
> Dios mío, fortaleza mía, en él confiaré;
> Mi escudo, y la fuerza de mi salvación, mi alto refugio.
> Invocaré a Jehová, quien es digno de ser alabado,
> Y seré salvo de mis enemigos (vv. 1-3).

En el Salmo 46, el salmista escribe:

> Dios es nuestro amparo y fortaleza,
> Nuestro pronto auxilio en las tribulaciones.
> Por tanto, no temeremos, aunque la tierra sea removida,
> Y se traspasen los montes al corazón del mar (vv. 1, 2).

La única manera de encontrar una verdadera paz, confianza y seguridad es recibir al Señor Jesucristo como su Salvador personal. Eso incluye confesarle su pecaminosidad y reconocer que cuando murió en la cruz, su muerte pagó por completo y en lo absoluto lo que usted debía por sus pecados (Juan 3.15, 16). En el momento en que usted le pide que lo perdone, Él lo hace. Cuando rinde su vida a Él, le sella su futuro eterno con el Espíritu Santo (Juan 14.25, 26). Eso significa que aunque pueda enfrentar muchos obstáculos, no tiene nada que temer, porque no está solo. Dios ha prometido que nunca le dejará ni le abandonará (Deuteronomio 31.6, 8). El temor desaparece cuando aplicamos la verdad de Dios a nuestra situación.

El enemigo puede murmurar: «¿Qué pasará si...?». Pero usted puede responder con la completa seguridad de que pertenece a Jesucristo y que Él tiene un futuro maravilloso planificado para usted. No hay límite de edad para esta promesa. En el momento en que usted deposite su confianza en Él dará su primer paso hacia la victoria sobre el temor.

DIEZ

LA MINA DE LA INMORALIDAD

La mirada de la mujer era ardiente. Estaba más decidida que convencida de que su estilo de vida pecaminoso era aceptable. En realidad, no podía parar de hablar de su pecado, como si buscara persuadir a sus amigos de que lo que estaba haciendo era bueno. «Después de todo», decía con un dejo de orgullo en la voz, «no le estoy haciendo daño a nadie. Además, se supone que ustedes sean cristianos. Dios me ama y no me condenaría. Tampoco deberían hacerlo ustedes».

Satanás siempre busca tentarnos al compromiso al virar al revés nuestro sistema de creencias. En cierto sentido aquella mujer tenía razón; Dios sí la ama. No obstante, su pecado era una mina de proporciones horrendas. Dios aborrece el pecado. Ama al pecador, pero deja bien claro en Su Palabra que el pecado es detestable para Él.

El autor de Proverbios escribió:

> Ahora pues, hijos, oídme,
> Y no os apartéis de las razones de mi boca.
> Aleja de ella tu camino,
> Y no te acerques a la puerta de su casa;

Para que no des a los extraños tu honor,

Y tus años al cruel;

No sea que extraños se sacien de tu fuerza,

Y tus trabajos estén en casa del extraño;

Y gimas al final,

Cuando se consuma tu carne y tu cuerpo,

Y digas: ¡Cómo aborrecí el consejo,

Y mi corazón menospreció la represión! (Proverbios 5.7-12).

Dios nos ha llamado a vivir vidas santas, pero cada vez con mayor frecuencia la gente sigue el compás de la cultura de nuestro tiempo. Es una cultura dedicada a criticar a Dios y Su Palabra, que dice que Sus valores están pasados de moda y fuera de contacto con la realidad.

Nada puede estar más lejos de la verdad, y Satanás lo sabe. Sin embargo, él busca propagar su maldad al decirle a la gente la misma vieja mentira que atrapó a Adán y Eva. Es una mentira proposicional que desorienta y está equivocada por completo. Dice: «Hay más cosas para disfrutar en esta vida que las que Dios quiere que ustedes experimenten».

La verdad es que el pecado nos destruye; si no desde el punto de vista físico, de cierto que sí desde el emocional y espiritual. Una vez más el autor de Proverbios escribe:

¿Tomará el hombre fuego en su seno

Sin que sus vestidos ardan?

¿Andará el hombre sobre brasas

Sin que sus pies se quemen? (Proverbios 6.27, 28).

Podemos tratar de justificar nuestras acciones de muchas maneras, pero no podemos cambiar los principios de la Palabra de Dios.

La mina del pecado sexual siempre trae como resultado consecuencias desastrosas. Hay pecados y hay pecados devastadores. El pecado sexual es destructor de forma masiva. En las primeras etapas puede parecer que no es más que un hábito o tentación. Pero con rapidez se convierte en adictivo y siempre produce una profunda pena en las vidas de los involucrados. En la mayoría de los casos eso incluye a familiares, amigos, compañeros de trabajo y muchos otros.

Usted no puede eliminar las consecuencias del pecado sexual, porque cuando esa mina estalla tiene el poder de llevar la destrucción a todas las áreas de la vida de una persona.

LA NATURALEZA DE LA INMORALIDAD

Puede que esté en una encrucijada de su vida en la que piense que será más entretenido vivir de la manera en que usted escoja que obedecer los principios de Dios. Lo último que usted quiere es que alguien le diga lo que debe y lo que no debe hacer.

Si es este el caso, lo que necesita es saber que la verdadera paz, el gozo y el contentamiento evaden a los que persiguen el pecado. Salomón descubrió que eso era cierto, y escribió:

No negué a mis ojos ninguna cosa que desearan, ni aparté mi corazón de placer alguno, porque mi corazón gozó de todo mi trabajo; y esta fue mi parte de toda mi faena. Miré yo luego todas las cosas que habían hecho mis manos, y el trabajo que tomé para hacerlas; y he aquí, todo era vanidad y aflicción de espíritu, y sin provecho debajo del sol (Eclesiastés 2.10, 11).

Salomón lo tenía todo: concubinas, esclavos, casas, viñedos, plata, oro, establos llenos de caballos, y mucho más. Pero decía que todo eso no era más que viento que pasaba por sus manos. Sus logros le producían solo una sensación de vacío en su corazón, porque las cosas que más valoraba no tenían nada que ver con Dios.

Cuando pienso en todo el asunto del pecado sexual, pienso también en el vacío, aflicción y desilusión que produce. No hay forma de que pueda expresar toda la pena que he presenciado a través de los años como resultado de que las gentes hayan caído víctimas de la trampa de Satanás.

Nuestras familias están bajo ataque, al igual que el concepto tradicional del matrimonio. Todo eso se puede trazar hasta el deterioro de los valores piadosos en nuestras casas, escuelas e iglesias. Hoy a las personas les interesa más lo que la sociedad piensa que es correcto que lo que Dios dice que está bien.

Las pasiones están descontroladas. La gente se involucra en relaciones solo para satisfacer deseos lujuriosos. Cuando termina la relación, se quedan con sentimientos de una profunda soledad, traición, abuso emocional y fracaso. La sociedad puede decirle: «Viva de la manera que guste», pero nadie le mencionará que Dios tiene la palabra final en lo que respecta al pecado y sus consecuencias. Despues que el pecado se ha consumado, Dios es el único que está dispuesto a recoger los pedazos dispersos de su vida. El mundo no consuela a los fracasados, a las personas que son marginadas o están entregadas sin esperanza a una adicción o a pasiones desaforadas.

La culpa cala en el corazón de la persona esclavizada por el pecado. Acosa a la persona que no puede apartarse de la compañera de trabajo e insiste en verla después de la jornada, a pesar de que su esposa esté en casa con sus hijos esperando por él. Al principio el pecado parece una aventura, pero con rapidez se convierte en un lugar de mucha ansiedad, secreto y preocupación.

Dios prohibe el adulterio, el libertinaje, la fornicación, la homosexualidad y todo lo que viole su ley moral y sus principios. La conciencia interior lo sabe. No obstante, la gente a menudo ignora las propias señales de advertencia que emite su conciencia. Trabajan horas adicionales para ocultar las mismas cosas que los están devorando por dentro, como la pornografía, la violación, el abuso sexual y otras.

En tiempos recientes hemos visto salir a la luz un escándalo sexual tras otro. Las vidas son destruidas por el pecado. Familias enteras son despedazadas por las acciones de gente que está fuera de control.

Algunos proclaman que están llevando un estilo de vida «gay» (que significa alegre), pero no hay nada de feliz ni alegre en la conducta destructiva de la homosexualidad. Todo lo que se oponga a los principios escritos en la Palabra de Dios conduce a un final, el final que Salomón mencionaba, un lugar de vacío extremo donde el viento y la pena barren el alma. Al final, termina como un lugar de pena y separación de Dios.

Durante años, la gente me ha preguntado si su pecado les impedirá ir al cielo. Lo único que nos impide experimentar la salvación eterna es negarnos a aceptar a Cristo como Salvador y Señor. Podemos caer en el pecado, pero si lo conocemos de verdad, no nos quedaremos ahí. El pecado y la santidad de Dios no tienen ninguna base común. Dios es santo, y no puede mirar el pecado. Oirá la oración de un pecador, pero nunca aceptará el pecado que alguien cometa a propósito.

Pablo escribió: «Pues no nos ha llamado Dios a inmundicia, sino a santificación. Así que, el que desecha esto, no desecha a hombre, sino a Dios, que también nos dio su Espíritu Santo» (1 Tesalonicenses 4.7, 8). El Señor asume toda la responsabilidad al mandarnos a vivir vidas piadosas. La santificación es un proceso que continúa en el tiempo. Quiere decir que estamos pareciéndonos cada vez más a Cristo. Mientras más rindamos nuestras vidas a Dios, más nos conformará a la imagen de Su Hijo. Somos santificados, hechos santos, mediante nuestra relación con Él. La salvación es un evento de una sola vez, pero la santificación es algo que tiene lugar durante toda la vida. Cuando aceptamos a Cristo como nuestro Salvador, nos salva de la penalidad de nuestro pecado. Nos perdona. También nos declara inocentes del pecado, porque ha perdonado nuestras transgresiones pasadas, presentes y futuras. Por tanto, en el futuro, cuando pecamos, empezamos a aprender las consecuencias de nuestras acciones y cómo podemos evitar futuros fallos.

Somos salvos de inmediato por su gracia, pero somos santificados por medio de nuestra fe en Cristo. Ese es un proceso continuo, pues pasamos toda nuestra vida aprendiendo a vivir la vida cristiana y cómo reflejar Su amor y bondad ante los demás. Es una jornada de fe, pero una jornada que también conduce a la santidad del corazón y a un mayor nivel de pureza.

COSAS QUE DEBEMOS ADMITIR

Como dijimos antes, Dios camina con nosotros en cada paso que damos. Estamos en el proceso de llegar a ser como Él. Mientras nuestros corazones estén vueltos hacia Él debemos parecernos más a Su Hijo y menos al mundo malvado alrededor nuestro. En Éxodo 20.14, Dios le dijo al pueblo de Israel: «No cometerás adulterio». Sus principios son así de sencillos.

El pecado es una seducción para desobedecer al Dios Todopoderoso. Es una invitación a rebelarse contra Él de alguna manera. El pecado también es universal. Pablo escribió: «No os ha sobrevenido ninguna tentación que no sea humana; pero fiel es Dios, que no os dejará ser tentados más de lo que podéis resistir, sino que dará también juntamente con la tentación la salida, para que podais soportar» (1 Corintios 10.13).

Todo el mundo, en algún momento, tendrá que enfrentarse a la tentación de Satanás. Sin embargo, debemos recordar que aunque nos tiente a desobedecer a Dios, podemos decir que no. El Señor nos ha dado justo lo que necesitamos para resistir al enemigo: el poder de Su Palabra y la presencia del Espíritu Santo. Cuando Jesús fue tentado a desobedecer al Señor, usó la Palabra de Dios para rechazar la persecución del enemigo.

Dios también ha prometido proveer una vía de escape. El problema es que demasiada gente no la usa. Creen en realidad que pueden dar un paso en dirección al pecado y no quemarse. Durante años he escuchado a muchos decir: «Puedo dejarlo cuando yo quiera», pero lo que descubren bien pronto es que no pueden. Eso se debe a la naturaleza básica del pecado. Ha sido activado por Satanás para destruir nuestra vida y testimonio, y el enemigo no cesará de tentarnos hasta que haya alcanzado su objetivo.

La gente me pregunta con frecuencia: «¿Qué quiere decir "No cometerás"?» (ver Éxodo 20.14). Quiere decir que no debe haber justificación, ni redefinición, ni camuflaje, compromiso ni intento de hacer que lo que Dios dice que está mal esté bien. El adulterio está mal, y lleva consigo una etiqueta de precio bien caro.

Dios nos dice en Levítico 20.10: «Si un hombre cometiere adulterio con la mujer de su prójimo, el adúltero y la adúltera indefectiblemente serán muertos». Con el tiempo hemos cambiado el rostro del adulterio hasta el punto en que ahora lleva una máscara de amor romántico. ¡Dios dijo que había que dar muerte a las personas involucradas! Eso demuestra cuán firme era con todo lo que tentaba a su pueblo a ser infiel y desleal a sus votos matrimoniales. Él conocía las consecuencias del pecado.

EL JUICIO DE DIOS Y LA GRACIA DE DIOS

Podemos regresar directo al Jardín de Edén para echar un vistazo al poder destructor del pecado. Una acción, una mentira, un momento de pecado terminaron en una pena indescriptible. También condujeron a la detonación de una mina que cambió todo lo que Adán y Eva conocían como bueno y placentero.

En Levítico 20 leemos: «Si alguno se ayuntare con varón como con mujer, abominación hicieron; ambos han de ser muertos» (v. 13). Nada puede ser más explícito. Dios odia el pecado, pero nuestra sociedad quiere negar esto y dice: «Bueno, eso era el Antiguo Testamento. Hoy estamos viviendo en un tiempo de gracia».

Es cierto que estamos viviendo bajo la gracia del amor de Dios, pero eso no significa que podemos ignorar las leyes de Dios. Pablo escribió:

> Por esto Dios los entregó a pasiones vergonzosas; pues aun sus mujeres cambiaron el uso natural por el que es contra naturaleza, y de igual modo los hombres, dejando el uso natural de la mujer, se encendieron en su lascivia unos con otros, cometiendo hechos vergonzosos hombres con hombres, y recibiendo en sí mismos la retribución debida a su extravío. Y como ellos no aprobaron tener en cuenta a Dios, Dios los entregó a una mente reprobada, para hacer cosas que no convienen (Romanos 1.26-28).

Dios ha puesto en Su Palabra principios para guiarnos y protegernos. Él conoce las consecuencias del pecado. También sabe que cosechamos lo que sembramos, más de lo que sembramos y después que sembramos. Algunas consecuencias del pecado continúan por largo tiempo. De hecho, algunas pueden seguir con nosotros toda la vida.

Pablo escribió además: «¿No sabéis que los injustos no heredarán el reino de Dios? No erréis: ni los fornicarios, ni los idólatras, ni los adúlteros, ni los afeminados, ni los que se echan con varones, ni los ladrones, ni los avaros, ni los borrachos, ni los maldicientes, ni los estafadores, heredarán el reino de Dios» (1 Corintios 6.9-10).

Una persona que está involucrada con intensidad en el pecado puede que no sufra la muerte física, aunque algunos de los pecados que se cometen pueden llevar a este mismo fin. Pero una cosa es cierta: se enfrentará a una muerte espiritual, emocional y mental. Las consultas de los médicos están llenas de gente que está luchando con el pecado, la desobediencia y la rebelión. Sus vidas reflejan una presencia agitadora de ansiedad, o el triste semblante de la depresión. No entienden por qué están luchando con sentimientos de culpa e ira todos los días. Es el resultado del pecado, de la rebelión contra Dios.

«¡Si solo pudiera tener una hora de paz!», suspiraba una mujer. Su vida estaba en ruinas y se negaba a entregarla a Jesucristo. Quería aferrarse a lo que ella creía que era una sensación de libertad, y admitía claramente que no quería que nadie le dijera lo que tenía que hacer. Estaba decidida a vivir su vida de la forma que había planeado. Sin importar cuántas relaciones hubiera tenido en el pasado ni cuán grande fuera su cuenta de banco, no tenía una verdadera paz. Y lo sabía. No fue hasta que se rindió al amor incondicional de Dios que tuvo su primera noche de sueño apacible en mucho tiempo.

Cuando usted sea tentado por el pecado, recuerde que Satanás tiene una meta para su vida: la destrucción. El pecado es la mejor manera en que puede lograr eso. También usará sentimientos de depresión, culpa por pecados pasados que Dios ha perdonado, y de ansiedad, para impedir que experimente las bendiciones de Dios.

El mensaje del mundo es este: Es su vida, haga lo que quiera. Muchos han probado eso y han terminado por vivir cada día con una sensación ominosa de pena y remordimiento.

El mensaje de Cristo es: «De cierto, de cierto os digo, que todo aquel que hace pecado, esclavo es del pecado.... Así que, si el Hijo os libertare, seréis verdaderamente libres» (Juan 8.34, 36). Solo hay una forma de ser libre del pecado, y es por medio de la fe en Jesucristo. En ocasiones el pecado puede ser tan adictivo que la persona necesite ayuda profesional. Pero si hay un conocimiento de la aceptación y el amor incondicionales de Dios, la sanación emocional y la libertad son más fáciles de alcanzar.

Todo pecado sexual comienza como cualquier otra tentación: en la mente, con un pensamiento. De ser un pensamiento pasa a la imaginación. La persona se imagina cómo será determinada experiencia. Por lo común hay una sensación de identificación con la otra persona involucrada. Comienza a desarrollarse un deseo, hasta que se convierte en constante y fuerte. Usted puede vencer al pecado en cualquier punto hasta este momento. Como dije antes, también puede decir que no y alejarse.

Sin embargo, si permite que esos sentimientos continúen, se convertirán en una fantasía y en parte de su ser. Pronto parecerá normal actuar de acuerdo con sus sentimientos. El pecado sexual no se parece a ninguna otra cosa a la que usted se enfrentará. Lo consume todo, pero Dios puede quebrar la atadura del pecado más grande.

Usted tendrá que admitir que necesita Su ayuda y liberación. Si usted no se ocupa del pecado, el pecado se ocupará de usted.

LAS CAUSAS SUBYACENTES DEL PECADO

Casi todos los días nos encontraremos con personas que aparentan ser felices. Tienen buenos trabajos, hermosas casas y muchos amigos. Sin embargo, en lo profundo, donde solo Dios puede ver, arde un fuego adictivo. Es un incendio maligno que amenaza consumirlas, junto con todas las esperanzas y sueños que tienen.

Santiago escribió: «Cada uno es tentado, cuando de su propia concupiscencia es atraído y seducido» (Santiago 1.14). No podemos culpar a nadie más de nuestros pecados. No obstante, muchos tratan de hacer eso. Después de todo, recuerde la respuesta de Adán a Dios cuando le preguntó: «¿Has comido del árbol que yo te mandé no comieses?» (Génesis 3.11). Adán replicó: «La mujer que me diste por compañera me dio del árbol, y yo comí» (v. 12). En un solo diálogo Adán no solo le echó la culpa a su mujer, sino también a Dios, por su fracaso al seguir las instrucciones.

La tentación no hubiera sido demasiado grande para manejarla si se hubiera vuelto a Dios y le hubiera pedido ayuda. Pero no lo hizo, porque quería saber si lo que el enemigo le decía era verdad. Y lo era, hasta cierto punto: sus ojos fueron abiertos a la realidad del pecado, la muerte y el sufrimiento, tales como nunca antes los había experimentado.

Dios nunca cambia. Sus principios y promesas permanecen firmes. Por tanto, una ley moral que es enunciada en el Antiguo Testamento es igual de válida en el Nuevo Testamento.

El apóstol Pablo casi recapituló el principio moral del libro de Éxodo en 1 Corintios: «Huid de la fornicación. Cualquier otro pecado que el hombre cometa, está fuera del cuerpo; mas el que fornica, contra su propio cuerpo peca. ¿O ignoráis que vuestro cuerpo es templo del Espíritu Santo, el cual está en vosotros, el cual tenéis de Dios, y que no sois vuestros? Porque habéis sido comprados por precio; glorificad, pues, a Dios en vuestro cuerpo y en vuestro espíritu, los cuales son de Dios» (1 Corintios 6.18-20).

Dios nos creó. Nuestros cuerpos le pertenecen a Él y no a nosotros. Podemos tratarlos de forma inmoral, pero eso no cambia el hecho de que Él nos ha creado. Nos dio vida con un propósito, que era dar gloria y honra a Su nombre. Él desea tener comunión con nosotros. Aunque hemos pecado mucho contra Él, todavía nos ama a cada uno de nosotros.

Más arriba analicé la vida de la mujer samaritana (Juan 4.7-29). Estaba atrapada en el pecado. En su corta vida había estado casada varias veces. Cuando Jesús la encontró, estaba viviendo con un hombre que no era su marido. Su vida no iba a ninguna parte.

Tenemos que preguntarnos si ya pensaba darse por vencida. Estaba sacando agua a mediodía, algo que no hacía ninguna mujer decente. Las mujeres de aquellos tiempos no iban al pozo a mediodía. Ella estaba allí, lo más probable, para evitar encontrarse con las demás mujeres. Tenía una sensación de vergüenza y culpabilidad. Si no, hubiera estado con las demás, riéndose y conversando. Pero estaba sola.

El Salvador le ofreció un regalo eterno, que era justo lo que su corazón y alma habían anhelado recibir. El pecado ya no es una alternativa después que aceptamos el amor y el perdón de Dios.

PRINCIPIOS PARA REGIR LA VIDA

Dios nos ha dado principios básicos, límites y guías que tenemos que seguir. Si las violamos, cosecharemos las consecuencias. La satisfacción sexual está reservada para el matrimonio. Es algo para ser disfrutado entre un marido y su mujer, no entre dos hombres ni entre dos mujeres.

También debe ser algo que fluya de una sensación de amor genuino, amor piadoso por el cónyuge de uno. Puede ser un acto de amor, pero también refleja nuestra disposición a preguntar: «¿Qué es lo mejor para mi esposa?», o «¿Qué es lo mejor para mi marido?». La expresión sexual debe ser desinteresada, íntima y, sobre todo, basada en el amor de Dios.

Esta no es, por cierto, la visión del sexo que tiene el mundo. La actitud prevaleciente en la mayor parte de nuestra sociedad es tomar todo lo que pueda y no pensar nunca en las consecuencias. Pero *hay* consecuencias. Lo primero es que cuando desobedecemos a Dios, nuestro corazón y mente resultan oscurecidos, ciegos a su gozo y sordos a su bondad. Nunca lo olvide: el pecado puede parecer una diversión por un tiempo, pero pronto la verdad sale a la superficie. La novedad se termina y nos quedamos con las piezas rotas creadas por nuestra desobediencia.

Satanás está a la puerta, a la espera de que nos mostremos interesados en algún comportamiento que sea pecaminoso y equivocado por completo. En ocasiones nos dice que tenemos necesidades, y que esas necesidades se deben satisacer. Si se le da una oportunidad, bombardeará la mente de una persona con pensamientos de pasión hasta que parezca movida por una fuerza invisible, una fuerza que le insta a satisfacer sus necesidades sin tener en cuenta la voluntad de Dios.

Hay una cierta verdad en esta mentira. Dios nos ha creado con necesidades básicas. La satisfacción sexual o intimidad es una de ellas. Sin embargo, mucha gente que no está casada encuentra satisfacción en formas que no son expresiones sexuales. Los problemas surgen cuando la persona va contra los principios morales que Dios ha establecido en Su Palabra. Él creó el sexo para que pudiéramos expresar amor a nuestros cónyuges.

Para mí ha sido una aflicción escuchar los numerosos relatos de infidelidad. Hombres y mujeres jóvenes creyeron que la única forma en que podían experimentar el amor era mediante el contacto sexual sin esperar a estar casados. Otros se extraviaron en su amor mutuo y terminaron en relaciones adúlteras, todo porque creyeron la mentira de Satanás y pensaron que había algo mejor que lo que Dios les había dado.

Esto podría parecer anticuado, pero si usted no espera a estar casado para expresar su amor a su pareja, se perderá una de las bendiciones más preciosas que Dios le ha dado a todo hombre y mujer. Hay algo en la pureza y el lecho matrimonial que eleva a una relación a un nivel más alto.

LAS CONSECUENCIAS CONTINUAS DEL PECADO

Hay otro grupo de personas que sufren más de lo que admiten. Son las que cometen el terrible error de creer que con solo irse a la cama con otra persona encontrarán el amor y la intimidad que sus corazones anhelan sentir.

Los psicólogos seculares han sugerido durante mucho tiempo que el sexo fuera del matrimonio conduce a sentimientos de culpabilidad, vergüenza y baja autoestima. Los consejeros cristianos saben que eso es cierto, porque la intimidad sexual es la expresión más privada que dos personas pueden tener una con la otra. Toca la fibra de la persona, y si ese toque es uno sin compromiso ni amor duradero, puede ser devastador.

La gente usa mal el sexo por muchas razones egoístas:

- para edificar su autoestima.

- para satisfacer deseos personales.

- para controlar a otra persona.

- para obtener ventajas financieras (esto incluye a la prostitución).

- para expresar lujuria y abuso.

El hombre sentado frente a mí había rehusado escuchar el consejo de sus amigos. Había decidido seguir con una aventura, aunque era casado. Como creyente, debió haberlo pensado mejor, pero había abierto la puerta al pecado por medio de lo que parecía un acto inocuo de bondad en su trabajo.

Una compañera de trabajo estaba sufriendo, y al principio solo quería hablar de su marido y del problema que estaban enfrentando. Él le aseguró que todo saldría bien y que oraría por su familia. Pronto empezaron a almorzar juntos, solo para hablar. Se reían con naturalidad, y cuando se lo reprochó otro compañero, él se puso a la defensiva y respondió con presteza: «Solo somos amigos». Su respuesta fue dicha con la energía suficiente como para disuadir a los demás de mencionar de nuevo el tema.

Después de algunas semanas decidieron quedarse en la oficina un poco después de hora y más tarde comer un bocado antes de ir a casa. Paso a paso se fueron acercando sentimentalmente hasta el punto en que él se dio cuenta de que se levantaba en la mañana pensando en la mujer de su oficina y no en la esposa que dejaba durante el día. Cuando la esposa le preguntó por sus llegadas tardes se volvió más defensivo. Empezó a creer que la única que en realidad lo conocía y comprendía era la mujer de la oficina. Para ese entonces, sus amigos los estaban evitando a él y a su amiga. Sabían lo que estaba a punto de ocurrir, y algunos también sabían cómo iba a terminar.

Un amigo hizo un último intento de convencer al hombre de que sus acciones estaban muy mal. Pero la advertencia llegó demasiado tarde. Su mente estaba cauterizada, decidida y ensimismada en un deseo de expresar su pasión por esta mujer, lo cual hizo al final, y no una vez, sino muchas, hasta que su esposa hizo sus maletas y se marchó.

Las lagrimas corrían por su rostro y apenas podía sostenerme la mirada, pues por fin se había dado cuenta de la magnitud de su pecado.

Las consecuencias del pecado sexual son muchas y muy aleccionadoras. Incluyen las siguientes:

Culpa. Una alarma suena por dentro, y señala que lo que usted ha hecho está mal. Hay una sensación de pesadez que no puede satisfacerse con facilidad. Demasiadas personas han vivido con el pecado durante demasiado tiempo y esta alarma se ha vuelto tenue, apenas audible en sus espíritus.

Autocondenación. El enemigo lo conducirá al pecado y luego lo rebajará por actuar según sus pasiones pecaminosas. El pecado y la condenación se pueden convertir en un círculo vicioso. Mientras mejor haya sido su relación con Dios, mayor condenación sentirá, porque esa es la naturaleza del pecado: condenar a los hijos de Dios.

Ansiedad. El creyente llegará a un punto en que estará ansioso por su relación con Dios. Sabe que el pecado ha roto su comunión y una sensación de ansiedad da evidencia de eso.

Mente dividida. El hombre de la historia no podía pensar con claridad. Estaba cegado por su relación adúltera. Su trabajo sufrió, así como todas sus relaciones. Comenzó a olvidar cosas sencillas, tales como suplir o satisfacer las necesidades de su familia y amigos. Cuando el pecado está de por medio, todo el mundo sufre.

Autoestima dañada. Hacia el fin de la relación este hombre se sintió muy mal por lo que había hecho. El enemigo bombardeaba su mente con palabras degradantes de fracaso y depresión.

Sentimiento de hipocresía. El pecado sexual nos hace dudar de quiénes somos en Cristo. Cuando hacemos eso, sentimos que hemos fallado y nos hemos vueltos falsos en nuestro caminar con el Señor.

Sensación profunda de vacío. Nada satisface tanto nuestros corazones y almas como el amor de Dios. Pero donde hay pecado, la soledad y el vacío no tardan en aparecer.

Desilusión y falta de contentamiento. Una señal de pecado en lo profundo de nuestra vida es un descontento creciente. Con frecuencia vemos eso aumentar en la vida de una persona, en especial si esa persona está envuelta en un comportamiento pecaminoso. Es como si estuviera movida por sus deseos pecaminosos y no tuviera la capacidad de detener la misma acción que la está llevando a la ruina. Como colofón del pecado, la desilusión consume su corazón, por la misma cosa que creyó que podría darle satisfacción. Pero el pecado nunca produce satisfacción.

Sensación de deshonestidad. La gente que resulta atrapada en transgresiones hallará fácil mentir sin asomo de culpa, en especial al principio. «Querida, tengo que trabajar hasta tarde. No me esperes para la comida». Puede que hallen las palabras como esas fáciles de decir, pero nunca sabrán la aflicción que producen en alguien que les espera en casa.

Desobediencia obstinada. Una vez que se le dice sí al pecado, es fácil decirle que sí una y otra vez. Mientras que antes había una señal en su espíritu que le advertía que se detuviera, ahora no hay nada que obstruya la vía. Esta es una situación de tremendo peligro, porque mediante la desobediencia la persona escoge rechazar a Dios y Sus mandamientos. En esencia dice: «Sé más que Dios», o «Sé lo que yo quiero y no me importa lo que nadie diga».

Remordimiento indecible. El pecado causa una pena tan profunda que para muchos es difícil superarla. Dios promete que, si confesamos nuestros pecados, Él nos perdonará y nos restaurará (1 Juan 1.9). Alguna gente se pasa toda la vida en pecado y cuando son viejos lamentan sus acciones. La vergüenza y la culpa han dejado su huella en una serie de problemas físicos y emocionales, pero ninguno podrá impedir que Dios les ame.

Con Dios siempre hay esperanza. El enemigo puede pensar que le ha robado su sensación de esperanza, pero Dios puede restaurarla y lo hará cuando usted clame a Él.

El autor de Proverbios advierte:

Porque los labios de la mujer extraña destilan miel.
Y su paladar es más blando que el aceite;
Mas su fin es amargo como el ajenjo...
Sus pies descienden a la muerte...
Sus caminos son inestables; no los conocerás,
Si no considerares el camino de vida (Proverbios 5.3-6).

El pecado, la lujuria y la pasión descontrolada ciegan a la persona a la verdad de Dios.

Duda. El pecado siempre crea dudas; dudas acerca de su relación con Dios, dudas sobre el futuro, dudas sobre su salud y dudas acerca de cómo los demás lo ven.

Falta de efectividad y tiempo desperdiciado. Debido a que el pecado divide nuestra mente, disminuye nuestra efectividad. Cada vez que tenga pecado dentro de sí, royéndole su fibra más íntima, perderá tiempo en preocupaciones de lo que va a pasar después o de si habrá un futuro.

El pecado nos roba la esperanza y el propósito. Nuestra atención pasa de Dios a nosotros, a nuestras acciones, necesidades y deseos. De repente, en vez de pensar en el Señor y en los demás, estamos atrapados en nuestras acciones pecaminosas y no hay manera de que podamos seguir siendo eficaces en el trabajo, el hogar ni en nuestras relaciones.

Temor. En el pecado sexual hay temor al embarazo y quizás a una enfermedad incurable. El temor es típico del pecado. Cuando estamos viviendo en una relación correcta con Dios podemos enfrentar las pruebas y dificultades sin volvernos temerosos. Sin embargo, cuando el pecado está de por medio la vida se torna insegura, inestable e impredecible. Dios no cambia, pero nosotros sí. Cuando dejamos de sentir su cercanía tememos que nuestra vida se descontrole.

Usted puede tener una relación maravillosa con una persona sin llegar a la intimidad sexual hasta después del intercambio de votos matrimoniales. Muchas personas no hacen esto y terminan sufriendo aflicción y desilusión.

Relaciones rotas. La mayoría hemos escuchado a alguien decir: «Lo que yo hago no le hará daño a nadie aparte de mí». El pecado hace daño. Daña el tejido moral de la sociedad, pero más que eso, daña el corazón de Dios. Daña su relación con Él porque crea una muralla emocional que lo separa de Su amor. Aunque Él no deje de amarle, no bendecirá el pecado. Y el pecado le impedirá orar y vivir en comunión con Él.

El pecado sexual aísla a la persona de los amigos y la familia. Cuando hay algo que ocultar, no queremos a los demás alrededor. El enemigo le tentará a permanecer oculto al decirle que lo que está sintiendo es especial y que más nadie lo entenderá. También produce separación, porque después que la transgresión es descubierta, los demás quedarán sorprendidos y vacilarán en seguir relacionándose con usted.

Testimonio dañado. Los testimonios de unos cuantos líderes cristianos han sido dañados de forma permanente como resultado de un comportamiento pecaminoso. Ministerios han sido destruidos como resultado de las pasiones pecaminosas y la lujuria. Cada uno de nosotros es responsable ante Dios por su comportamiento.

Tenemos toda la verdad que necesitamos para llevar vidas piadosas. Y el mundo está observando, esperando, para ver si lo hacemos y si permanecemos fieles a aquel que nos ama con un amor eterno y que ha prometido que nunca nos abandonará. No hay amor más grande que el amor de Dios.

También he observado a ministerios pasar por severas pruebas porque los líderes no han enfrentado al pecado. Debe detenerlo y acabar con él, o Dios lo hará. Mientras usted no haga eso, Dios le pondrá un límite a su utilidad. Muchas veces el pecado es tan grande que impide que la persona alcance el puesto que Dios quería para ella en el principio. Sin embargo, cuando hay un arrepentimiento genuino, también hay restauración mediante Jesucristo.

Adicción sexual. La cantidad de los que están atrapados en las adicciones sexuales va en aumento. La Internet continúa complicando la situación año tras año. Infinidad de individuos piensan: *No me hará daño echar un vistazo rápido. Solo voy a unirme al grupo de chateo en línea por una hora o algo así. Puedo parar en cualquier momento.* Lo cierto es que no, no puede. Después que la pornografía o cualquier otro comportamiento sexual desviado tienen acceso a su mente, edificarán con rapidez un baluarte, una base de poder desde la cual pueden operar el pecado y la corrupción. Puede que usted se ría de esto y diga: «No sea tonto. Yo tengo el control». Pero no lo tiene, porque cualquier cosa que lo posea (sus pensamientos y acciones) al final lo controlará y, si no la detiene, lo destruirá.

¿Hay algún pecado que valga la pena que uno sufra esas consecuencias? No. Pero pocas personas se detienen a pensar adónde las llevará el pecado. Se sienten bien cuando están con «la persona de sus sueños». Una cosa lleva a otra y, antes que se den cuenta, sus pasiones están descontroladas y aquello que Dios nos dio para que sintiéramos gozo y alegría se ha vuelto trágico y destructor.

Una razón por la cual la gente es tan liberal con el sexo es que no quieren que nadie les diga lo que tienen que hacer, en especial Dios. No quieren leer lo que Él dice del pecado en la Biblia ni quieren saber las consecuencias del pecado.

A veces, a posteriori, alguno dice: «¡Si yo hubiera sabido lo que sé ahora!». Bueno, puede saberlo. El autor de Proverbios nos dice que debemos mantener nuestros ojos fijos en Dios:

> Tus ojos miren lo recto,
> Y diríjanse tus párpados hacia lo que tienen delante
> Examina la senda de tus pies,
> Y todos tus caminos sean rectos,
> No te desvíes a la derecha ni a la izquierda;
> Aparta tu pie del mal (Proverbios 4.25-27).

HAY ESPERANZA

¿Cómo usted cambia una vida descarriada, una vez que se ha entregado al pecado?

Primero: Reconozca que lo que ha hecho no está bien. Esto puede significar pasar algunas semanas, meses, o quizás años muy malos antes de que diga con sinceridad: «Esto no es lo mejor que tiene Dios para mí».

Después que han sido cegadas por el pecado, muchas personas no aceptan la verdad de sus circunstancias. Sus vidas caen en espiral, fuera de control, pero siguen haciéndose los ciegos, esperando que algo cambie. Pero eso nunca ocurre cuando se trata del pecado.

Sin duda, llegará el día en que se les acaben las excusas. Toda la negación que han mantenido se llenará de huecos y admitirán la amargura y la desilusión que hay en su vida. Entonces es cuando confesarán su pecado a Dios. La confesión es el punto de partida para la sanación y la integridad. No tiene que esperar años para decir: «Dios, por favor, perdóname por lo que he hecho, por abrir mi corazón al pecado y desear lo mismo que Tú me advertiste que evitara». En el momento en que ore y busque Su perdón, Él se acercará a usted.

En momentos de arrepentimiento, usted coincide con Él en que sus acciones y actitudes estaban equivocadas y que está dispuesto a apartarse del pecado. Eso es lo que quiere decir arrepentimiento. Nos apartamos del pecado que ha causado la separación de Dios, pero también nos volvemos hacia Él, y reconocemos nuestra necesidad de Él y de Su verdad.

Segundo: Hágase responsable de sus acciones. Esto puede incluir pedirle a otra persona, o personas, que le perdonen. También quiere decir aceptar que se equivocó y que a nadie se puede culpar sino a usted. Tomamos decisiones cada día, y algunas pueden conducir a errores fatales. Por ejemplo, una mujer puede escoger vestirse de forma seductora en la oficina o cerca de su vecino. Y antes de lo esperado, habrá llamado la atención de varios hombres. No pasa mucho tiempo antes que uno o más se le acerquen. Ella está casada y sabe que cuando se pone un suéter descotado está jugando con fuego, pero ignora la advertencia.

Lo mismo es válido para los hombres: asegúrese de ser honesto consigo mismo. Invitar la tentación a entrar en su vida es como caminar vendado por un campo de minas. No hace mucho un hombre casado decidió llamar por teléfono a una antigua novia, solo para hablar. Quería aclarar un malentendido que había tenido lugar en su relación años antes. El problema era que ahora estaba casado. Después de hablar unos minutos, se dijo a sí mismo que lo que tenía que decir debía ser en persona, por lo tanto sugirió que los dos se vieran para discutir el asunto. Eso estuvo muy mal de su parte. Si uno hala el alambre, puede esperar una detonación. Menos mal que un amigo intervino y le pidió al hombre que orara sobre lo que iba a hacer. Lo hizo, y se dio cuenta de que sus motivos no eran puros del todo. Tenía que asumir la responsabilidad por lo que había hecho, y necesitaba empezar por pedirle a Dios que lo perdonara por invitar al pecado a su vida.

Dios es fiel y enviará un aviso a nuestro espíritu si estamos a punto de hacer algo que no está de acuerdo con Su verdad y voluntad. Si lo ignoramos, Él puede persistir. Sin embargo, puede que permita que cosechemos lo que sembramos, para mostrarnos los efectos devastadores del pecado.

Tercero: Sea genuino en su arrepentimiento. Con frecuencia la gente dice: «Lo siento», pero en realidad lo que quieren decir es: «Siento que me hayan sorprendido». Si eso es lo que ha hecho en el pasado, sepa que aunque la familia y los amigos puedan haber sido engañados, Dios no, ni lo será en el futuro. Él conoce su corazón por fuera y por dentro. Él sabe lo que lo motivó, y ve todo lo que usted hace y sabe lo que usted va a hacer antes que dé el primer paso. No tolerará el pecado. Puede permitir que continúe por un tiempo, pero más tarde o más temprano usted tendrá un día de rendición de cuentas.

Cuarto: Pídale a Dios que le ayude a perdonarse. Una vez que haya llegado al límite de sus fuerzas, pídale a Dios que le restaure a la comunión con Él.

Después de ceder al pecado con Betsabé, David oró:

> Ten piedad de mí, oh Dios, conforme a tu misericordia;
> Conforme a la multitud de tus piedades borra mis rebeliones.
> Lávame más y más de mi maldad,

Y límpiame de mi pecado.

Porque yo reconozco mis rebeliones,

Y mi pecado está siempre delante de mí,

Contra ti, contra ti solo he pecado,

Y he hecho lo malo delante de tus ojos...

Purifícame con hisopo y seré limpio;

Lávame, y seré más blanco que la nieve (Salmo 51.1-4, 7).

Las palabras de David reflejan un arrepentimiento genuino y un remordimiento piadoso. También contienen un sentido admirable de la fe en un Dios amoroso que siempre restaura y perdona el pecado. David sabía que solo había un sitio donde podía hallar el perdón que su alma necesitaba y deseaba, y era en la presencia del Dios viviente.

NO MÁS CARRERAS

Cuando algunas personas hablan del pecado que consume sus vidas, dicen que no pueden estarse tranquilas. Se pasan la vida apuradas y huyendo de lo que parece ser un fantasma invisible. No es un fantasma lo que les está persiguiendo. Es el Espíritu de Dios que trata de convencerlas de su pecado.

No tiene que correr ni un día más. A partir de este momento puede empezar a experimentar la paz y la seguridad genuinas por medio de la fe en Jesucristo. He hablado con incontables personas que no parecen poder resolver esta área particular. Sus mentes les dicen que son personas sanas y normales. Aunque no están casadas, dicen que tienen necesidades sexuales que deben satisfacerse. Mi respuesta es la misma: «No, no las tienen».

Esa no es una respuesta liviana. Dios ha prometido suplir cada una de nuestras necesidades. No va a satisfacer una necesidad y a dejar las otras así. De igual forma, Él está al tanto de sus deseos internos, los cuales a menudo avientan la llama de los pecados sexuales: «Mis deseos. Mis necesidades. Mi determinación, sin tener en cuenta las consecuencias». Esa fue la postura de David que condujo a la muerte de dos hijos y a su caída final como rey. En realidad, su pecado sentó las bases para la división de Israel y su posterior cautiverio.

Nunca se diga que lo que usted hace no va a dañar a nadie más. Lo hará. El efecto de onda del pecado se propaga más y más.

Satanás sabe que el pecado sexual, como ninguna otra cosa, tiene la capacidad de destruir el tejido interno de nuestra fe en Dios. Sin embargo, el Señor promete suplir siempre nuestras necesidades en esta área. Puede que eso no sea en forma física, pero cuando le decimos la batalla a la que nos estamos enfrentando, Él levanta un estandarte de esperanza y socorro a favor nuestro.

Dios tiene la capacidad de desactivar cualquier tipo de pasión pecaminosa y reemplazarla con una sensación de contentamiento piadoso. Mucha gente dice: «No hay forma en que Dios pueda satisfacer todas mis necesidades, en especial en este aspecto». Oh, sí, sí la hay. Él sabe la forma de brindarle satisfacción aparte del pecado, pero usted debe confiar en Él y aprender a estar quieto en Su presencia, no agitado ni inquieto por querer algo que Él ha prohibido. Si le permite tomar el control de su deseo sexual, Él le mostrará cómo vivir con un corazón puro, sea usted casado o soltero. Como la mayoría de las batallas espirituales que enfrentamos, vencer la tentación sexual requiere una fe comprometida con Dios, una que reconozca Su cuidado y bondad soberanos.

ONCE

LA MINA DE LA INDOLENCIA

El joven trabajador miró por encima de la caja contadora del restaurante donde trabajaba. Su rostro era impasible y así permaneció mientras escuchaba a la mujer explicarle que todas las garrafas de la barra estaban vacías o tenían café frío.

Aunque no tomo café, me imagino que a menos que uno lo desee así, el café frío debe saber pésimo, en especial cuando la persona espera una bebida caliente y humeante.

El trabajador nunca se ofreció a resolver la situación. Después que la mujer hubo hablado por unos minutos, solo se encogió de hombros, se acercó a una de las cafeteras y dijo: «En realidad, yo no tomo café». Para sorpresa de la mujer, en vez de preparar una garrafa de café fresco, el joven trabajador volvió a la caja registradora y esperó por la siguiente persona de la fila.

UNA MINA QUE NOS DESPOJA DEL PROPÓSITO Y LA MOTIVACIÓN

La indolencia o vagancia es inexcusable. Por lo general, la persona que lucha con esta mina también muestra señales de un problema mucho más profundo: baja autoestima, orgullo y una actitud pasiva-agresiva. En 2 Tesalonicenses, Pablo escribe a un grupo de creyentes que se habían vuelto indolentes en su devoción al Señor y en su trabajo.

Antes que usted vacile en continuar leyendo, porque piensa que esto no se le puede aplicar a su vida, pregúntese: *¿Estoy dando lo mejor de mí?* o *¿Les estoy dando de menos a mi empleador y a mis compañeros como resultado de los atajos y la procrastinación?*

Muchos tesalonicenses no trabajaban. En lugar de eso, esperaban que la iglesia se hiciera cargo de ellos. Cuando Pablo supo de su estado desastroso, escribió dos cartas que contenían fuertes palabras de amonestación, y les dijo que, aunque Jesús no había regresado, Dios de cierto era fiel a Sus promesas. El Salvador regresaría. Por tanto, hasta que regresara, tenían que seguir siendo diligentes en todos los aspectos. Eso quería decir ¡que regresaran al trabajo!

Pero la indolencia no está limitada al aspecto del empleo. Podemos ser vagos o indolentes en las relaciones, en nuestro enfoque de la vida, e incluso en cómo manejamos nuestros problemas.

Pablo escribió: «Pero os ordenamos, hermanos, en el nombre de nuestro Señor Jesucristo, que os apartéis de todo hermano que ande desordenadamente, y no según la enseñanza que recibisteis de nosotros» (2 Tesalonicenses 3.6). En cuanto el apóstol comenzó a dirigirse a la comunidad neotestamentaria en lucha, fue directo al grano del asunto. No usó paños tibios, ni deberíamos hacerlo nosotros al habérnoslas con el enemigo. Satanás cree de verdad que si logra atraernos fuera del camino que Dios tiene para nosotros, haremos estallar una mina, y la explosión que sigue será lo suficiente poderosa como para dañarnos en lo profundo. Las actitudes de indolencia pueden ser muy difíciles de vencer porque involucran la motivación. Una persona indolente, por lo general, es alguien que ha dejado de esforzarse. Se ha convencido de que carece de lo que es necesario para las relaciones, el trabajo o la sociedad. Por tanto, se vuelve indolente y permite que otros la dejen atrás.

El paralítico junto al estanque de Betesda es un ejemplo perfecto. Juan nos ofrece un relato de la vida de ese hombre.

Y hay en Jerusalén, cerca de la puerta de las ovejas, un estanque, llamado en hebreo Betesda, el cual tiene cinco pórticos. En estos yacía una multitud de enfermos, ciegos, cojos y paralíticos, que esperaban el movimiento del agua. Porque un ángel descendía de tiempo en tiempo al estanque, y agitaba el agua; y el que primero descendía al estanque después del movimiento del agua, quedaba sano de cualquier enfermedad que tuviese. Y había allí un hombre que hacía treinta y ocho años que estaba enfermo. Cuando Jesús lo vio acostado, y supo que llevaba ya mucho tiempo así, le dijo: ¿Quieres ser sano?

Señor, le respondió el enfermo, no tengo quien me meta en el estanque cuando se agita el agua; y entre tanto que yo voy, otro desciende antes que yo.

Jesús le dijo: Levántate, toma tu lecho, y anda. Y al instante aquel hombre fue sanado, y tomó su lecho, y anduvo (Juan 5.2-9).

La pregunta de Cristo: «¿Quieres ser sano?» es importante, porque muchos de los que se reunían junto al estanque no tenían un deseo real de ser sanados. Habían logrado un buen medio de vida con las limosnas. Parece que si en realidad él hubiera querido ser sanado, se hubiera colocado más cerca del agua. En vez de hacer eso, había pasado muchos años en el remoloneo junto a las orillas de la vida. Quizás se hubiera dado por vencido y se hubiera rendido a la idea de la indolencia.

Jesús siempre llama a la persona indolente a la acción. Pablo mandó a los tesalonicenses a volver al trabajo, y el Señor llamó a este hombre a levantarse y andar.

Cada mina que enfrentamos se puede vencer, pero no con nuestras fuerzas. Necesitamos la guía, la ayuda y la fortaleza del Señor. También necesitamos su previsión. Él sabe lo que nos espera en la vida.

Podemos pensar que tenemos tiempo para tomarnos un descanso y apartarnos por un rato, pero no es verdad.

Cierta vez, cuando yo era un adolescente, fui con un amigo a caminar por los bosques cerca de mi pueblo natal. Llegamos a un río cercano y vimos un bote abandonado. Pensamos que iba a ser divertido dejarnos ir con la corriente río abajo y eso hicimos por un rato. No pasó mucho tiempo antes que escucháramos un sonido muy fuerte como de rugido y nos dimos cuenta de que íbamos rumbo a un salto de agua. Mi amigo me miró desde el otro extremo del bote y me dijo: «¡Charles, no sé nadar!». De pronto la vida se volvió muy espantosa. Como no teníamos remos en el bote tuvimos que salir de él. Pude sacarnos hasta la orilla, pero recuerdo haber pensado, al ver el bote caer por la cascada, que aquello hubiera podido ser un precio muy alto de pagar por una tarde de ocio navegando a la deriva.

Los tesalonicenses habían quedado desalentados y muchos deseaban rendirse y abandonar. En vez de ir al Señor en oración, los creyentes estaban perplejos, preocupados, airados, desobedientes y descuidados. También eran indolentes. Conocían la verdad de Dios. Pero habían dejado de vivir para Él. Si no tenemos cuidado podemos caer en la misma trampa.

Pablo les dijo:

Porque vosotros mismos sabéis de qué manera debéis imitarnos; pues nosotros no anduvimos desordenadamente entre vosotros, ni comimos de balde el pan de nadie, sino que trabajamos con afán y fatiga día y noche, para no ser gravosos a ninguno de vosotros; no porque no tuviésemos derecho, sino por daros nosotros mismos un ejemplo para que nos imitaseis. Porque también cuando estábamos con vosotros, os ordenábamos esto: Si alguno no quiere trabajar, tampoco coma. Porque oímos que algunos de entre vosotros andan desordenadamente, no trabajando en nada, sino entrometiéndose en lo ajeno. A los tales mandamos y exhortamos por nuestro Señor Jesucristo, que trabajando sosegadamente, coman su propio pan. Y vosotros, hermanos, no os canséis de hacer bien (2 Tesalonicenses 3:7-13).

UNA GUÍA CLARA

La Biblia es bien clara sobre la mina de la indolencia. Es resultado de una tentación que cada uno de nosotros enfrenta más de una vez. Quizás hemos pasado por una serie de desilusiones y nuestro reto actual parece ser más de lo que podemos soportar. Muy pronto descubrimos que nuestro enemigo es implacable. Nos dice que lo que estamos enfrentando es demasiado difícil para nosotros. Tenemos que detenernos, echarnos atrás y abandonar la vida.

Eso fue lo mismo que hicieron los tesalonicenses. Dejaron de trabajar y de creer en las promesas de Dios. Además se volvieron muy indolentes. En su carta dirigida a ellos, Pablo les dio un conjunto de instrucciones: ¡no abandonen su fe y vuelvan al trabajo! Dios quiere que tengamos el mejor aspecto posible y que hagamos las cosas lo mejor posible en todo momento. Eso no significa que seremos perfectos ni que nuestras vidas y trabajos serán impecables. Lo que sí significa es que podemos intentar hacer las cosas de la mejor manera que sepamos hacerlas.

Durante su vida usted cometerá errores. Además, lo mejor suyo tal vez no sea igual que lo mejor de otro. Nunca compare lo que hace con lo que hacen otros. Dios conoce las limitaciones que usted tiene y también sabe lo que es capaz de alcanzar. El enemigo, sin embargo, quiere que usted fracase. Una forma que él usa para ganar su atención es diciéndole que nunca será tan bueno como otra persona. No lo crea, ni sea víctima de este parloteo. A él le encantaría que usted dejara de trabajar y fuera inefectivo en su testimonio para Cristo.

Todos conocemos a personas que son indolentes y parecen ir a tropezones en lo profesional y en lo personal. En realidad no aportan a la sociedad, pero son los primeros en ponerse en la cola para recibir algo de gratis. Tienen capacidad, pero no quieren usarla. Desde la perspectiva de Dios, esto es pecado.

Al joven de la cafetería es probable que no le gustara su trabajo. Lo más seguro es que no durara mucho en él. Pero si su patrono tuviera que despedirlo, me pregunto cuál sería el mensaje de Satanás para él. «Tú no necesitas un trabajo como ese», o «Tú la verdad es que no sirves. Era nada más que una cuestión de tiempo que fallaras». El enemigo nos atrae a ideas de fracaso y luego invierte mucho tiempo y energía tratando de que nos sintamos mal con nosotros mismos.

En vez de mirar la vida a la luz de la Palabra y la verdad de Dios, aquel joven estaba buscando una manera fácil de escapar del trabajo y prefirió no hacer nada.

En Proverbios 20.4 leemos: «El perezoso no ara a causa del invierno; pedirá, pues, en la siega, y no hallará». En otras palabras, una persona que quiere ser diligente debe aprender a pensar de la forma en que Dios piensa. Eso incluye llegar al punto de entender que si va a tener algo en la vida, debe invertir tiempo y esfuerzo.

UN GRAN PELIGRO

La consigna de la persona perezosa es: «No hagas hoy lo que puedas aplazar hasta mañana». No está motivada a trabajar ni a dar lo mejor de sí. A menudo dilatará las cosas y rehusará aceptar cualquier responsabilidad.

Este tipo de persona puede comenzar bien, pero nunca termina lo que empieza. La pereza la vence. Se convierte en un estilo de vida que es muy difícil de romper. En su interior, la persona perezosa quiere lograr grandes cosas, pero no puede reunir la cantidad adecuada de energía o determinación que hace falta para enfrentar el reto.

Si usted considera que está a punto de convertirse en indolente, tiene que pensar en su situación y en cómo la falta de motivación le impide disfrutar de las cosas que Dios le ha dado. Igual que con otras luchas, debe tomar una decisión consciente de seguir adelante por fe y no dejarse abatir por el deseo de Satanás de impedirle vivir su vida a plenitud.

Alguna gente ha abandonado toda esperanza de alcanzar su potencial completo. Incontables personas de talento pero perezosos buscan ayuda del gobierno todos los años. Están atrapadas en un callejón sin salida de pensamientos de pereza, que incluyen la desilusión, la baja autoestima y una mentalidad de víctima.

Es verdad que hay momentos en que una persona tiene pocas opciones, si es que tiene alguna. Una prueba tras otra pueden haber dejado a un individuo luchando para mantener un plato de comida en la mesa familiar. No hablo de este tipo de situaciones. Me dirijo a la persona que sabe que Dios le ha dado la verdad, talento, y la capacidad de ganar un jornal honesto, pero que se niega a hacerlo. O que lo poco que hace socava la gracia y la misericordia de un Dios amoroso.

Usted puede estar en su última moneda, o haber acabado de gastar su último dólar en una necesidad básica. El temor ha atenazado su corazón y se pregunta qué va a hacer después. Es aceptable buscar ayuda social, pero le animo a que no permita que eso se convierta en un estilo de vida. Dios le ha dado dones y talentos y quiere que los use para Su gloria.

Durante años, mi madre trabajó en una fábrica de textil. Nunca se quejó de las largas horas ni las pobres condiciones de trabajo. Yo siempre estuve orgulloso de ella. Trabajaba porque tenía un sueño que era más grande que nuestros problemas cotidianos de familia que luchaba por llegar a fin de mes. Ella creía que Dios tenía algo mejor en mente para mí y para ella, por tanto, tenía también un corazón agradecido. Cuando llegaban personas de visita, siempre encontraba algo que ofrecerles. Nunca era mucho, pero me enseñó un principio que nunca olvidaré: nunca se concentre en lo difíciles que puedan ser sus circunstancias; en vez de eso, concéntrese en Dios, Su fidelidad y Sus recursos y sea agradecido por lo que Él le ha dado.

Mamá tenía una capacidad sorprendente de ver más allá de nuestras pruebas un lugar de provisión. Puede que no hayamos tenido mucho, pero lo que teníamos era suficiente. Dios era suficiente, y usó aquellos años iniciales de mi vida para moldear mi fe en Él. Si mi madre hubiera dicho: «No voy a hacer esto más. Estoy cansada y agotada. Vamos a recibir lo que la gente nos dé y a subsistir de alguna forma», mi vida hubiera estado llena de preocupación y miedo. Nunca hubiera creído que era posible salir victorioso de las tormentas de la vida.

Pero ella no dijo nada parecido. Se levantaba bien temprano e iba a trabajar. Y al hacerlo, me enseñó un principio de la vida, que era el de ser responsable y hacer lo que Dios me había mandado a hacer en un período de tiempo. Nunca oí a mi madre preguntarle a Dios por qué no teníamos más. Él siempre suplió cada necesidad que tuvimos y también demostró Su fidelidad una y otra vez.

El mensaje que transmitimos a nuestros hijos es en extremo importante. Si usted se conforma con acostarse y dejar que otros lo mantengan sin levantar un dedo para trabajar, les está diciendo a sus hijos que es bueno ser perezoso. Crecerán perezosos y, lo que es peor, crecerán sin saber las posibilidades que tienen en sus vidas.

Dios ha creado a cada uno de nosotros con un propósito. Cuando vivimos en la pereza dejamos de hacer su voluntad, porque estamos ensimismados en pensamientos egoístas y anhelos que nunca se harán realidad.

No es posible que el joven de la cafetería se sintiera bien con su actitud. Puede que se hubiera criado en una familia donde le modelaron este tipo de estilo de vida. O que en algún momento hubiera llamado la atención por ser perezoso. Hay quienes necesitan tanto llamar la atención que la llamarán de forma negativa, creyendo que es mejor que no recibir ninguna.

Una persona indolente se convence de que no quiere hacer algo, y luego hallará la manera de no hacerlo. Esa es una posición peligrosa.

Puede ser que usted esté trabajando en una organización que le haya exigido más de lo que puede rendir. Está agotado desde el punto de vista emocional. Un día se levanta y piensa: *Ya no voy a hacer más eso.*

No le habla a Dios de su decisión. Solo decide que se va a dar de baja mental y físicamente. Puede que esa actitud le de resultado por un tiempo, pero tarde o temprano experimentará una desilusión más grande que la que sintió en su trabajo.

Después de todo, se dice usted, *es mi vida. Puedo hacer lo que quiera.* Pero en realidad no puede. Al decidir no hacer nada, está colocando mayores limitaciones sobre sí. Y si no detiene la espiral descendente se sentirá aun más frustrado.

FACTORES A CONSIDERAR

Dios espera que llevemos vidas disciplinadas. Un lanzador de béisbol exitoso nunca aprende a lanzar *strikes* ardientes si abandona el juego. En vez de eso, dedica horas a practicar todos los días, lanza bolas y luego mira videos de su rendimiento y del rendimiento de otros. Es diligente y está decidido.

Para vencer la indolencia debemos estar dedicados a la tarea y a Dios. La gente que alcanza el éxito tiene varias cosas en común: capacidad, dedicación, disciplina, deseo y una actitud perseverante. No se rinden cuando la vida se pone difícil, como suele pasar.

Desde otra perspectiva, usted puede ser el heredero de una compañía de las que aparecen en Fortune 500. Se pasa semanas viajando o recorriendo las mejores pistas de golf del mundo. Piensa que ya lo logró todo, pero no es así.

Para tener éxito, necesita trabajar más duro que el individuo que trabaja en el cubículo de la planta más baja de la compañía que usted va a dirigir un día. La Biblia nos dice: «Todo aquel a quien se haya dado mucho, mucho se le demandará; y al que mucho se ha confiado, más se le pedirá» (Lucas 12.48).

Los contactos de su familia pueden llevarlo a un puesto de importancia, pero si es perezoso las ganancias disminuirán y los accionistas exigirán su renuncia. Igual que los otros pecados discutidos en este libro, la indolencia de corazón y mente nos aísla de situaciones en que podemos hacer nuestro mejor trabajo. Eso también impide que alcancemos metas y que aprendamos aun más de la vida.

El joven que se describió al inicio de este capítulo tiene una oportunidad de hacer bien su trabajo. Sin embargo, con su actitud es probable que termine por renunciar y cambiar de trabajo en trabajo, quejándose de que las condiciones no son buenas o de que se le trata mal.

Cuando pensamos en los hombres y mujeres de la Biblia descubrimos que cada uno de ellos enfrentó tremendos desafíos. A José lo vendieron como esclavo en Egipto. Terminó de sirviente en la casa de Potifar y lo acusaron de algo que no había hecho. Al principio, la vida de José era una colección de injusticia tras injusticia, pero no permitió que las circunstancias que lo rodeaban le impidieran dar lo mejor de sí. Trabajó duro, incluso en la prisión, y llamó la atención del guardia principal. Pronto estuvo a cargo de otros presos.

¿Ha pensado usted en el hecho de que Dios le está tratando de enseñar algo por medio de sus circunstancias? Lo está haciendo. Está en el proceso de entrenarle para un trabajo mayor. Sin embargo, lo que puede echar por tierra sus esfuerzos es una actitud de pereza.

Proverbios 6.9-11 pregunta:

> Perezoso, ¿hasta cuándo has de dormir?
> ¿Cuándo te levantarás de tu sueño?
> Un poco de sueño, un poco de dormitar,
> Y cruzar por un poco las manos para reposo;
> Así vendrá tu necesidad como caminante,
> Y tu pobreza como hombre armado.

Como he dicho antes, hay consecuencias persistentes del pecado.

Recuerde: una mina espiritual es algo que cada uno de nosotros enfrentará; a veces, a diario, cuando no cada hora. Usted puede pensar: *No tengo ganas de ayudar. No quiero ir al segundo piso a trabajar en llenar sobres. Ese no es mi trabajo.* Tarde o temprano su actitud abatida será notada, y no podrá culpar a nadie sino a usted mismo por el resultado.

Mi madre no se rindió porque tenía un objetivo, que era ayudarme a crecer para que fuera lo mejor posible. Ella también había aprendido el principio de darle a Dios lo mejor que podía ofrecerle.

Nunca podremos dar de más a Dios. Las personas con indolencia financiera se pierden una bendición. Pasan por alto el hecho de que todo lo que tienen les fue dado por Dios. Todo lo que esperan recibir en el futuro es resultado de sus bendiciones para sus vidas.

La pereza puede crear una atmósfera de ingratitud. También puede promover una actitud de avaricia. Nuestro mundo pierde demasiado tiempo fijándose en lo que tiene la gente en vez de en lo que es importante. El dinero no le hará una mejor persona. Puede abrir ciertas puertas, pero nunca le dará una satisfacción profunda.

Usted puede tener más de lo que alguna vez podrá gastar y a pesar de todo sentirse solo. Algunas de las personas más ricas del mundo son también las más solitarias. El verdadero contentamiento y gozo solo se pueden hallar en una relación personal con el Salvador. Y para eso, necesita estar dedicado a alguien y a algo que no sea la idea de pereza.

LA PEREZA Y SUS EMOCIONES

La gente puede tener también pereza emocional. Pueden haber descubierto, mediante una enfermedad juvenil o un trauma, que pueden llamar la atención si fingen ser débiles. Nunca han madurado ni invertido tiempo en disciplinarse. Trabajan lo suficiente para subsistir, pero todo el tiempo buscan a otros para que les suplan lo que les falta.

Como vimos antes en Proverbios 20.4: «El perezoso no ara a causa del invierno; pedirá, pues, en la siega, y no hallará». ¿Quiere usted en realidad pasar la vida como una persona indolente que no trabaja, pero que termina por pedirles a los demás?

¿Cuáles son algunas de las características de la indolencia?

Falta de prioridades, de metas y ambiciones. La persona indolente no se traza metas, porque no tiene deseos de alcanzarlas. Le falta ambición y hace solo lo necesario para subsistir.

Egoísmo. La pereza es de por sí una actitud muy egoísta. La persona perezosa está consumida por sus necesidades y por nada más. Las noticias de la tarde están llenas de informes de abuso de niños, en que las madres dejaron los niños en casa solos, sin pensar en cómo iban a sobrevivir.

No hace mucho una madre dejó sus hijos al cuidado de una amiga, que se cansó de hacer de niñera y también se fue. Tres días más tarde la madre regresó de cumplir una condena en prisión, solo para encontrarse con que su hija estaba en coma diabética y su hijo no había comido durante días. Las acciones descuidadas e irreflexivas implican tremendas consecuencias, y si no para nosotros, para los que nos rodean.

Falta de fe en el llamado y la capacidad de Dios. La pereza conduce a un estilo de vida sin fe. La persona que abraza este estilo de vida puede decir que es un creyente, pero no hay evidencia de su fe. Si la hubiera, querría confiar en Dios para que le diera algo mejor en el futuro. Hay una sensación de mortandad en el corazón y el alma de la persona perezosa que es difícil de entender.

La única manera de describirlo es pensar en eso a la luz de lo que le falta a la persona. Está falta de una verdadera esperanza, de dedicación y de fe. La indolencia nos despoja de los mayores regalos de Dios, aquellos que Él nos da y permite que los abramos con gozo y esperanza en el futuro.

Una sensación de orgullo. Al comienzo de este libro descubrimos que el orgullo era una lucha fundamental para todo el mundo. Seremos tentados a volvernos indolentes, pero cuando eso ocurra debemos darnos cuenta de que el orgullo está obrando en nuestro corazón. Proverbios 26.12 nos plantea esta pregunta: «¿Has visto hombre sabio en su propia opinión? Más esperanza hay del necio que de él». El orgullo puede impedir que trabajemos con honestidad y demos lo mejor de nosotros. Nos hace ser indolentes en nuestros motivos. Quizás permitamos que otros hagan el trabajo porque creemos que la tarea está por debajo de nosotros o que no tenemos tiempo para dedicárselo a ciertas cosas. Olvidamos que Jesús vino a la tierra a servir y no a que le sirvieran. Su vida es un tremendo ejemplo de disciplina y humildad.

El orgullo nos roba el gozo puro que Dios quiere que experimentemos. Nos ciega a las cosas que tienen un valor verdadero y nos tienta a perseguir sueños vacíos llevados por el viento que nos llenan de pena. Nada es más pesaroso que una persona que es vaga y tiene poca o ninguna ambición. Es un signo de orgullo egoísta, porque la indolencia no está interesada en agradar a Dios.

Insensibilidad al Señor y a los demás. «Yo, yo mismo y solo yo» es la única consigna que conoce la persona indolente.

Tareas inconclusas. La persona que se debate con una actitud indolente encontrará difícil terminar lo que empezó. Su gerente le puede asignar un proyecto, pero semanas después el papel del trabajo está oculto en su escritorio bajo montones de otros papeles. Puede haber comenzado un esbozo o delineado las condiciones generales, pero nunca concluirá lo que empezó.

A veces esto ocurre cuando la persona no cree en sí misma. Puede escuchar la mentira del enemigo, que le dice que no poseen las habilidades necesarias para realizar la tarea. Cuando Dios le llama a hacer un trabajo, asume la responsabilidad de equiparle para la tarea.

La persona indolente se da por vencida; sin embargo, una persona que esté decidida a hacer lo que Dios le ha mandado, orará pidiendo ayuda y sabiduría para el proyecto.

Un testimonio destruido para Dios. Los creyentes tienen la responsabilidad de ser activos y dedicados. La indolencia no refleja lo que somos en Cristo. Jesús descansaba, y habrá momentos en que tendremos que hacer lo mismo. Pero Él nunca se retiró de su ministerio terrenal con el solo propósito de escapar su responsabilidad.

Una relación debilitada con Dios. Cuando usted se vuelve indolente en un aspecto, lo será en otros. De hecho, todos los aspectos sufrirán, en especial su adoración y devoción a Dios. La gente vaga no piensa en agradar a Dios; piensa en cómo hacer lo menos posible.

Ignorancia de la verdad. Después que conocemos y entendemos la verdad de Dios, no tenemos excusa. La persona que no está dedicada a Cristo evitará leer y estudiar las Escrituras. El enemigo le dice que requiere demasiado esfuerzo. Puede ir a la iglesia y escuchar un buen sermón, y eso es todo lo que necesita hacer. La indolencia en nuestra devoción a Dios es la más fatal, porque conduce a la transigencia, a un déficit de verdad y a la ignorancia espiritual.

Si no pasamos tiempo con el Señor en oración, no sabremos cuánto Él nos ama y nos cuida. Nunca maduraremos desde el punto de vista espiritual, ni tendremos herramientas para combatir las refutaciones negativas del enemigo. En lo que respecta a la oración, muchos cristianos bien intencionados creen de forma errónea que se pueden tomar un tiempo de vacaciones, pero lo que hacen es abrir la puerta a la tentación y el fracaso espiritual.

Aunque pueda haber épocas en que no pase tanto tiempo en oración, es mortal pensar que puede tomarse unas vacaciones de Dios.

Satanás nunca se toma vacaciones, y si usted se torna indolente, él se asegurará de sacar el máximo de ventaja de su flojedad.

Sentimientos de depresión, ansiedad y temor. La indolencia nunca motiva a una persona a leer más las Escrituras. Al contrario, le grita: «¡Vaya, ya has hecho bastante! ¡Deja eso y descansa!». El enemigo sabe que cuando usted se vuelva indolente también se descuidará en su devoción a Dios.

Cuando abandone la lectura de Su Palabra no tendrá herramientas espirituales para contrarrestar sentimientos como la ansiedad, la depresión y la baja autoestima. La verdad de la Palabra de Dios es nuestra mayor arma espiritual. Es nuestra única arma ofensiva contra el arsenal de palabras negativas de indolencia de Satanás.

Como dije mucho antes, el apóstol Pablo nos instruye a fortalecernos:

Fortaleceos en el Señor y en el poder de su fuerza. Vestíos de toda la armadura de Dios para que podáis estar firmes contra las asechanzas del diablo. Porque no tenemos lucha contra sangre y carne, sino contra principados, contra potestades, contra los gobernadores de las tinieblas de este siglo, contra huestes espirituales de maldad en las regiones celestes. Por tanto, tomad toda la armadura de Dios, para que podáis resistir en el día malo, y habiendo acabado todo, estar firmes.

Estad, pues, firmes, ceñidos vuestros lomos con la verdad, y vestidos con la coraza de justicia, y calzados los pies con el apresto del evangelio de la paz. Sobre todo, tomad el escudo de la fe, con que podáis apagar todos los dardos de fuego del maligno. Y tomad el yelmo de la salvación, y la espada del Espíritu, que es la palabra de Dios; orando en todo tiempo, con toda oración y súplica en el Espíritu, y velando en ello con toda perseverancia (Efesios 6.10-18).

Pedro también nos amonesta: «Sed sobrios y velad; porque vuestro adversario el diablo, como león rugiente, anda alrededor buscando a quien devorar; al cual resistid firmes en la fe» (1 Pedro 5.8, 9).

Satanás está siempre activo, buscando lugares para ocultar sus minas. Quiere engañarle para que dude, desatienda y se rebele contra la voluntad y el propósito de Dios. La indolencia es solo una de sus tácticas malvadas. Si a este conflicto usted le da espacio en su corazón para que crezca, se enfrentará a

- *problemas*. Pueden incluir la pérdida de un trabajo, una relación o de la paz interior.

- *estrés y presión*. La indolencia es una puerta a la procrastinación, que puede provocar estrés. Los empleadores y amigos no querrán llevarnos cargados por la vida. Más temprano que tarde, la mayoría de la gente se cansará de la actitud de una persona perezosa.

- *dolor físico y emocional*. Si va a ser perezoso, es probable que se tenga que acostumbrar a ocupar el último lugar. Una persona perezosa no busca necesariamente tener el primer lugar. A menudo vemos esto en el campo de los deportes o en nuestro trabajo, en que nos conformamos con solo hacer lo suficiente para subsistir.

- *falta de paz*. Su corazón estará turbado, pues en lo profundo cada persona quiere sentir que vale algo. La ansiedad y una sensación de terror ensombrecerán la vida de una persona que esté atrapada en una vida de pereza.

- *pobreza*. Cuando usted no trabaja, no come. O quizás coma porque otro paga sus cuentas. La realidad es que se pierde la bendición de Dios, confiar en Él para que supla todas sus necesidades. Una persona indolente puede decir: «Bueno, eso es lo que hago», pero Santiago nos recuerda que la evidencia de la fe es nuestro deseo de trabajar y ser excelentes en todo lo que hacemos. Cuando hacemos eso honramos a Dios. Lo glorificamos con nuestras acciones y Él se encarga de cualquier necesidad que tengamos

- *castigo.* Siempre cosechamos lo que sembramos, más de lo que sembramos y más tarde de lo que sembramos.

CÓMO VENCER LA MINA DE LA INDOLENCIA

No tiene que ser víctima de ninguna de las maquinaciones de Satanás. Pedro y Pablo nos dieron visión para combatir al enemigo y para luchar contra la indolencia. Usted podrá superar este problema cuando entienda lo siguiente:

Dios le ha creado para un propósito. Él le ama, y si usted confía en Él, ordenará las circunstancias de modo que pueda disfrutar cada momento.

Usted no está indefenso. Un espíritu de indolencia le tentará a creer que nunca será libre. Sin embargo, la Palabra de Dios nos dice que por medio de la muerte de Su Hijo podemos tener libertad y poder sobre cualquier forma de atadura. La libertad se obtiene a través de la fe en Su Hijo.

Jesús nos dice: «Si vosotros permaneciereis en mi palabra, seréis verdaderamente mis discípulos; y conoceréis la verdad, y la verdad os hará libres» (Juan 8.31, 32). Después que acepta a Cristo como su Salvador, Su Espíritu, el Espíritu Santo, llega para habitar en usted. No existe un poder mayor que el que provee el Espíritu de Dios. Sin embargo, usted tiene que apropiarse de Su poder para su vida.

Dios tiene un plan para su vida. En Jeremías 29.11 Él nos asegura: «Porque yo sé los pensamientos que tengo acerca de vosotros, dice Jehová, pensamientos de paz, y no de mal, para daros el fin que esperáis».

Si usted permite que la indolencia establezca un baluarte en su vida nunca se dará cuenta de la esperanza ni de las muchas promesas que son suyas en Cristo. Dios quiere que confiemos en Él para que pueda bendecirnos, pero este mismo hecho está basado en nuestra fe en Él. ¿Confiará usted en Dios lo suficiente como para levantarse y echarse a andar hacia Él, en la certeza de que quiere darle un futuro que es mejor que lo que usted haya soñado?

La gente indolente espera que alguien o algo se presente en sus vidas. Quieren un viaje cómodo sin ningún compromiso. Pero el verdadero gozo se produce cuando decidimos aceptar el desafío de Dios y comenzar un caminar en fe con Él.

Dios perdona el pecado. Dios está listo a perdonar su pecado y a darle la sabiduría y la fortaleza para vencer en esta batalla contra la indolencia o cualquier otro pecado. No obstante, usted debe buscar Su perdón y confesar también en lo que ha sido indolente y descuidado, en primer lugar, en su amor y devoción hacia Él. Además debe tomar la decisión de apartarse del pecado. En el caso de la indolencia podrá requerir el máximo esfuerzo, ya que el enemigo no lo dejará librarse con facilidad.

Usted está en una guerra espiritual, pero no hay necesidad de que pierda esta batalla. Cuando su fe está firme en Cristo, Él peleará por usted y le dará una salida de esta atadura.

Él es su única fuente de victoria. El más grande enemigo en la vida no es nada para el Hijo de Dios. Él es su victoria, su esperanza, su defensor, su baluarte, su poder y su fortaleza (Salmo 18). También es su libertador, que le libra del yugo del pecado. Él ha vencido al mundo con sus pasiones, deseos y temores. Y lo más importante: ha vencido al enemigo. Satanás es un enemigo derrotado. Usted no tiene que dar un solo paso hacia ninguna de sus minas.

Cuando ore, pídale a Dios que le dé discernimiento y sabiduría, no solo para sus circunstancias actuales, sino también para cada aspecto de la vida. Se enfrentará a momentos de tentación, algo que nos pasa a todos, pero tendrá la capacidad de discernir, por medio de Jesucristo, el bien del mal, el comportamiento piadoso del pecado. Nunca se equivocará si obedece a Dios y sigue su senda de justicia. Los artilugios destructivos de Satanás ya no serán una amenaza.

Un día Jesús regresará a buscar a aquellos que le conozcan como Salvador y Señor. Cuando lo haga, lo verá cara a cara y conocerá la plenitud de Su gozo eterno. ¡Todas las batallas de la vida concluirán y el amor de Dios será suyo por toda la eternnidad!

DOCE

DESACTIVE LAS MINAS QUE HAY EN SU CAMINO

Dios le dio a Abraham y a Sara una tremenda promesa que cambiaría sus vidas y que demandaba una confianza extrema. Tendrían un hijo, a pesar de que estaban mucho más allá de la edad fértil. Sara fue tentada a comprometer su fe en Dios. Después de escuchar la promesa de Dios se echó a reír (Génesis 18.13). Y Dios sintió la risa y preguntó: «¿Hay para Dios alguna cosa difícil?» (v.14). Jeremias se hizo eco de esas mismas palabras: «¡Oh Señor Jehová! He aquí que tú hiciste el cielo y la tierra con tu gran poder, y con tu brazo extendido, ni hay nada que sea difícil para ti!» (Jeremías 32.17).

Muchas veces nos lanzamos por nuestra propia cuenta y terminamos pisando una mina, porque no tenemos en cuenta el poder de Dios y su fuerte amor por nosotros. No nos tomamos tiempo para pensar en sus promesas personales. Más bien, con prisa pasamos por alto con el pensamiento las evidencias pasadas de Su fidelidad; descartamos su capacidad de sanar, suplir y restaurar y vamos adelante sin consultar con Él el futuro. Cuando tomamos una decisión consciente de dejar de lado a Dios y Sus principios, cometemos un error terrible. «No pude evitarlo» me dijo un hombre que se vio involucrado en una relación sexual con una mujer que no era su esposa. Era un creyente, pero había pisado la mina del pecado sexual y de repente su vida cambió y no para bien.

«¡Oh, sí, pudo haberlo evitado!», le respondí, «Tiene la capacidad de decir que no, porque Jesucristo vive en usted a través de la presencia del Espíritu Santo».

Uno de los mayores errores que cometen los creyentes, en especial cuando se trata del pecado, y en particular, de las minas, es una falta de fe. Sin una fe fuerte en Dios nos convertimos en blanco fácil del enemigo. Como Sara, estaremos tentados a reírnos en vez de obedecer. Proverbios 3.5-7 nos da un principio que es sencillo, pero que podemos usar para evitar las trampas de Satanás:

> Fíate de Jehová de todo tu corazón,
> Y no te apoyes en tu propia prudencia.
> Reconócelo en todos tus caminos,
> Y él enderezará tus veredas.
> No seas sabio en tu propia opinión;
> Teme a Jehová y apártate del mal.

La manera de evitar una mina es mantenerse cerca de Aquel que ha prometido guiarle con seguridad a través del peligro.

«Si yo lo hubiera sabido, nunca hubiera ido a la fiesta. ¡Lo siento tanto!». Las palabras salían de la boca del adolescente con un remordimiento increíble. Sin embargo, nada de lo que ofreciera podía hacer regresar al amigo que había muerto por él manejar borracho. La gente no escucha las advertencias de Dios porque no saben lo mortífera que puede ser una mina. Ignoran el hecho de que son responsables ante Dios por sus acciones. Un solo pecado, como el pecado de la transigencia, puede conducir a un buen número de otros problemas como el chisme, la duda e incluso sentimientos de ansiedad. Cuando nuestra vida no está atada con firmeza a Dios, de seguro que el problema vendrá. Eso es válido para cualquier mina de nuestra lista. Por ejemplo, la mina del temor nos puede paralizar, e incluso tentarnos a sentir celos de otros que no están atrapados por sentimientos de preocupación, terror ni pánico. Eso son apenas dos ejemplos.

Cada mina representa una seria amenaza para el camino del creyente. Los incrédulos no son afectados porque nunca han recibido a Cristo como su Salvador. Sus vidas son una enorme explosión. No hay nada más devastador que vivir toda la vida separado del amor de Dios.

OBTENER UNA PERSPECTIVA ETERNA

El campo de batalla del creyente está marcado por hitos de victoria. No todos los días habrá una lucha. No todas las pruebas parecerán insalvables. Dios nos ha dado la victoria eterna y podemos decir junto con el apóstol Pablo:

En los postreros días vendrán tiempos peligrosos.... He peleado la buena batalla, he acabado la carrera, he guardado la fe. Por lo demás, me está guardada la corona de justicia, la cual me dará el Señor, juez justo, en aquel día; y no solo a mí, sino también a todos los que aman su venida (2 Timoteo 3.1; 4.7–8).

Aun cuando se enfrentaba a pruebas extremas, Pablo tenía una perspectiva eterna. Pero no hay forma de que una persona perdida se pueda sentir de la misma manera, porque ha preferido marchar directo al campo de batalla sin manera de detectar las minas ocultas justo bajo la superficie de su vida.

Dispare una mina y se sucederá con rapidez una serie de explosiones. Por ejemplo: el enemigo puede tener acceso a su vida por medio de cierta área como la mina del rencor, pero su plan general es engañarlo para que comprometa su fe y se distancie de Dios. No se detendrá ante nada para lograr este objetivo. ¿La razón? Él sabe que si puede llevarlo a un estado de inefectividad espiritual ya no estará en condiciones para que Dios lo use. Quiere encontrar una manera de impedirle que ame a Dios y experimente a su vez el amor de Él. La mayor necesidad que tenemos es que se nos ame. Que se nos ame de manera incondicional es el regalo que Dios hace a todo el que acepta a Su Hijo por fe. Sin embargo, para experimentar esa cercana e íntima relación, usted debe estar dispuesto a acercarse a Él mediante la rendición personal y la sumisión.

Aquí es donde tiene lugar la dificultad. Mucha gente no quiere doblar sus rodillas ante Dios y se alejan de Él sin pensar adónde les llevará la senda en que están. Usted puede ir a la iglesia todos los domingos y de todas maneras terminar por pisar una mina si su vida no está sometida a Dios. Vivir para Cristo implica un compromiso del corazón y no solo una actuación personal. Habrá momentos en que usted camine por sobre una mina y la misma estalle bajo usted. Eso fue lo mismo que le sucedió a Pedro la noche del arresto de Cristo. En un momento le prometió al Señor que nunca lo iba a traicionar. Se encogió al sonido de las palabras del Señor cuando le dijo que esa misma noche lo iba a negar. Pedro, como la mayoría de nosotros, no quería creer lo obvio, lo que revelaba su vulnerabilidad ante el ataque del enemigo.

En *En pos de lo supremo*, Oswald Chambers escribe: «Hay solo una relación que importa, y es su relación personal con un Redentor y Señor personal. Que todo lo demás se pierda, pero mantenga eso a toda costa y Dios cumplirá su propósito por medio de su vida.... Esté siempre alerta al hecho de donde un hombre ha retrocedido es el mismo lugar donde cualquiera puede retroceder... Guardado por el poder de Dios: esa es la única seguridad».

Dios quiere usar el quebranto que experimentamos después de la explosión de una mina. Después de Su resurrección, Él se hizo el propósito de restaurar a Pedro e incluso lo comisionó para un servicio mayor, y eso es lo que quiere hacer en nuestras vidas. Si una mina tuviera el poder de destruir por completo a un hijo de Dios, tendría que tener más energía y velocidad que Dios. Pero no es así. Dios es omnisciente, omnipresente y omnipotente. Nada en lo absoluto es mayor que nuestro Dios.

Hay dos formas de tropezar con minas. *La primera es tomar un camino que Dios no quiere que tomemos, sin saber las consecuencias.* Muchas veces cometemos errores. Podemos percibir las advertencias de Dios de que tengamos cuidado y no demos un paso en falso, pero lo hacemos de todas maneras, al creer que quizás todo nos salga bien. Al ocurrir la explosión, de inmediato nos volvemos al Señor y buscamos su perdón. Su gracia es suficiente para cubrirnos en esos momentos. Puede que todavía tengamos que sufrir las consecuencias de nuestro pecado, pero también tendremos una profunda sensación de paz dentro de nuestros corazones, porque hemos reconocido nuestra elección equivocada y le hemos pedido que nos guíe de vuelta a la seguridad.

La segunda es tomar una decisión sin ninguna consideración de Dios. En otras palabras, conocemos que hay consecuencias, pero nuestra pasión y deseos exceden lo que sabemos que es correcto. Sara se rio porque era una cínica, no porque creyera que Dios era gracioso. Si hubiera pensado en lo que ella hacía en la presencia de Dios, la única acción que hubiera emprendido hubiera sido caer sobre su rostro en adoración. Lo mismo es válido para cada uno de nosotros. Cada día tomamos innumerables decisiones; algunas son decisiones importantes, mientras que otras, en una escala humana, pueden parecer pequeñas.

Desde la perspectiva de Dios algunas de las decisiones más pequeñas son las más importantes, porque revelan nuestra verdadera naturaleza y carácter. Es por eso que usted debe avisarle al dependiente de la tienda cuando le da un vuelto en exceso. Y es lo mismo que nuestros hijos e iguales tienen que ver que se desborda de nuestra vida: un deseo de ser temerosos de Dios y evitar las minas, incluso las pequeñas, que pueden ser tan mortíferas como las grandes. Si decimos una cosa pero actuamos de otra manera, enviamos el mensaje equivocado a los que nos rodean. Y aunque pueda ser que algunos que no sepan la verdad,

Dios sí la sabe, y un día nos pedirá que le rindamos cuentas de las veces que hemos escogido un camino que lleva directo al daño y al peligro.

DIOS QUIERE PROTEGERLE

Nuestros militares tienen un nuevo vehículo blindado que puede resistir el impacto directo de cualquier mina enemiga y proteger a los que van dentro. Se llama Cougar y ya se encuentra en los campos de batalla en cantidad limitada, pero otros más se añadirán. Otro vehículo llamado Buffalo, que se emplea para limpiar de minas, usa también el mismo diseño y tecnología. ¿Cuál es el secreto del éxito de esos «vehículos de oro de primera clase»? La respuesta se halla en el chasis de acero con forma de V aguda, que hace que la fuerza de la explosión se dirija hacia afuera y lejos del vehículo.

Un soldado relataba cómo una bomba de carretera había estallado debajo de la parte trasera del Cougar en que viajaba y él ni siquiera se había dado cuenta de que había detonado. «Por lo único que supimos que nos habían dado fue porque oímos interferencia de radio», dijo.

En ocasiones usted se puede preguntar si hay una forma segura de cruzar el campo minado que el enemigo ha colocado enfrente suyo. La respuesta es sí. No tiene que ser víctima de ese arsenal mortífero. Dios quiere protegerle, pero no puede hacerlo si usted está decidido a cruzar el campo minado sin su protección. Incluso en momentos en que usted ha enfrentado de forma abierta un peligro de potencial destructor, Él está dispuesto a intervenir a favor suyo, pero usted debe dirigirse a Él en oración y expresar su necesidad y el deseo de andar en justicia delante de Él. Cada día usted se enfrenta a un campo minado, pero incluso cuando ocurre una explosión Dios está dispuesto a disipar la intensidad del estallido.

Otro paso importante que usted puede dar para despejar el campo minado de armas peligrosas es la exposición, pero no a las tramas de Satanás. En su lugar, abra su corazón a Dios y pídale que explore los campos de su vida y le revele cualquier cosa que no esté conforme con Su voluntad. Entonces estará usted camino a la victoria. La verdad es que su vida tiene un chasis en forma de V, porque Su Espíritu habita dentro de usted como hijo de Dios.

Aunque usted pueda escoger pecar o apartarse de Su voluntad, Su amor le cubre (1 Pedro 4.8). Él no está de acuerdo ni apoya sus acciones pecaminosas, pero nunca cesa de amarle. Y cuando regresa a Él, le perdona y restaura la relación que tiene con Él como su Salvador, Señor y Padre celestial amante. Igual que el chasis de acero en forma de V del Cougar proyecta la fuerza del estallido de la mina hacia fuera y lejos del vehículo blindado, el perdón de Dios apartará de su vida el estallido del enemigo, mortífero en potencia.

En el Salmo 139, David escribió:

> Examíname, oh Dios, y conoce mi corazón;
> Pruébame, y conoce mis pensamientos;
> Y ve si hay en mí camino de perversidad,
> Y guíame en el camino eterno (vv. 23, 24).

La humildad de David era evidencia de su deseo de despojarse de cualquier cosa que lo separara del Señor. Sus palabras revelan además el corazón de un hombre que había aprendido a evitar muchos peligros espirituales.

David era previsor. Quería conocer a Dios y Sus caminos.

Tenía un espíritu sumiso. No tenía en mente sus propios objetivos, sino que quería en realidad agradar a Dios por encima de todo lo demás.

Su vida estaba abierta a Dios. David quería que Dios lo «probara» para ver si había aprendido lo que tenía que saber. La gente me pregunta: «¿Como puedo evitar el pecado?». Habrá momentos en que lucharemos contra una fuerte tentación y prueba. A veces será como resultado del pecado, y otras vendrá como parte de la vida en un mundo caído. Las minas pueden estallar en ambos casos. Quizás pase por una temporada de dificultad que me deje en problemas financieros. Sin embargo me siento victorioso hasta que miro a un amigo que parece tener mucho más que yo y la envidia y los celos empiezan a acumularse. De todas formas, tengo que decidir concentrarme en el problema y en la mina o volverme a Dios, confesar mi debilidad y buscar su ayuda y fortaleza. Si me decido por la segunda opción obtendré la victoria. Si recibo un impacto directo de una mina, debo admitir que he hecho mal y pedir a Dios que me ayude a volver al camino.

David deseaba la voluntad de Dios para su vida. Él oró: «Guíame en el camino eterno» (Salmo 139.24). Tenía un deseo insaciable de conocer a Dios. Cuando esa es la meta de su corazón, se disparará una alarma en su interior y querrá ir en otra dirección cuando se aproxime a una mina.

Una mujer contaba cómo había estado en un ambiente muy estresante en su trabajo. Llegó a estar tan cansada que empezó a ignorar al Espíritu de Dios. En una conversación sentía al Espíritu decirle que no repitiera algo que había oído en una conversación anterior. Pero no hizo caso. Otras veces admitió que sentía como si Dios no quisiera que se dedicara a cierta actividad, pero de nuevo no hizo caso. Dijo: «Llegué a un punto en que decía: "Señor, sé que le has dicho que no a esto, pero voy a hacerlo de todas maneras"».

Cada vez que tomaba ese tipo de decisiones conscientes se acercaba a pisar una mina, pero no se detenía. Al final terminó por perder su trabajo y caer en la depresión. Como resultado de esa horrenda explosión Dios llamó su atención. Cuando Él dice alto, tenemos que escuchar, al menos por la razón de quién está hablando.

LA PRESENCIA DE DIOS: UN LUGAR DE CUIDADO EXTREMO

Hace años, me hallé en una serie de circunstancias muy difíciles, pero el Señor me dejó claro que me quería ahí mismo donde yo estaba. No había duda. Aunque yo me enfrentaba a oposición, tenía que permanecer concentrado en mi andar con Él. Cada día me hallaba sobre mi rostro ante Dios, orando por que me diera visión para la batalla que se desarrollaba alrededor mío. Nunca tuve dudas en mi mente de que Dios pondría todo en su lugar, pero me preguntaba cómo haría eso. Sin embargo, estaba comprometido a mantenerme firme.

A menudo Dios permitirá que nuestra fe sea atacada en formas que no pensamos que podremos soportar. Cada vez que una prueba llega o aumenta en intensidad se nos aprieta un poco más. En este proceso Dios nos fortalece la fe, edifica nuestra confianza en Él y nos enseña a esperar su dirección. Siempre que me he sentido abrumado por mis circunstancias le he recordado al Señor que no me voy a mover una pulgada sin su guía directa. Mientras más tiempo pasaba, más comprometido me volvía. Cualquier pensamiento de salir adonde pudiera pisar una mina desaparecía. Y el Señor me dio un maravilloso versículo de las Escrituras para clamar por mi situación: Era Isaías 54.17:

> Ninguna arma forjada contra ti prosperará, y condenarás toda lengua que se levante contra ti en juicio. Esta es la herencia de los siervos de Jehová, y su salvación de mí vendrá, dijo Jehová.

Cuando usted se halla frente a una situación muy difícil, que le tienta a apartarse del rumbo que Dios le ha trazado a su vida, la cosa más efectiva que puede hacer es ir a la Palabra de Dios y orar: «Señor, muéstrame el ancla que yo necesito de tu Palabra». El ancla tiene una característica: nunca se mueve. El ancla que hace firmes nuestros corazones es nuestra relación con Jesucristo. Él es inamovible e inmutable. Cuando Él le da una promesa de esperanza, puede aferrarse a ella al saber que le va a proteger a usted y a obrar en su vida de una manera asombrosa. Eso fue lo que Dios hizo en mi vida. Cambió por completo mis circunstancias y no tuve que mover un dedo para alterar mi situación. La victoria fue tremenda, porque fue de Él y no mía.

Ahora ya sabe qué son las minas, dónde están ubicadas y cómo evitarlas; la pregunta que tiene que responder es: ¿Cómo las va a manipular? ¿Le pedirá a Dios que le ayude a evitarlas para no ser devastado por su explosión?

El salmista escribió:

> Por Jehová son ordenados los pasos del hombre,
> Y él aprueba su camino.
> Cuando el hombre cayere, no quedará postrado,
> Porque Jehová sostiene su mano (Salmo 37.23, 24).

LA FIDELIDAD DE DIOS

Dios es el que camina con usted a lo largo de cada día. El camino en que está no tiene que conducirle a una zona de intensos combates. Como creyente, pasará por muchas pruebas y desilusiones, pero puede aprender a divisar las minas que el enemigo coloque a lo largo de su camino y evitar heridas serias. A lo largo del proceso, podrá obtener un sentido de intimidad con Dios que no puede lograr de ninguna otra forma. Hay algo muy emocionante en eso de estar en el campo de batalla con Él, en un lugar donde no hay escapatoria segura a no ser que uno encuentre refugio en sus brazos protectores. David aprendió que había un solo lugar de seguridad extrema y era al cuidado extremo de Dios.

¿Confiará usted en Él para que le ordene los pasos de la vida, para que le guíe a lo largo de una senda que esté segura contra los ataques del enemigo, y para que le conceda una paz genuina, que no podrá perder por nada que el mundo le arroje? Cuando lo haga se sorprenderá de la paz que sentirá en su interior. Aunque habrá ocasiones en que sentirá una tentación severa, mientras se sostenga de la mano de Dios no caerá.

Él quiere darle a su vida sentido, esperanza y propósito. Él sabe todas las veces que usted ha fallado, y aun le ama y le perdonará en cuanto usted se vuelva hacia Él y le pida perdón. Le llevará de donde esté usted hasta donde necesita estar. Él sabe con exactitud cómo colocarle en la senda correcta, en la que no tiene minas. Mientras tanto, Él satisfará los anhelos más profundos de su corazón. Nunca le decepcionará, porque siempre escogerá lo mejor para que usted lo disfrute. Tiene un plan fantástico esperando por usted. No importa si usted tiene seis años de edad o noventa y seis. En el momento en que diga: «Señor, úsame, entréname y enséñame más de Ti», Él le responderá su oración y todo el gozo, el contentamiento y la paz eterna del cielo serán suyos para siempre.

Acerca del autor

Dr. Charles F. Stanley es pastor de la Primera Iglesia Bautista, una iglesia de 16.000 miembros en Atlanta, Georgia y es presidente de In Touch® Ministries (conocido en español como Ministerios En Contacto). Dos veces ha sido elegido presidente de la Convención Bautista del Sur y es conocido internacionalmente por su ministerio radial y televisivo *In Touch (En Contacto)*. Entre sus muchos éxitos de librería se incluyen *Cuando el enemigo ataca, En busca de paz, Cómo escuchar la voz de Dios, Caminemos sabiamente, El éxito a la manera de Dios* y *La paz del perdón*.

CHARLES F. STANLEY

LANDMINES

IN THE PATH OF THE BELIEVER

AVOIDING THE HIDDEN DANGERS

ISBN: 9781400280315

THOMAS NELSON
Since 1798

CPSIA information can be obtained
at www.ICGtesting.com
Printed in the USA
BVHW070743130321
602057BV00001B/1

9 781602 551015